教養としての日本地理

浅井建爾

JN103543

X-Knowledge

はじめに

私たちが学校で習った教科の中で、日常の生活と最も深い関わりを持っている科目は地理ではないでしょうか。いざ社会人になってみると、地理ほど役に立っている教科はなかったと実感した人が少なくない筈です。毎日、テレビや新聞などから報道されるニュースにしても、その基礎になっているのが地理の知識だということに気づいていない人が多いような気がします。地理の知識を身に着けている人とそうでない人とでは、同じニュースを見聞きしても、理解度に大きな差が出てくるのではないかと思っています。

地理とは山や川などの地形、気候、生物、都市、村落、人口、産業、交通、政治などの状態を学ぶ学問をいいますが、学校では一昔前まで「地理」という教科を軽視してきたきらいがあります。その影響もあって、地理に本腰を入れて勉強してきた人はそれほど多くはありません。ところが、それまで選択科目だった「地理」が、2022年から高校の必修科目になるのです。社会人にとって、地理がいかに大切な教科であったかが認められてきた何よりの証拠だといえるでしょう。地理を重要視する大学も増えているといいます。地理を学ぶことで、思考力を高めることができるともいわれています。農業政策や食料自給率、貿易、地球温暖化、少子高齢化など、どれをとっても現代に生きる私たちにとっては大切な問題ばかりではないでしょうか。激しく移り変わる社会情勢を知る上でも、地理の知識は欠かせないものです。そういう意味でも、地理は学校でしっかりと学んでおかなければならない教科だと認識されてきたのです。

観光立国を目指している日本は今、外国人旅行者を増やすために様々な取り組みを行っており、その成果は着実に表れています。1965年の外国人旅行者数は36万人余りにすぎませんでしたが、2013年には1千万人を突破しました。その後も予想を上回る勢いで増加していき、東京オリンピックが開催される2020年までには、4000万人の大台に乗せるのだという目標を掲げるまでになりました。ところが、世界中が新型コロナウイルスの感染拡大という予期しない出来事に苦しめられ、訪日外国人旅行者数は激減していきます。そればかりか、東京オリンピックが1年延期になるという事態に追い込まれ、当初予定していたような盛大な大会を開けない状態にあります。

日本がいかに外国に依存していたかということを、思い知らされた人も多かったのではないでしょうか。コロナが終息すれば、再び多くの外国人旅行者が日本を訪れるようになるでしょうし、海外との交流はますます盛んになっていくものと思われます。それと同時に多くの日本人が、外国へ出かけることでしょう。海外旅行で見聞を広めることはいいことですが、その前に日本のことも、もっと知っておいてもいいのではないでしょうか。日本は魅力的な国です。ですから多くの外国人が日本を訪れるのです。景勝地や名所旧跡を巡り、その土地の料理に舌鼓を打つのもいいでしょうが、日本の文化を見直してみるのも有意義なことです。外国人は日本の文化に興味を抱いているのです。日本の良さを外国人に教えられたという人も少なくありません。

本書は日本地理の基本的な知識をベースに、各項目を見開き2ページの見やすい構成にしました。左ページには地図やデータを多用してありますので、右ページの説明文を読まなくても、ある程度は興味深く理解していただけるのではないかと思っています。地理の知識は勉強や旅行に役立つばかりではなく、ビジネスにも活用できるに違いありません。その一助になれば、著者としてこれ以上の喜びはありません。

なお、本書を刊行するにあたって、エクスナレッジの加藤紳一郎さんには並々ならぬご協力をいただきました。深くお礼を申し上げます。

2021年5月　浅井建爾

目次

2章 知っているようで意外と知らない日本の国土

3章 山、川、島、湖——複雑な日本の地形

4章

行政区分の変遷と都市の移り変わり

5章 日本の自然と気候

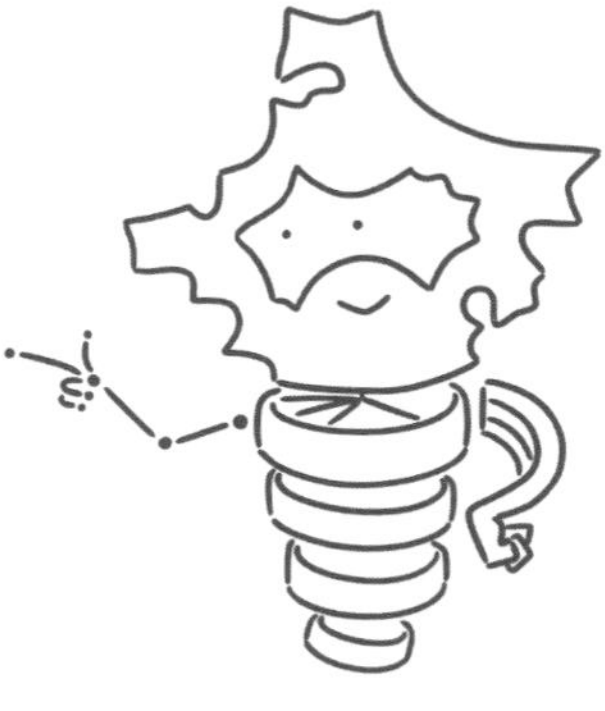

6章

日本の文化と伝統、文化財

【おもな参考文献】
・『コンサイス日本地名辞典』（三省堂）
・『日本地名大百科』（小学館）
・『ブリタニカ国際大百科事典』
（ブリタニカ・ジャパン）
・『百科事典マイペディア』（平凡社）
・『世界大百科事典』（平凡社）
・『広辞苑』（岩波書店）
・『全国市町村要覧』（第一法規出版）
・『データでみる県勢』（矢野恒太記念会）
・『日本地図』（帝国書院）
・『最新基本地図』（帝国書院）
・『今がわかる時代がわかる日本地図』（成美堂出版）
・『日本史年表』（河出書房新社）
・『日本地名大辞典』（新人物往来社）
・『日本地名ルーツ辞典』（創拓社）
・『新日本ガイド全23巻』（JTBパブリッシング）
・『理科年表2021』（丸善出版）
・総務省、国土交通省、環境省、農林水産省、
経済産業省、厚生労働省、気象庁、
文化庁の資料およびホームページ
・都道府県、市町村の郷土資料およびホームページ

デザイン　米倉英弘、千本聡、横村葵
（細山田デザイン事務所）
地図製作　原田鎮郎（ウエイド）
イラスト　芦野公平
印刷　シナノ書籍印刷

増加してきた日本の人口が減少しつつある

日本の人口は未婚化、晩婚化の影響で、2008年をピークに年々減少しつつある。

第1回の国勢調査が実施された1920（大正9）年、日本の人口は5596・3万人だった。その後は凄まじい勢いで増加し、1940年には7311万人、1970（昭和45）年には1億人を突破した。このまま人口が増え続けると、将来日本には住む場所がなくなってしまうのではないかという懸念さえあった。しかし、昭和50年代に入ると人口増加も鈍化し始めた。2008（平成20）年にピークを迎え（1億2808万人）、ついに減少に転じたのである。国立社会保障人口問題研究所では、2048年に日本の人口が1億人の大台を割り込み、2100年には5000万も割り込むと推測している。

日本の人口は2008年を境に減少に転じたが、実はそれより30年以上も前から、すでに減少の兆しが見られた。15歳から49歳までの女性が、生涯に産む子供の数の合計を「合計特殊出生率」といっているが、その数値が2・07人のとき、日本の人口は増加もしなければ、減少もしないとされている。だが1975年以降は、出生率が2人を下回るようになったのである。実質的には、この時点から日本の人口は減少し始めていたといってもよい。1995（平成7）年には1・5人を割り込み、2005（平成17）年には1・26人まで下がった。その後やや持ち直し、2018年の出生率は1・41人になっている。

明治時代の日本人の平均寿命は男女とも40～45歳と短かった。平均寿命が50歳を超えたのは戦後で、当時は「人生50年」といわれていた。だが、女性は1960（昭和35）年に、男性は1975（昭和50）に平均寿命が70歳を超えた。女性はそれから10年後の1985年には80歳も突破し、男性も2013年に80歳を超え、世界一の長寿国になった。なおも平均寿命は延びていくと予測されている。

出生率が2人を割ってから30年以上も人口が増加し続けてきたのは、平均寿命の伸びが、人口の減少分をカバーしてきたからである。しかし、いま少子高齢化が深刻な社会問題になっている。国が何らかの対策を講じなければ、少子高齢化は急テンポで進んでいくだろう。

合計特殊出生率

国立社会保障人口問題研究所の将来人口推定

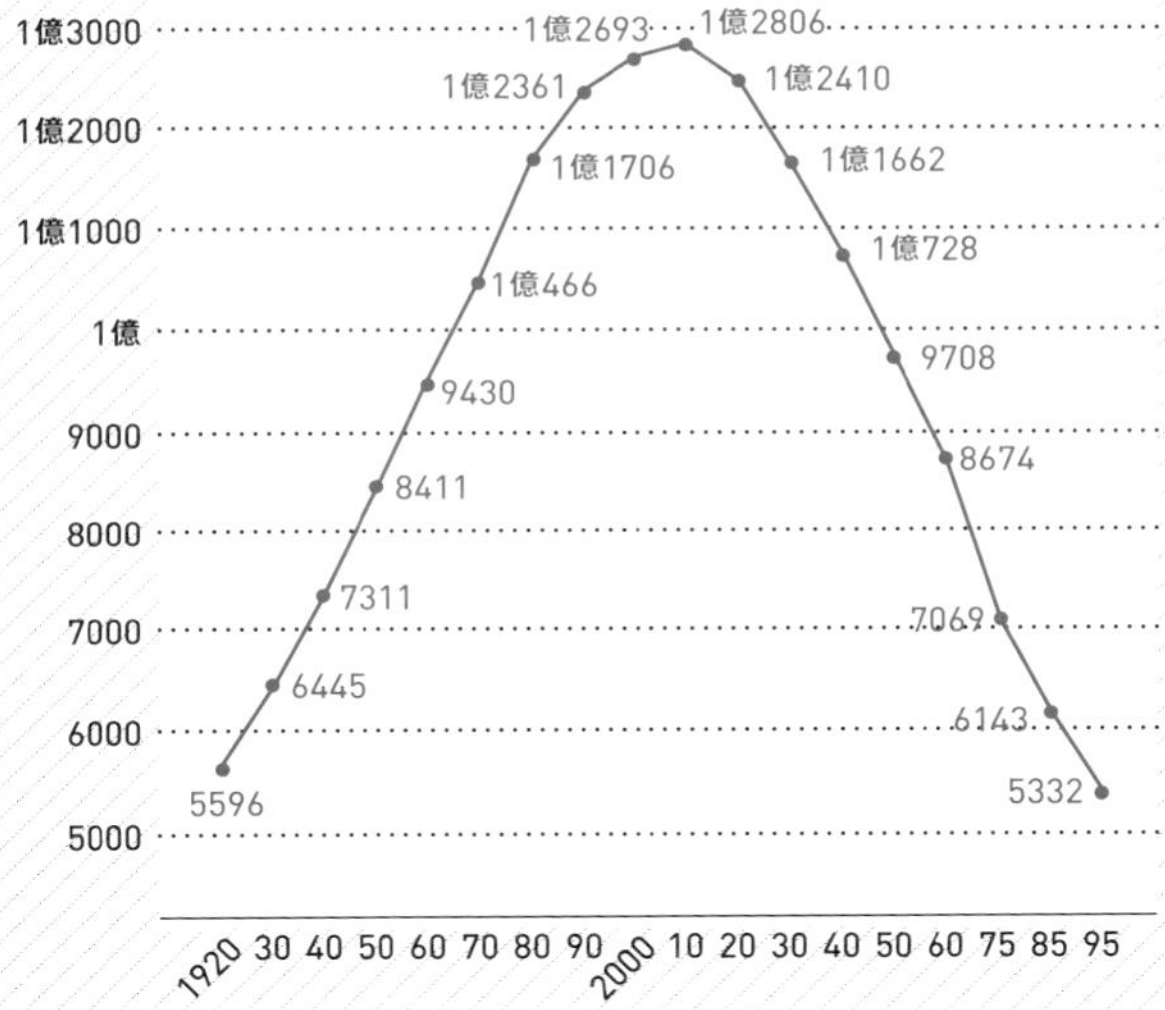

合計特殊出生率の全国平均は、1・41です。

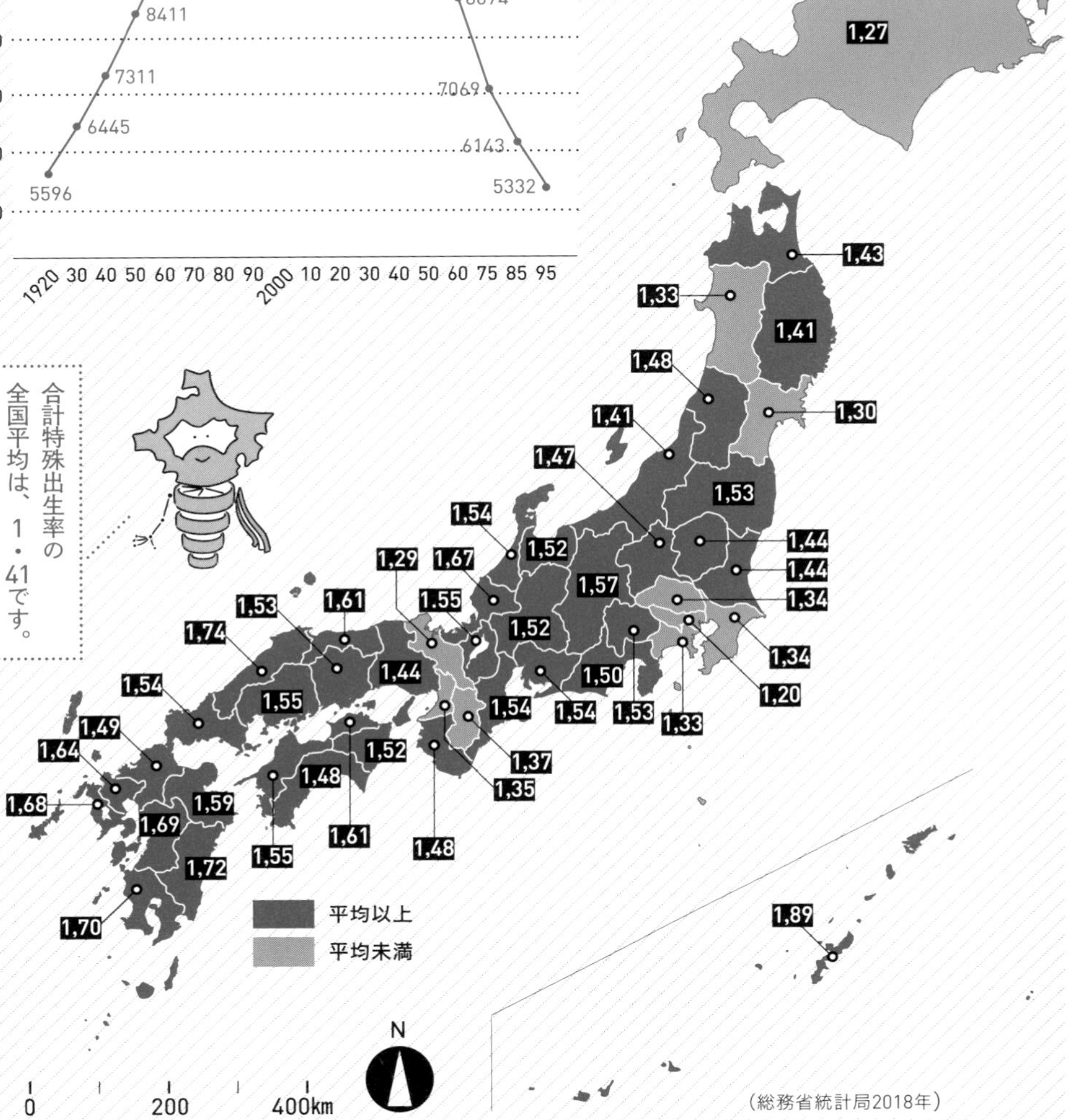

（総務省統計局2018年）

1｜2

超高齢社会がやってきた

高齢人口比率は年々上昇しつつあり、若年人口比率は年々減少しつつある。

1950年代まで、3人に1人が若年層（15歳未満）だった。しかし、1950年頃から急激に若年層の人口比率が低下しはじめ、1990（平成2）年には、若年層の人口比率が20％を割った（18・2％）。70年の間に、若年層の人口比率が半分になってしまったのだ。2017（平成29）年には12・3％にまで落ち込んでいる。その原因は未婚化、晩婚化にあるが、社会構造の変化で雇用が不安定になり、経済的な理由で結婚できない人が増えている。若年層の人口比率が減少していく一方で、65歳以上の老年人口比率は年々上昇している。戦前までは5％そこそこだった老年人口比率が、1985（昭和60）年には10％を突破し、2005（平成17）年には20％を超えた。

2065年には、老年人口比率が40％を突破すると推測されている。高齢化率（65歳以上の人口比率）が7％を超えた社会を「高齢化社会」といい、14％以上を「高齢社会」、21％以上を「超高齢社会」といっているが、日本ではすでに2007年から超高齢社会に突入している。

日本では昭和の初めころまで、絶えず男性の人口が女性を上回っていた。廃藩置県直後の日本の総人口は3480万人だったが（推定）、50万人ほど男性の方が多かった。それ以降、一貫して男性の人口が女性の人口を上回っていた。しかし、第二次世界大戦の影響で男女の構成比が一気に逆転し、男性の3389・4万人に対し、女性は3810・4万人というように、女性の人口の方が421万人も多くなり、男性の人口比率は女性の89％にまで急落した。いかに多くの人命が戦争で失われてしまったかである。戦後、男女の人口差は縮まりつつあった。だが、それも第二次ベビーブーム（1971〜74）までで、その後は女性の平均寿命の伸びが著しく、男女間の人口差は再び開きつつある。

2015（平成27）年の日本の総人口1億2711万人のうち、男性は6182・9万人、女性は6528・1万人で、345・2万人も女性の方が多いのである。男性の人口は女性の94・7％にまで落ち込んでいる。

都道府県別の高齢化率

65歳以上と15歳未満の人口比率の推移

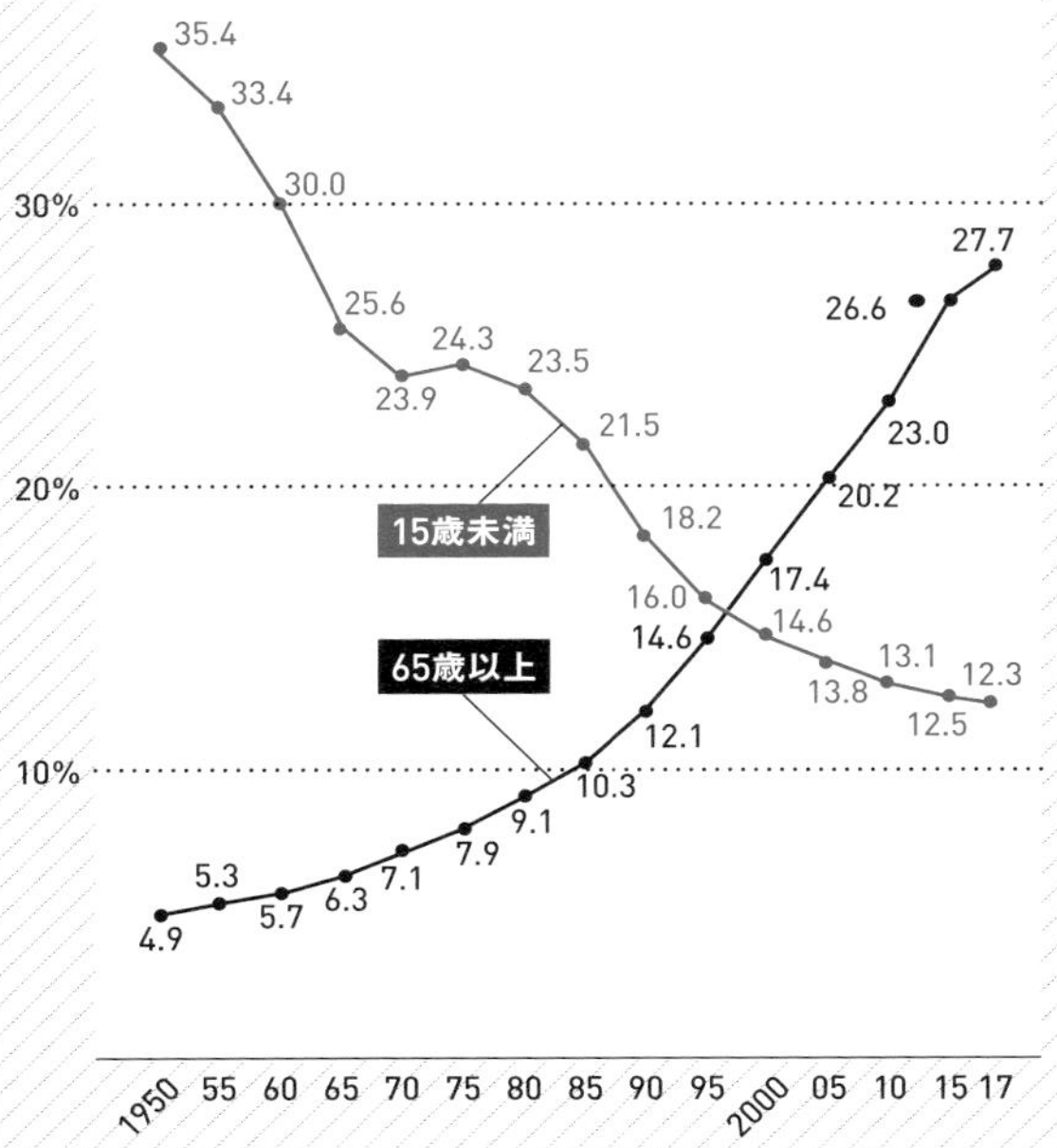

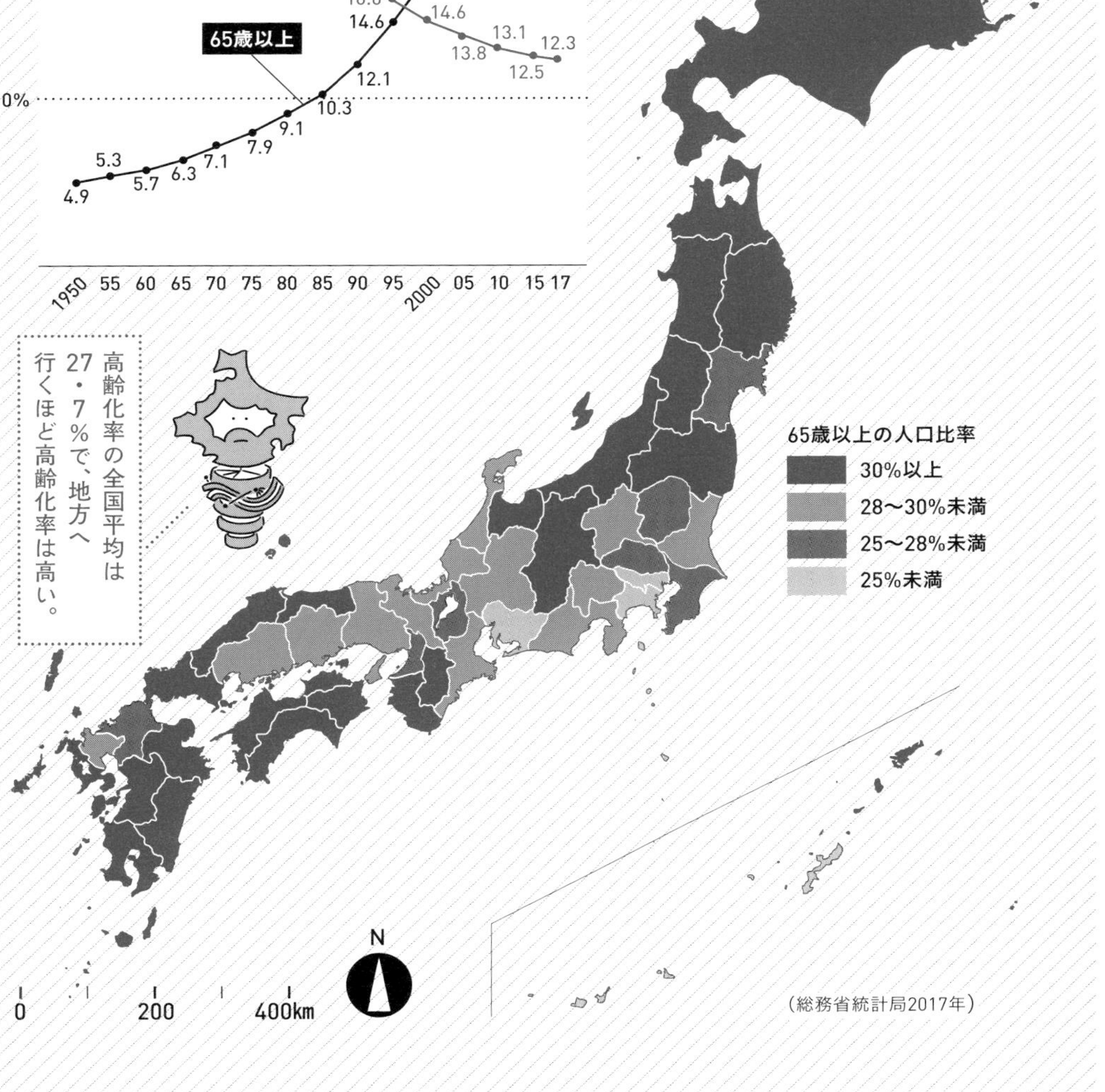

（総務省統計局2017年）

47都道府県すべてに過疎地域がある

現在では47都道府県すべてに、過疎地域に指定されている市町村がある。

少子高齢化で人口が減少していくと、必然的に過疎化が進んでいく。人口の減少によって地域社会の活力がなくなり、行政機能が著しく低下した地域を過疎地域という。国ではそういう市町村を過疎地域に指定し、さまざまな対策を講じている。2000(平成12)年には、過疎地域自立促進措置法を施行し、過疎地域の福祉の向上や雇用の拡大、地域格差の是正など、さまざまな対策を講じてきたが、過疎化に歯止めがかからず、過疎地域は増加しつつある。

過疎地域に指定されている市町村、および過疎地域とみなされている市町村、一部に過疎地域がある市町村を合わせた市町村数は817、全体の47・6%にも上る。これまで大阪府と神奈川県には、過疎地域に指定された市町村は存在しなかった。だが、2014(平成26)年に大阪府の千早赤阪村が、2017年には神奈川県の真鶴町が過疎地域に指定されたことにより、現在では47都道府県すべてに過疎地域に指定された市町村がある。島根県は県内19の市町村すべてが過疎地域だし、北海道は83%以上が過疎地域である。

高齢化、過疎化が進んでいくと、経済的にも社会的にも共同生活を営むことが困難になる。そこで、人口の50%以上が65歳以上の高齢者で、冠婚葬祭や農作業などの共同生活を行うことが困難になりつつある集落を「限界集落」と呼んでいる。限界集落は山村や漁村、離島に多い。限界集落では、家を継ぐ若者が雇用を求めて都市部に出て行ってしまうため、ますます高齢化が進み、やがては住民の全員が高齢者になってしまう。住民の全員が65歳以上の集落を「超限界集落」といい、全国に1万近くあるといわれている。超限界集落には子育て世代が誰もいないわけだから、人口が増える要素はない。医療や消防なども機能しなくなる。このまま何も対策を講じなければ、超限界集落はやがて消滅していく運命にある。限界集落や超限界集落は、過疎化が進んでいる地域だけの問題ではなく、都市近郊のニュータウンにまで押し寄せつつあるという。

過疎市町村の比率

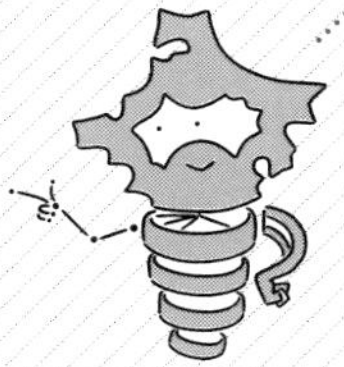
島根県は県内すべての市町が過疎地域に指定されている（一部が過疎地域も含む）。

過疎市町村数

都道府県	市町村数	過疎市町村	比率(%)	都道府県	市町村数	過疎市町村	比率(%)
北海道	179	149	83.2	滋賀	19	2	10.5
青森	40	29	72.5	京都	26	10	38.5
岩手	33	24	72.7	大阪	43	1	2.3
宮城	35	10	28.6	兵庫	41	10	24.4
秋田	25	23	92.0	奈良	39	18	46.2
山形	35	21	60.0	和歌山	30	18	60.0
福島	59	31	52.5	鳥取	19	12	63.2
茨城	44	5	11.4	島根	19	19	100.0
栃木	25	4	16.0	岡山	27	20	74.1
群馬	35	14	40.0	広島	23	16	69.6
埼玉	63	4	6.3	山口	19	12	63.2
千葉	54	7	13.0	徳島	24	13	54.2
東京	39	6	15.4	香川	17	8	47.1
神奈川	33	1	3.0	愛媛	20	17	85.0
新潟	30	14	46.6	高知	34	28	82.4
富山	15	4	26.7	福岡	60	21	35.0
石川	19	10	52.6	佐賀	20	9	45.0
福井	17	6	35.3	長崎	21	13	61.9
山梨	27	15	55.6	熊本	45	27	60.0
長野	77	37	48.1	大分	18	16	88.9
岐阜	42	14	33.3	宮崎	26	17	65.4
静岡	35	9	25.7	鹿児島	43	41	95.3
愛知	54	5	9.3	沖縄	41	18	43.9
三重	29	9	31.0	全国	1718	817	47.6

（総務省統計局 2017年4月）
（全国過疎地域自立促進連盟のホームページより）

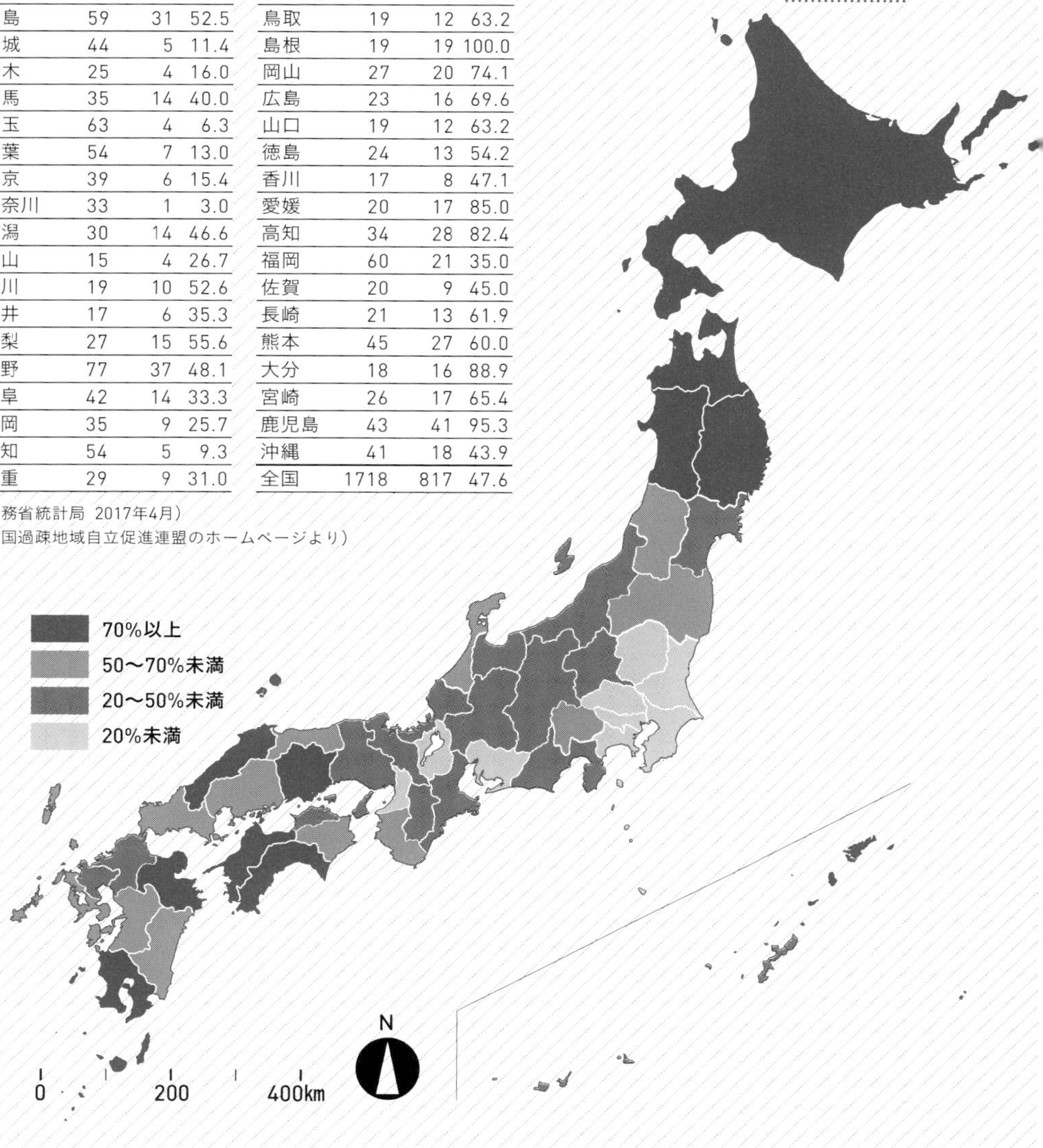

三大都市圏に日本の人口の50%が集中

三大都市圏へ人口集中が進行しつつあり、地方では過疎化が進んでいる。

かつて日本の人口は、過疎と過密の格差はそれほど大きくはなかった。しかし、日本の高度成長以来、東京、大阪、名古屋を核とする三大都市圏に人口が集中するようになった。東京、大阪、名古屋を軸にした半径50㎞までの面積は、日本の総面積の6%に過ぎないが、その狭い地域に日本の総人口の約50%が密集しているのだ。

しかも、地方と大都市圏との人口格差は年々拡大しつつある。日本の総人口が減少しているにもかかわらず、三大都市圏の人口は増加しているのだ。近年は近畿圏の地盤沈下が著しいが、首都圏への一極集中はいまだに進んでおり、東京はますます巨大化しつつある。首都圏（東京、神奈川、埼玉、千葉）の人口比率は、1945（昭和20）年には13・0%に過ぎなかったが、2015年の国勢調査では28・4%にまで上昇している。この傾向はさらに強まっていく傾向にある。

日本列島は北海道の宗谷岬（北緯45度31分）から、鹿児島県の佐多岬（北緯30度59分）まで、およそ15度の範囲にほぼ納まっているが（離島を除く）、主要都市のほとんどが、この北緯33度から36度のわずか3度の範囲に集中している。政令指定都市は全国に20市あるが、そのうち札幌、仙台、新潟、熊本の4市を除く16都市が、北緯33～36度の狭い範囲に集まっているし、政令指定都市の予備軍ともいえる人口40万人以上の都市27市のうち、21市までが北緯33度～36度の間に連なっている。日本の総人口の70%以上が、この狭い地域に集中しているのだ。

南関東から東海、近畿、瀬戸内を経て北九州に至る地域を「太平洋ベルト」といっているが、特に京浜から阪神地区までの間には大都市が連なっているので、「東海道メガロポリス」ともいう。経済活動が最も活発な地域で、工業地帯もこの地域に形成されている。いわゆる日本の心臓部である。日本の大動脈である東海道新幹線、および山陽新幹線も太平洋ベルト地帯を走り抜けている。政治、経済、文化、人口などあらゆる面で、今後ますます太平洋ベルト、三大都市圏への比重が高まっていくことが予想される。

日本の主要都市は
北緯33度〜36度に集中

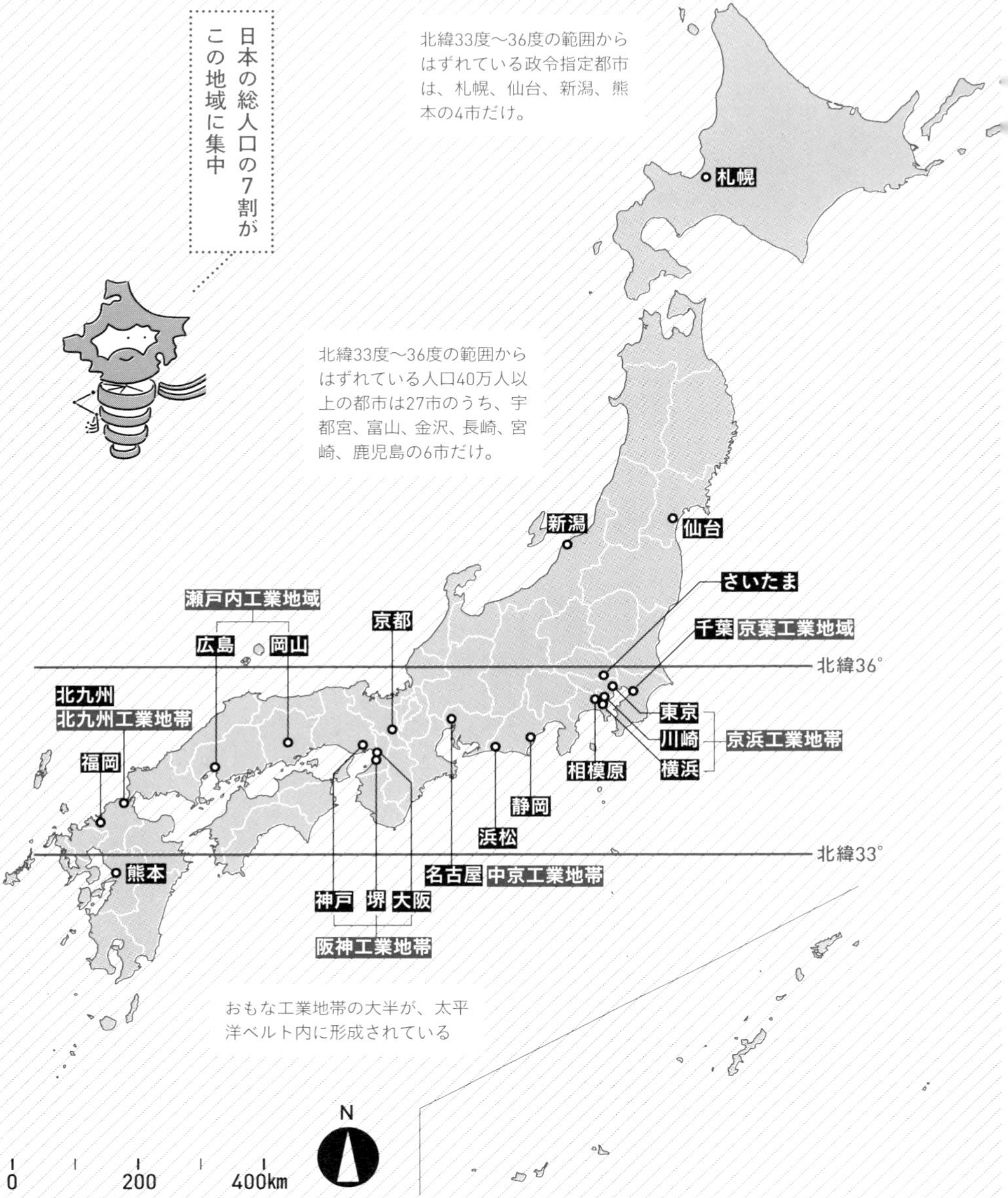
日本の総人口の7割がこの地域に集中
北緯33度〜36度の範囲からはずれている政令指定都市は、札幌、仙台、新潟、熊本の4市だけ。
北緯33度〜36度の範囲からはずれている人口40万人以上の都市は27市のうち、宇都宮、富山、金沢、長崎、宮崎、鹿児島の6市だけ。
札幌
新潟
仙台
さいたま
千葉
京葉工業地域
瀬戸内工業地域
広島
岡山
京都
北緯36°
北九州
北九州工業地帯
福岡
東京
川崎
横浜
京浜工業地帯
相模原
静岡
浜松
北緯33°
熊本
名古屋
中京工業地帯
神戸
堺
大阪
阪神工業地帯
おもな工業地帯の大半が、太平洋ベルト内に形成されている
N
0
200
400km

都道府県庁所在地へ人口が集中しつつある

日本の人口は東京へ集中し、地方では都道府県庁所在地へ集中している。

日本の人口は東京への一極集中が進んでいるが、地方では都道府県庁所在地へ集中しつつある。県の人口は減少しているのに、県庁所在地の人口だけは増加しているのだ。したがって、県庁所在地の人口比率が次第に高くなっている。日本が高度成長期に差し掛かった頃の1960（昭和35）年と、2015（平成27）年の都道府県庁所在地の人口比率に、それが顕著に現れている。大分市は30ポイントも人口比率が高くなっている。

地方では1960年代からすでに人口減少が始まっていたのに、都道府県庁所在地の人口だけは着実に増加してきた。日本の高度成長期に、地方から大都市圏への人口流出が激しさを増したが、県外へ流出しなかった人口は、県庁所在地に集まったからだ。都道府県庁所在地への一極集中である。このように、地方でも人口の過疎、過密が進行している。

札幌市の人口比率は1960年の10・4％から36・3％に、広島市は19・7％から42・0％に、大分市は10・1％から41％へというように、都道府県庁所在地の人口比率が大幅に上昇している。都道府県庁所在地は周辺の市町村と合併し、市域を拡大してきたということも人口比率が高くなった要因になっているが、それを差し引いても、県庁所在地への人口集中が進行していることは明らかである。10年後、20年後にどうなっているのかが心配である。この歪みを是正していくことも、過疎化対策の重要な課題だろう。

ところが、東京特別区の人口比率は85・8％から68・6％に、大阪市は54・7％から30・5％に、名古屋市は37・8％から30・7％へというように、かえって人口比率を下げている都市もある。これは大都市周辺市町村の都市化が進んだ証拠である。東京の多摩地区を例にとれば、1960年には八王子、立川、武蔵野、三鷹、青梅、府中、昭島、調布、町田、小金井の10市しかなかったが、日野市や国立市などが相次いで市に昇格し、26市にまで増加している。

都道府県庁所在地の人口比率

大都市が人口比率も高いとは限らない。

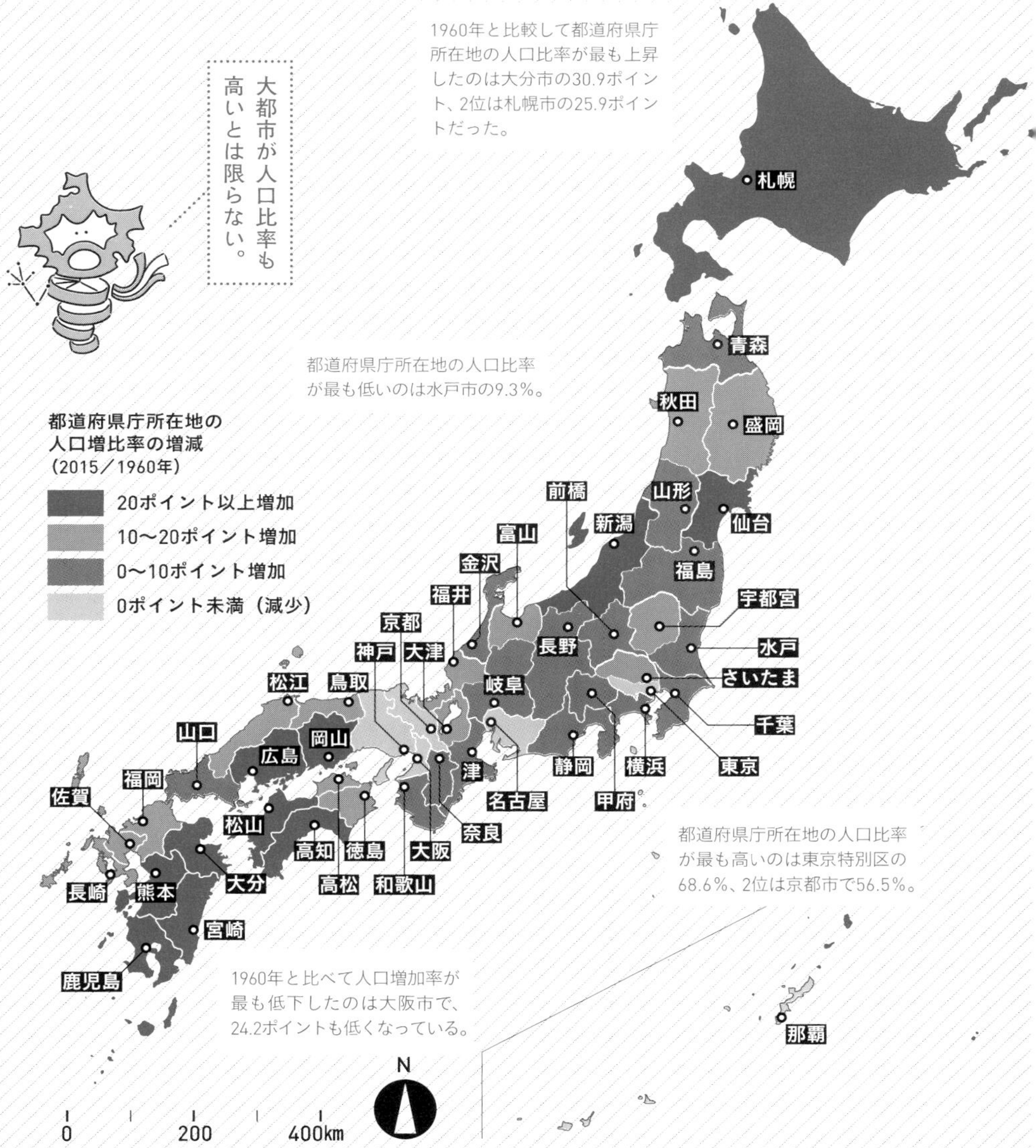
1960年と比較して都道府県庁所在地の人口比率が最も上昇したのは大分市の30.9ポイント、2位は札幌市の25.9ポイントだった。
都道府県庁所在地の人口比率が最も低いのは水戸市の9.3%。
都道府県庁所在地の人口増比率の増減（2015／1960年）
20ポイント以上増加
10〜20ポイント増加
0〜10ポイント増加
0ポイント未満（減少）
都道府県庁所在地の人口比率が最も高いのは東京特別区の68.6%、2位は京都市で56.5%。
1960年と比べて人口増加率が最も低下したのは大阪市で、24.2ポイントも低くなっている。
札幌
青森
秋田
盛岡
山形
仙台
前橋
新潟
富山
福島
金沢
宇都宮
福井
長野
京都
水戸
神戸
大津
さいたま
松江
鳥取
岐阜
千葉
山口
岡山
広島
津
静岡
横浜
東京
福岡
名古屋
甲府
佐賀
松山
奈良
高知
徳島
大阪
長崎
熊本
大分
高松
和歌山
宮崎
鹿児島
那覇
N
0
200
400km

昼夜間人口比率——横浜市より人口が多い大阪市

大都市には周辺から人口が流入し、昼間人口は夜間人口より多くなるのが普通である。

市区町村の人口は、その地域に住まいを構えている常住人口で表わしている。常住人口は「夜間人口」ともいう。しかし都市の実態を掌握するためには、夜間人口より「昼間人口」の方が重要視される。昼間人口は夜間人口に、通勤や通学などで地域外から流入してくる人口を加え、地域外へ流出する人口を差し引いた数値である。また、昼夜間人口比率（%）は「昼間人口÷夜間人口×100」で表わす。この数値が高いほど都市の求心力が高いことを意味している。

横浜市の人口は372・5万人（2015年）で、大阪市（269・1万人）に100万人以上の差をつけている。人口からみれば圧倒的に横浜市の方が大きいが、昼間人口は横浜市が341・6万人に減少するのに対し、大阪市は354・3万人に膨れ上がる。昼間人口は、横浜市より大阪市の方が多くなるのだ。横浜市は大都市だが、東京のベッドタウン的な性格の強い都市でもある。それに対し、大阪市は近畿圏の中心都市。東京に次ぐ大都市は、横浜市ではなく大阪市だといわれるのはこういう事情がある。

大都市はその地域における政治経済の中心都市なので、昼間は周辺から多くの人が集まってくる。したがって、昼夜間人口比率は100%を超えるのが普通である。ところが、横浜、さいたま、千葉、川崎、相模原、堺、浜松の7市は政令指定都市でありながら、100%を下回っている。昼夜間人口比率から、その都市の性格を知ることができる。

都道府県庁所在地で昼夜間人口比率が最も低いのは横浜市の91・7%で、政令指定都市では相模原市が88・2%で最も低い。逆に昼夜間人口比率が日本一高い都市は、じつは東京（23区）ではなく大阪市である。東京23区の昼夜間人口比率が129・8%であるのに対し、大阪市は131・7%と、大阪市の方が上回っている。それだけ大阪市の方が、求心力のある都市なのか。そもそも東京と大阪では都市の規模が違うので、必ずしもこの理屈は当てはまらない。大阪市は夜間人口より昼間人口の方が85・2万人多いが、東京23区は276・2万人も多いのである。

都市の実態は夜間人口より昼間人口でわかる

大都市すべてが、夜間人口より昼間人口が多いとは限らない。

東京特別区および政令指定都市の昼夜間人口比率

順位	都市名	昼間人口（万人）	夜間人口（万人）	昼夜間人口比率(%)
1	大阪市	354.3	269.1	131.7
2	東京特別区	1203.4	927.2	129.8
3	名古屋市	259.0	229.6	112.8
4	福岡市	170.4	153.9	110.7
5	京都市	160.8	147.5	109.0
6	仙台市	114.8	108.2	106.1
7	岡山市	74.5	71.9	103.6
8	静岡市	72.6	70.5	103.0
9	北九州市	98.4	96.1	102.4
10	神戸市	157.2	153.7	102.3
11	熊本市	75.7	74.1	102.2
12	新潟市	82.2	81.0	101.5
13	広島市	121.1	119.4	101.4
14	札幌市	196.0	195.2	100.4
15	浜松市	79.3	79.8	99.4
16	千葉市	95.2	97.2	97.9
17	堺市	78.5	83.9	93.6
18	さいたま市	117.6	126.4	93.0
19	横浜市	341.6	372.5	91.7
20	川崎市	130.2	147.5	88.3
21	相模原市	63.6	72.1	88.2

（2015年 国勢調査）

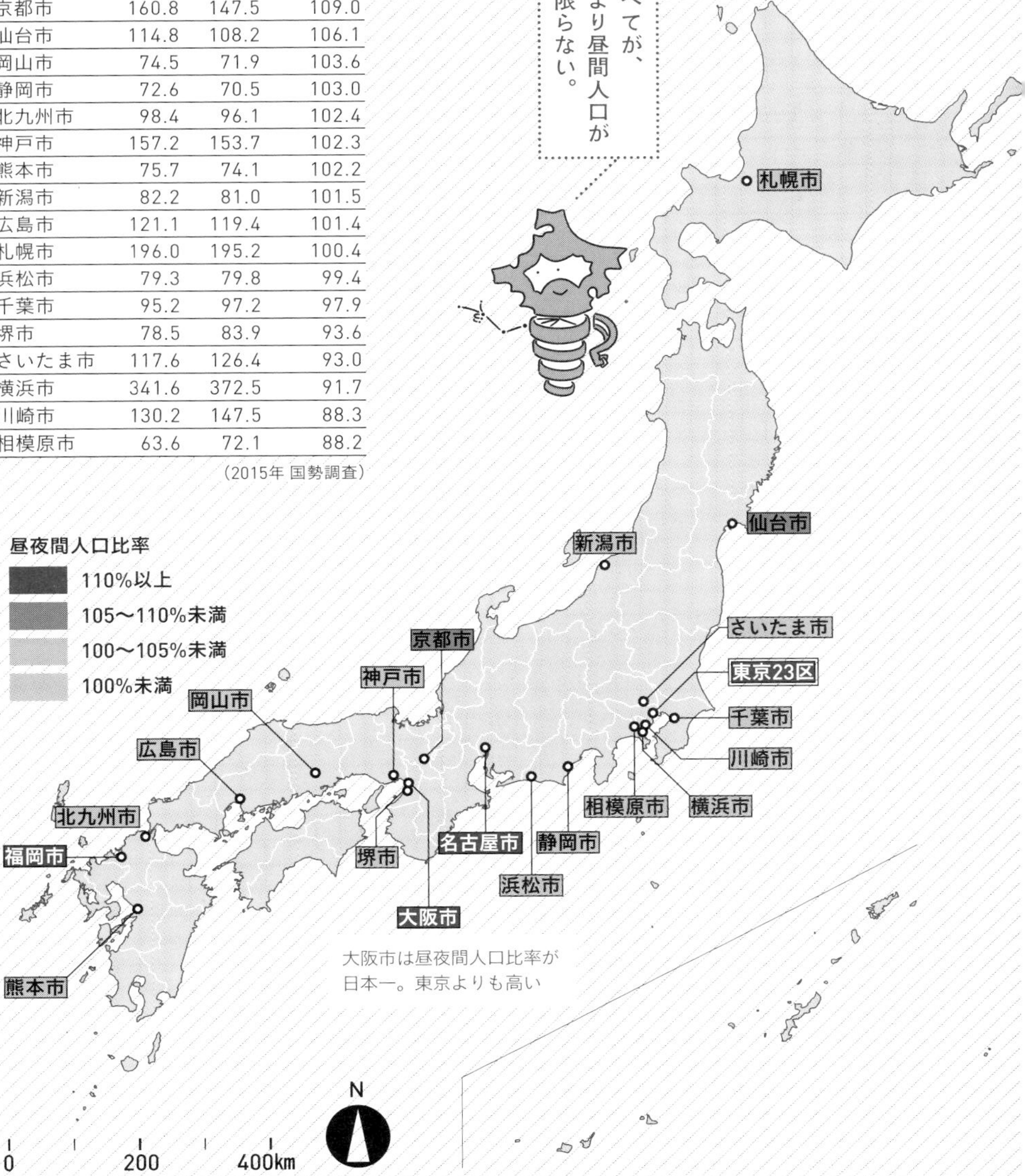

大阪市は昼夜間人口比率が日本一。東京よりも高い

千代田区の人口が14倍以上に増加する

千代田、中央、港、渋谷、新宿の都心5区は、昼間人口が夜間人口の2倍以上に増える。

東京の都心部は、23区全体の昼夜間人口比率とは比較にならないほど高い。たとえば区部の中心部にある千代田区は1460・6%という異常な高さである。5・8万人の千代田区の常住人口が、85・3万人にまで膨れ上がるのだ。昼間人口は夜間人口の14・6倍にもなるということである。以下、中央区（431・1%）、港区（386・7%）、渋谷区（240・1%）、新宿区（232・5%）の5区が、昼夜間人口比率が200%を超えている。

だが23区のすべてで、昼夜間人口比率が100%を超えているわけではない。練馬区や足立区、江戸川区など周辺部の区は、他の地域から流入してくる人口より流出する人口の方がはるかに多いのである。昼夜間人口比率が最も低い江戸川区（82・4%）は、およそ12万人が通勤や通学で区外へ流出している。

都心の昼間人口が膨れ上がるのは、他の大都市でも共通しており、大阪市中央区の昼夜間人口比率は488%、名古屋市中区は364%という高さである。

ところが、都心部の昼夜間人口比率は年々低下しつつある。たとえば千代田区の昼夜間人口比率は、2005（平成17）年には2047・3%もあった。10年間で586・7%も下がった。大阪市の中央区も761・8%から488%へ、名古屋市中区も494・6%から364%へと、昼夜間人口比率は大きく低下している。これは、都心回帰現象が急速に進んでいることを物語っている。

バブル期に都心の地価が高騰し、住環境が悪化したこともあって、マイホームを求めて郊外に移り住む人が相次いだ。そのため都心の常住人口が減少し、都心の空洞化を招いた。しかし、バブルが崩壊して地価が下落し、都心の再開発が進んでいった。利便性に優れた都心が見直されるようになり、企業の遊休地などに高層マンションが続々と建設され始めたのである。その結果、都心部を占める区の常住人口が増加し、昼夜間人口比率が低下してきたのだ。大阪や名古屋など、他の大都市でも同じような現象が現れている。昼夜間人口比率は100%に近い方が望ましいだろう。

東京23区で昼夜間人口比率が最も低いのは江戸川区

1日の大半は、自分の住む区ではない地域で過ごしているということに

都心周辺の区は、夜間より昼間の方が人口は少なくなる。

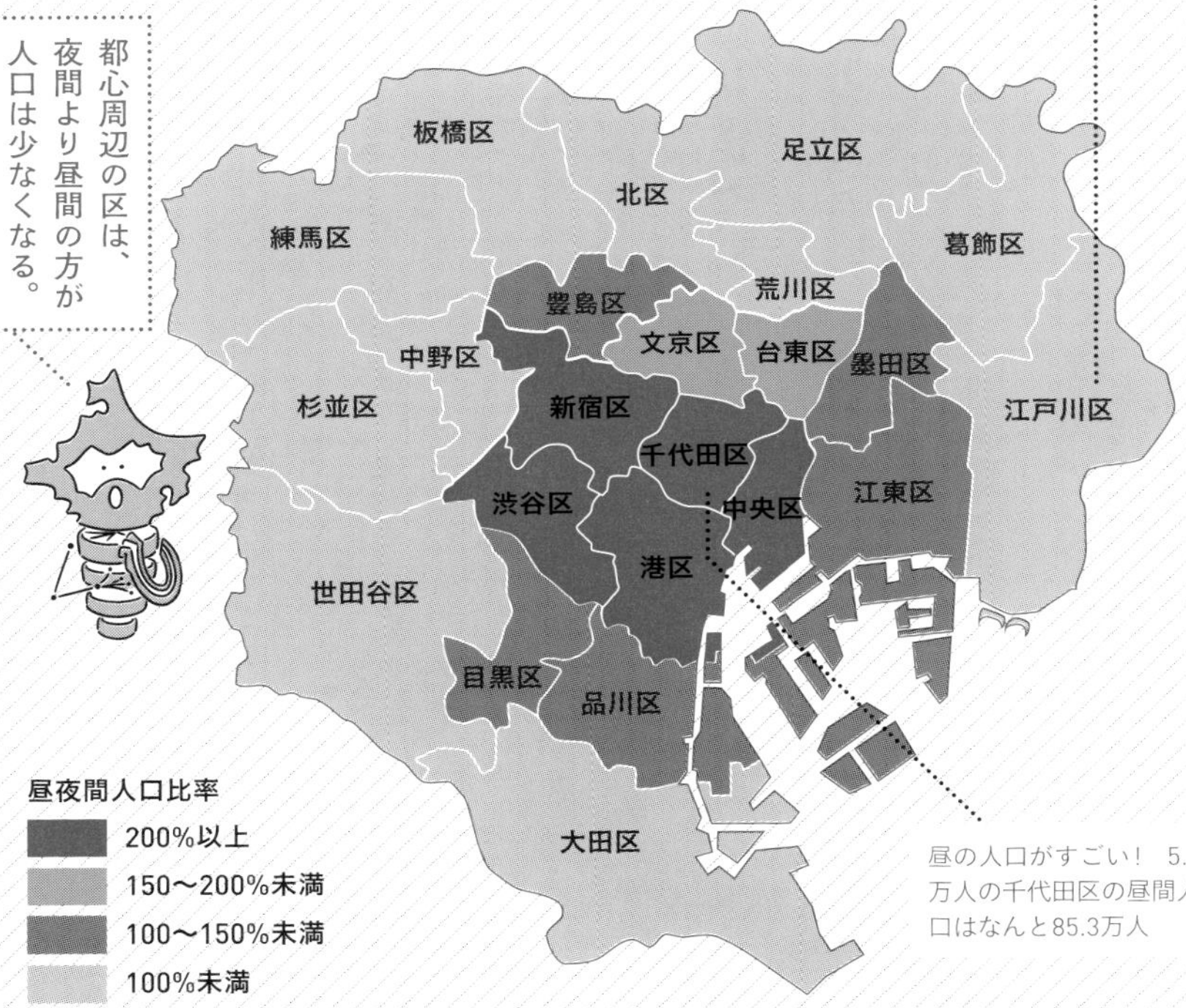

昼の人口がすごい！　5.8万人の千代田区の昼間人口はなんと85.3万人

東京特別区の昼夜間人口比率

順位	区名	昼間人口（万人）	夜間人口（万人）	昼夜間人口比率(%)
1	千代田	85.3	5.8	1460.6
2	中央	60.9	14.1	431.1
3	港	94.1	24.3	386.7
4	渋谷	53.9	22.5	240.1
5	新宿	77.6	33.4	232.5
6	文京	34.6	22.0	157.5
7	台東	30.4	19.8	153.4
8	豊島	41.7	29.1	143.3
9	品川	54.4	38.7	140.6
10	江東	60.9	49.8	122.2
11	墨田	27.9	25.6	108.9
12	目黒	29.4	27.8	105.8
13	大田	69.4	71.7	96.8
14	北	33.0	34.1	96.7
15	中野	31.3	32.8	95.4
16	世田谷	85.7	90.3	94.9
17	荒川	19.4	21.2	91.4
18	足立	60.9	67.0	90.9
19	板橋	50.8	56.2	90.4
20	杉並	48.0	56.4	85.1
21	葛飾	37.2	44.3	84.1
22	練馬	60.5	72.2	83.8
23	江戸川	56.1	68.1	82.4
	23区合計	1203.4	927.3	129.8

（2015年 国勢調査）

1｜8

「魅力度ランキング」、日本一魅力的な都道府県は？

魅力度ランキングを
毎年公表することは、各県の
反省材料になり刺激材料にもなる。

どんなに経済的に豊かな地域であっても、他地域の人から見て魅力的に感じてもらえなければ、その地域の価値は半減してしまう。魅力的な地域には、一度は行ってみたいと思うものだし、住んでみたくもなる。ブランド総合研究所では、47都道府県を対象に、認知度や魅力度、観光意欲、居住意欲、地域イメージ、観光資源など84項目からなる「地域ブランド調査」を全国の消費者約3万人余りから、年代別、男女別、地域別の人口分布に合わせてインターネットによる調査を実施し、「魅力度ランキング」として公表している。

この調査による順位を世間に公表することは、自治体にとっては大きな刺激になるし、反省材料にもなれば、目標にもなる。将来の方向性を定めるための貴重な資料にもなる。魅力がある地域には多くの人と金が集まり、活性化にもつながるので、どの自治体もこの結果に一喜一憂しているることだろう。各都道府県ではひとつでも順位を上げようと、試行錯誤しながらさまざまな対策を講じている。

2020年度の魅力度ランキングでは、北海道が12年連続で1位を獲得し、圧倒的な強さを見せた。このランキングをみてみると、有力な観光地があるか、魅力的な都市のある自治体が上位に名を連ねていることがわかる。北海道は日本最北にある広大な地域で、認知度は群を抜いている。観光資源も豊富で、温泉や景勝地などがいたるところに点在し、味覚でも他地域に差をつけている。デパートで毎年開催される北海道物産展の人気ぶりからもそれがうかがえる。

茨城、栃木、群馬、埼玉など、関東の各県が下位にランクされているのが気になる。茨城県は7年連続最下位に低迷していたが、今回は順位を5つ上げて42位に浮上し、最下位を脱した。代わって、最下位に転落したのが隣の栃木県である。栃木県の獲得ポイントは11・4点で、北海道の60・8点とは大きな差はあるが、県の良さを前面に押し出して全国に発信すれば、イメージアップにつながり、必ずや順位を上げることができるはずだ。

日本一魅力的な都道府県はどこだ

順位は毎年変動している

47都道府県の魅力度ランキング

順位	昨年順位	都道府県	ポイント
1	1	北海道	60.8
2	2	京都府	49.9
3	4	沖縄県	44.1
4	3	東京都	36.4
5	5	神奈川県	34.7
6	6	大阪府	31.9
7	7	奈良県	30.6
8	10	長野県	30.5
9	8	福岡県	29.6
10	9	石川県	29.2
11	11	長崎県	25.9
12	12	兵庫県	23.7
13	14	宮城県	23.0
14	13	静岡県	21.9
14	20	青森県	21.9
16	16	愛知県	21.6
17	19	鹿児島県	21.2
18	15	広島県	20.2
18	17	熊本県	20.2
20	21	秋田県	20.0
21	18	千葉県	19.6
22	28	宮崎県	18.6
23	22	大分県	18.4
24	30	愛媛県	17.8
24	24	香川県	17.8
26	33	富山県	17.1
27	23	山梨県	16.9
28	29	新潟県	16.6
28	34	和歌山県	16.6
30	32	島根県	16.2
31	25	三重県	15.8
32	37	山口県	15.5
33	25	福島県	15.4
33	39	岡山県	15.4
35	30	岩手県	15.2
36	35	高知県	15.0
37	39	滋賀県	14.3
38	41	埼玉県	14.1
39	27	山形県	13.9
40	41	鳥取県	13.4
41	45	群馬県	13.4
42	36	岐阜県	13.1
42	47	茨城県	13.1
44	37	福井県	13.0
45	46	佐賀県	12.5
46	44	徳島県	12.1
47	43	栃木県	11.4

（ブランド総合研究所2020年）

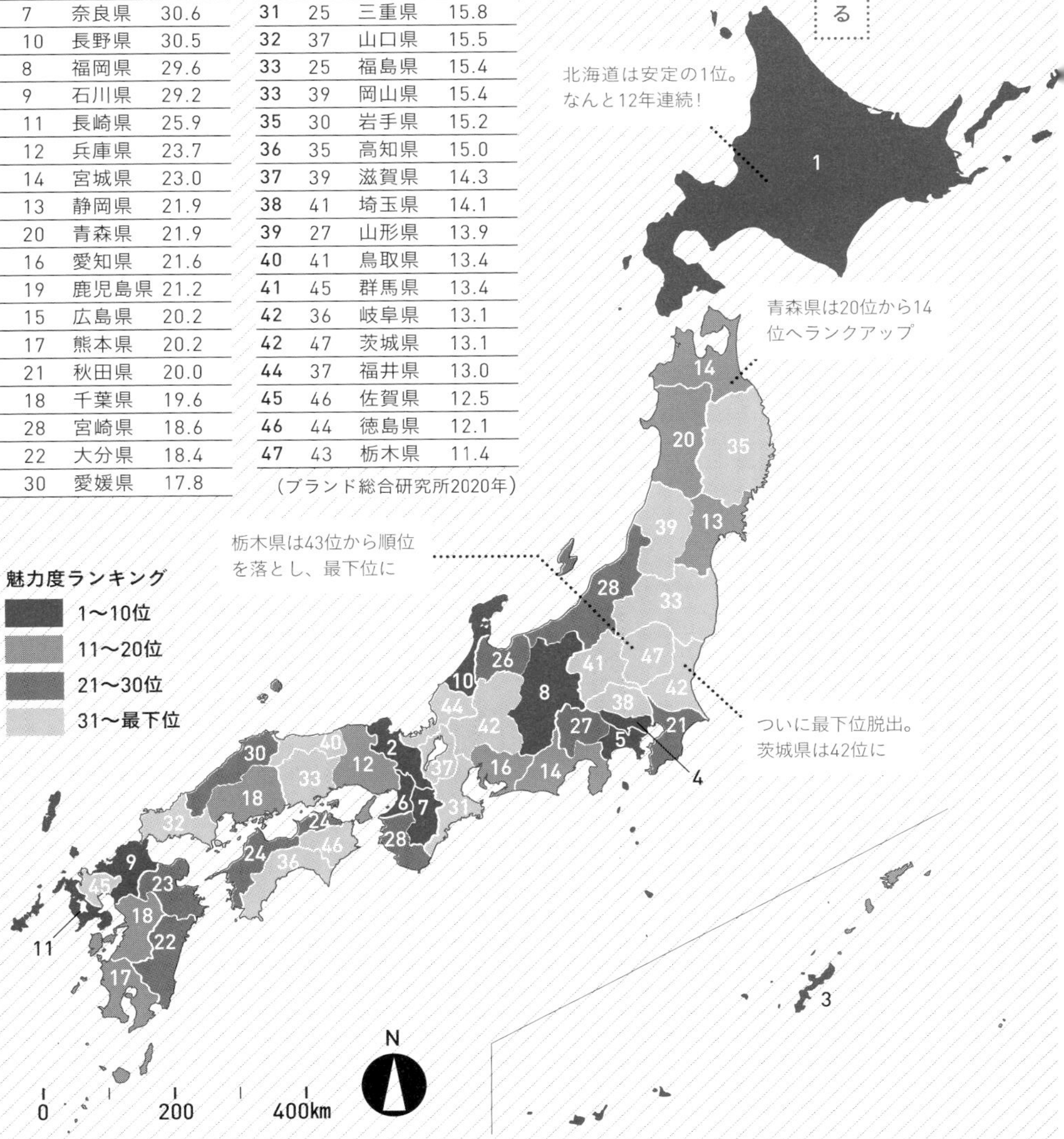

市区町村の魅力度ランキング、日本一は3年ぶりに京都市

市区町村の魅力度ランキングは、都道府県の魅力度ランキング1位の北海道が最も多い。

ブランド総合研究所では、都道府県の魅力度とともに、全国から1000市区町村を対象とした「魅力度ランキング」も公表している。20年度は京都市が3年ぶり1位に返り咲いた。2位は昨年1位だった函館市と、昨年2位の札幌市が今年も2位の座を守った。大都市は都市機能が整い、都市としてのブランド力もあるので、誰でも住んでみたいだろう。したがって、魅力度ランキングの上位に名を連ねていても不思議ではないが、日本の代表的な大都市ともいえる政令指定都市で、魅力度ランキングの上位50位までに入っている都市は、20市のうち9市と半分にも満たないのである。

京都市の1位は誰もが認めるところだろう。日本の代表的な貿易港として発展してきた横浜市と神戸市が、4位と6位の上位にランクされているのもうなずけよう。仙台市が10位と健闘している。だが、京都、横浜、神戸とともに政令都市の元祖ともいえる大阪市が34位、名古屋市が19位と振るわない。このほか政令指定都市で上位50位までに入っているのは、福岡市（36位）と浜松市（45位）だけで、さいたま、川崎、相模原、千葉、新潟、静岡、堺、岡山、広島、北九州、熊本の11市はランク外である。

魅力度ランキングの上位50位以内に、北海道からは札幌、函館、小樽、富良野、旭川、登別、帯広、釧路の8都市も入っている。北海道が都道府県の魅力度ランキングで12年連続日本一を記録しているのもうなずけるだろう。東京からは50位以内に渋谷区（41位）と新宿区（42位）の2区が入っているが、銀座のある中央区がランク外である。

魅力度ランキングの地域差は大きい。北海道のように50位以内に8都市がランクに入っている自治体がある一方で、1都市もランクインしていない自治体は22県にも上る。四国4県には一つもないし、東北も仙台市の1市だけである。だが、順位は毎年入れ替わる可能性があるので、気は抜けないのである。マスコミに取り上げられたりすれば世間から注目を集め、一気に魅力度が高まる可能性もあるので、各自治体は地元の魅力を発信し、PRに力を注いでいる。

魅力度ランキングが下位でも魅力的な都市は多い

市区町村の魅力度ランキング（上位20位）

順位	市区町村	都道府県	点数
1	京都市	京都	51.9
2	函館市	北海道	51.3
2	札幌市	北海道	51.3
4	横浜市	神奈川	48.1
5	小樽市	北海道	46.9
6	神戸市	兵庫	44.8
7	鎌倉市	神奈川	44.6
8	金沢市	石川	43.8
9	富良野市	北海道	43.7
10	仙台市	宮城	38.8
11	熱海市	静岡	38.2
12	箱根町	神奈川	38.0
13	日光市	栃木	37.7
14	那覇市	沖縄	37.0
15	伊勢市	三重	35.6
16	石垣市	沖縄	35.4
17	別府市	大分	34.0
18	屋久島町	鹿児島	33.8
19	名古屋市	愛知	33.7
20	軽井沢町	長野	33.3

（ブランド総合研究所2020）

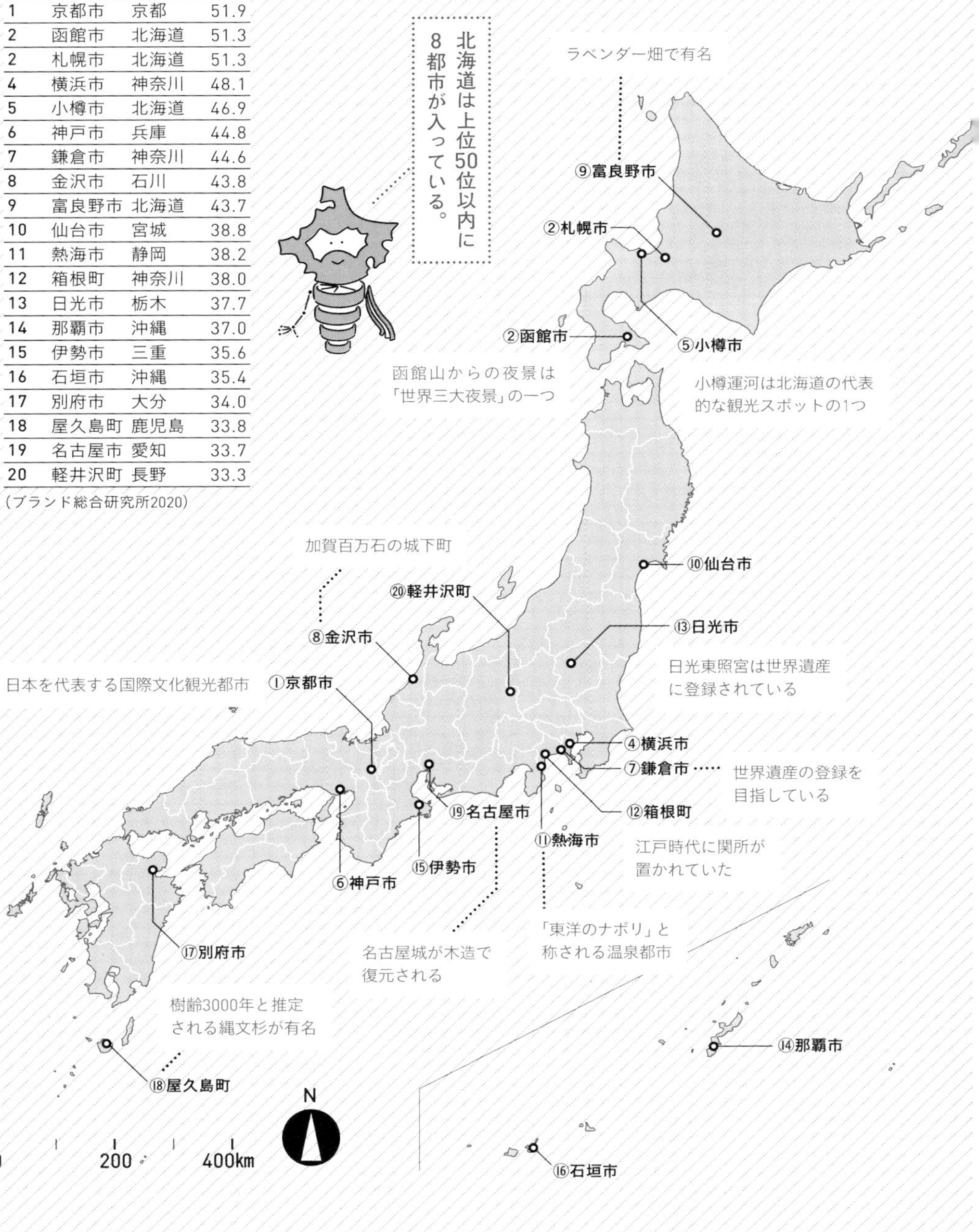
北海道は上位50位以内に8都市が入っている。
ラベンダー畑で有名
⑨富良野市
②札幌市
②函館市
⑤小樽市
函館山からの夜景は「世界三大夜景」の一つ
小樽運河は北海道の代表的な観光スポットの1つ
加賀百万石の城下町
⑳軽井沢町
⑧金沢市
⑩仙台市
⑬日光市
日光東照宮は世界遺産に登録されている
日本を代表する国際文化観光都市
①京都市
④横浜市
⑦鎌倉市
世界遺産の登録を目指している
⑫箱根町
⑲名古屋市
⑪熱海市
江戸時代に関所が置かれていた
⑮伊勢市
⑥神戸市
「東洋のナポリ」と称される温泉都市
⑰別府市
名古屋城が木造で復元される
樹齢3000年と推定される縄文杉が有名
⑭那覇市
⑱屋久島町
N
0
200
400km
⑯石垣市

在留外国人は年々増加しつつある

日本の少子高齢化にともない、在留外国人はますます増加していくものとみられる。

在留外国人は毎年増加しつつあり、中長期在留者と特別永住者を合わせた在留外国人は、世界194ヵ国、約273万人にも上る（2018年末）。1980（昭和55）年の78・3万人と比べると約3・5倍の増加率である。特別永住者とは、第二次世界大戦前から日本に居住している人およびその子孫で在留資格を有する者をいい、99％が在日韓国・朝鮮人である。特別永住者は少子高齢化で減少傾向にあるが、それに代わって増加しているのが中国人で、1980年の10倍以上という急増ぶりである。

在留外国人数を国別でみると、中国が76・5万人で最も多く、次いで韓国の45・0万人、ベトナムの33・1万人、フィリピンの27・3万人と、アジアの近隣諸国で80％以上を占めている。急速に少子高齢化が進んでいる現在、わが国では働き手不足が深刻化しつつあり、その対策として政府は、外国人労働者の受け入れを拡大していく方針なので、今後さらに増加していくものとみられている。在留外国人を都道府県別にみると、最も多いのは東京都で56・8万人。以下、愛知、大阪、神奈川、埼玉と続く。

都市別にみた在留外国人数は東京特別区が圧倒的に多く、47・9万人もいる。東京に世界各国の大使館や領事館が集まり、あらゆる国の人が住んでいるのだ。大都市は在留外国人も多いが、必ずしも人口に比例しているわけではない。9位には埼玉県の川口市が入っており、全国第5位の大都市である札幌市は、22位と下位にランクされている。在留外国人が1万人以上の都市は、全国で32都市あり、そのうち22都市が3大都市圏の狭い地域に集中している。

近畿地方は特に中国と韓国の比率が高い地域だが、浜松市や豊橋市など、静岡県の西部から愛知県の東部にかけての地域は、日系ブラジル人の多い地域として知られている。浜松市は中国と韓国の両国の人口比率が15・1％であるのに対し、ブラジルは39・3％。豊橋市は同15・2％に対し、ブラジルが46・1％を占める。この地域では労働力の不足を補うため、賃金の安い南米の日系人を積極的に受け入れてきたという歴史があるからだ。

在留外国人が多い都道府県ベスト（上位10位）

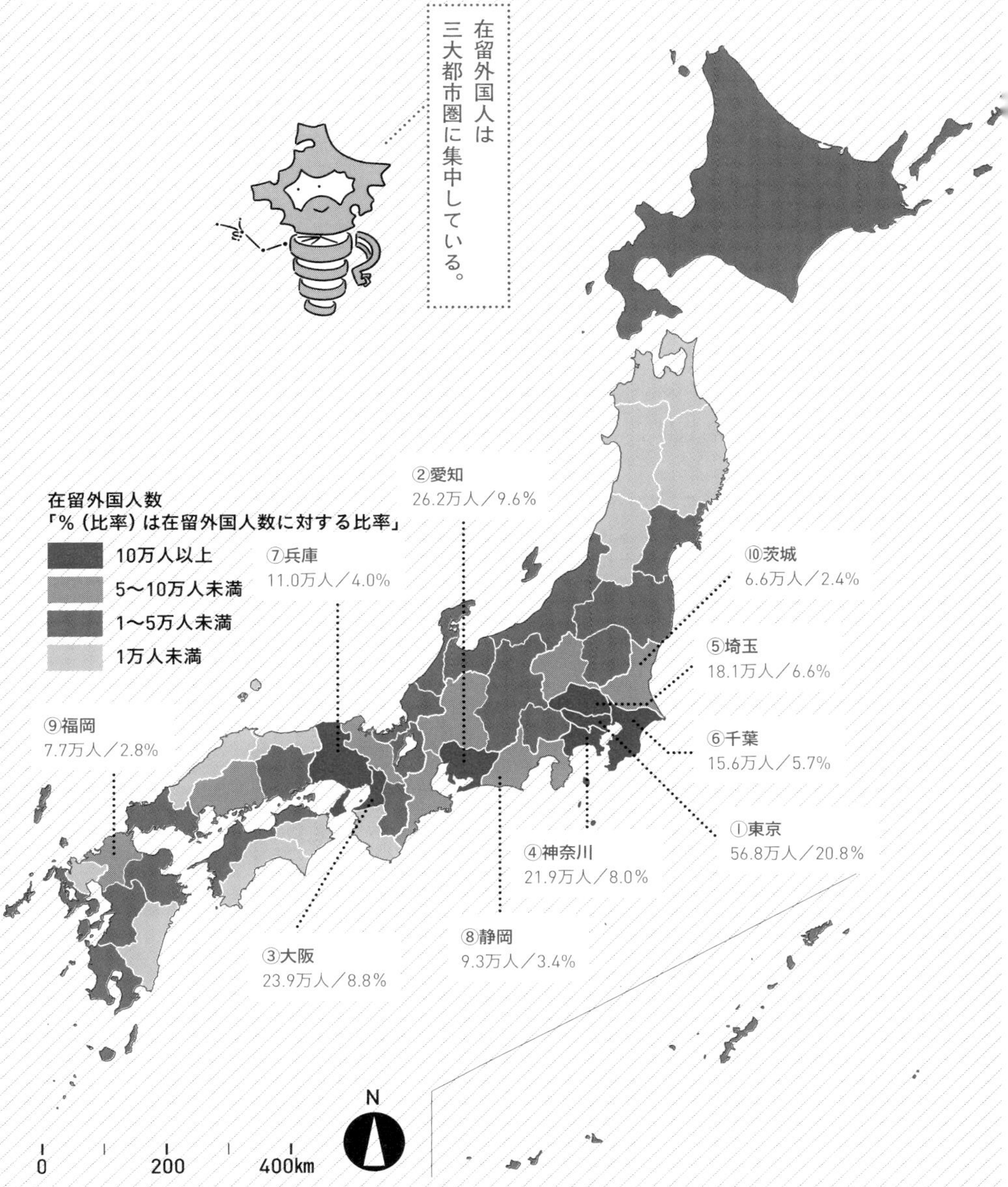

（法務省在留外国人統計表2018年度）

在外日本人（海外在留邦人）も増加しつつある

外国に住む日本人は
圧倒的にアメリカが多いが、
日本に住む外国人は中国が最も多い。

日本に多くの外国人が住んでいるように、海外には多くの日本人が暮らしている。自分の夢を追い求めて海外に移住し、活躍している人も少なくないのである。海外在留邦人は、日本の国際化が進んでいくにともなって次第に増加しつつあり、1987（昭和62）年に50万人を突破し、2005（平成17）年には、100万人の大台に乗った。現在は135・2万人に達し（2017年10月）、なおも増加を続けている。海外在留邦人数は在留外国人数の約50％にとどまっているが、それでも1987年からの30年間で海外在留邦人は約2・6倍に増加している。

海外在留邦人の内訳は、日本国籍を持っている永住者が48・6万人（36％）で、3ヵ月以上の長期滞在者が86・8万人（64％）である。長期滞在者は民間企業関係者のほか、留学生や研究者、教師、報道関係者、自由業者、政府関係職員などさまざまな人がいる。海外在留邦人は、かつては女性より男性の方が多かったが、2000年に逆転。2017年には男性の64・7万人に対し、女性は70・5万人と6万人近く女性の方が多い。

国別の海外在留邦人数を見ると、アメリカで暮らしている日本人が42・6万人で、2位の中国（12・4万人）を大きく引き離してダントツの1位である。ところが、日本に住んでいるアメリカ人は5・8万人と少なく、国別の在留外国人数でも8位にとどまる。日本人はアメリカの方を向いているが、アメリカは別の国に興味があるようだ。

それに対し、中国に住む日本人は12・4万人とアメリカに次いで2番目に多いが、在留中国人（76・5万人）の6分の1にも満たないのだ。中国人は日本に興味を持っているが、日本人は中国にあまり関心がないともいえる。だが、アジアの経済発展に伴って日本企業のアジア進出が著しく、アジア在留の日本人が急増している。オーストラリアやニュージーランドなど大洋州の伸び率も高いが、南アメリカは在留邦人の高齢化で減少傾向にある。近い将来には、海外在留邦人数はアメリカなど西欧諸国を抜いて、アジア系の国々が上位を占めることが予想されている。

海外に住む日本人

海外在留邦人数
(1万人以上の国)

海外在留邦人数

順位	国名	海外在留邦人数(千人)
1	アメリカ	426.2
2	中国	124.2
3	オーストラリア	97.2
4	タイ	72.8
5	カナダ	70.0
6	イギリス	62.9
7	ブラジル	52.4
8	ドイツ	45.8
9	フランス	42.7
10	韓国	39.8
11	シンガポール	36.4
12	マレーシア	24.4
13	台湾	21.1
14	インドネシア	19.7
15	ニュージーランド	19.7
16	ベトナム	17.3
17	フィリピン	16.6
18	イタリア	14.1
19	アルゼンチン	11.5
20	メキシコ	11.2
21	スイス	10.8
	その他の国	115.3
	全世界	1352.0

(外務省 海外在留邦人数調査統計 2017・10月)

在留外国人数

順位	国名	在留外国人数(千人)
1	中国	764.7
2	韓国	449.6
3	ベトナム	330.8
4	フィリピン	271.3
5	ブラジル	201.9
6	ネパール	89.0
7	台湾	60.7
8	アメリカ	57.5
9	インドネシア	56.3
10	タイ	52.3
	その他の国	396.9

(法務省 在留外国人統計表 2018年12月)

訪日外国人旅行者が4000万人を突破する

訪日外国人旅行客数は年々増加してきたが、新型コロナの感染拡大で暗雲が立ち込める。

日本の国際交流が盛んになっていくにともない、日本を訪れる外国人旅行者は次第に増えていき、1997（平成8）年には初めて400万人を突破した。しかし、世界全体からみれば依然として低水準にあった。そこで政府は、訪日外国人旅行者の増加を促進し、経済効果の拡大を図るとともに、日本の良さを世界に知ってもらうため、ウエルカムプラン21（訪日観光交流倍増計画）を打ち出し、2005（平成17）年までに訪日外国人旅行者を700万人に増やすことを目標に掲げて動き出した。

ウエルカムプラン21の事業を推進した結果、当初の目標には届かなかったものの、2005年には訪日外国人旅行者を673万人にまで押し上げた。その後も着実に増加していき、リーマンショックや新型インフルエンザの流行、東日本大震災などで減少したこともあったが、2013（平成25）年には1000万人の大台に乗った。10年間で2倍に増えたのである。それから5年後の2018年には、3119万人と3000万人の大台も突破した。わずか5年で3倍増という驚異的なペースで訪日外国人旅行者数は増加した。

政府が2014年に掲げた目標は、2020年までに訪日外国人旅行者数を2000万人に増やすということだった。ところが、4年も早く目標を達成したため、2020年までに訪日外国人旅行者数を4000万にするという方針に切り替え、さらに2030年には、日本の総人口の50％にあたる6000万人を目標に掲げた。このように、訪日外国人旅行者数はハイスピードで増加を続けている。

しかし、2020年には世界中を恐怖に陥れた新型コロナウイルスの感染拡大で、この計画は大きく狂ってきた。

新型コロナが発生する前の地域別の内訳をみると、アジアが2675・8万人で圧倒的に多く、全体の約86％を占める。アジアの中でも、中国、韓国、台湾、香港の4ヵ国で73％を占めているというように、近隣諸国の貢献が大きい。

年々増加する訪日外国人旅行者数
（年間10万人以上の国）

訪日外国人旅行者数の86％をアジアで占めている。

訪日外国人旅行者数（10万人以上）

順位	国名	人数（万人）
1	中国	838.0
2	韓国	753.9
3	台湾	475.7
4	香港	220.8
5	アメリカ	152.6
6	タイ	113.2
7	オーストラリア	55.2
8	フィリピン	50.4
9	マレーシア	46.8
10	シンガポール	43.7
11	インドネシア	39.7
12	ベトナム	38.9
13	イギリス	33.4
14	カナダ	33.1
15	フランス	30.5
16	ドイツ	21.5
17	インド	15.4
18	イタリア	15.0
19	スペイン	11.9
20	マカオ	10.9
	総計	3119.2

（日本政府観光局 2018年）

訪日外国人旅行者数の推移

年度	人数（万人）		
1965	36.7	2010	861.1
1970	85.4	2011	621.9
1975	81.2	2012	835.8
1980	131.7	2013	1036.4
1985	232.7	2014	1341.3
1990	323.6	2015	1973.7
1995	334.5	2016	2404.0
2000	475.7	2017	2869.1
2005	672.8	2018	3119.2

（日本政府観光局）

入国税はいらないのに、なぜ出国税？

日本人の海外旅行者と訪日外国人旅行者に課す、国際観光旅客税が新しく導入される。

1960年代になるまで、自由に海外へ旅行に行くことができなかったため、1960年度の出国者数はわずか11・9万人と現在の150分の1にも満たなかった。しかし、1964年に海外渡航が自由化されて以来、次第に海外旅行者数は増加していった。だが、海外旅行が一般化したのは1970年代になってからで、1972（昭和47）年には100万人を突破。それから18年後の1990（平成2）年には、1000万人の大台に乗った。2018年には1895万人と、日本人の6・7人に1人が1年に一度は海外へ旅行したことになる。

2014年までは訪日外国人旅行者より、日本人の海外旅行者の方が多かったが、2015年に逆転され、2018年には日本人の海外旅行者数（1895・4万人）より、訪日外国人旅行者（3119・2万人）の方が1200万人以上も多くなっている。

これに目を付けたのが、2019年月に導入された国際観光旅客税（出国税）だといえる。海外旅行や出張などで出国する日本人、および訪日外国人旅行者が日本を出国する際に税金を課すというもので、空港使用料や燃油サーチャージとは別に、出国税が必要になったのである（2歳未満は対象外）。海外旅行1回につき、1人1000円の負担である。現在、海外旅行者数と訪日外国人旅行者数を合わせると5000万人を超えているので、年間500億円以上の歳入を見込むことができるのだ。

出国税は訪日外国人に快適な旅行をしてもらうための環境整備、日本に不案内な外国人旅行者への情報発信、観光資源の整備などが、出国税の主な使途になっているのだが、東日本大震災の復興予算では、被災地に直接関係がないものに流用されたという例もあるので、出国税が本来の目的のために使われているかなど、チェックする必要があるだろう。

日本人の海外旅行先として最も多いのがアメリカ（ハワイ、グアム、北マリアナ諸島を含む）で、年間369・8万人にも上る。僅差で韓国と中国がつけている。

新しく導入された国際観光旅客税

日本人の海外旅行先
(上位31位まで)

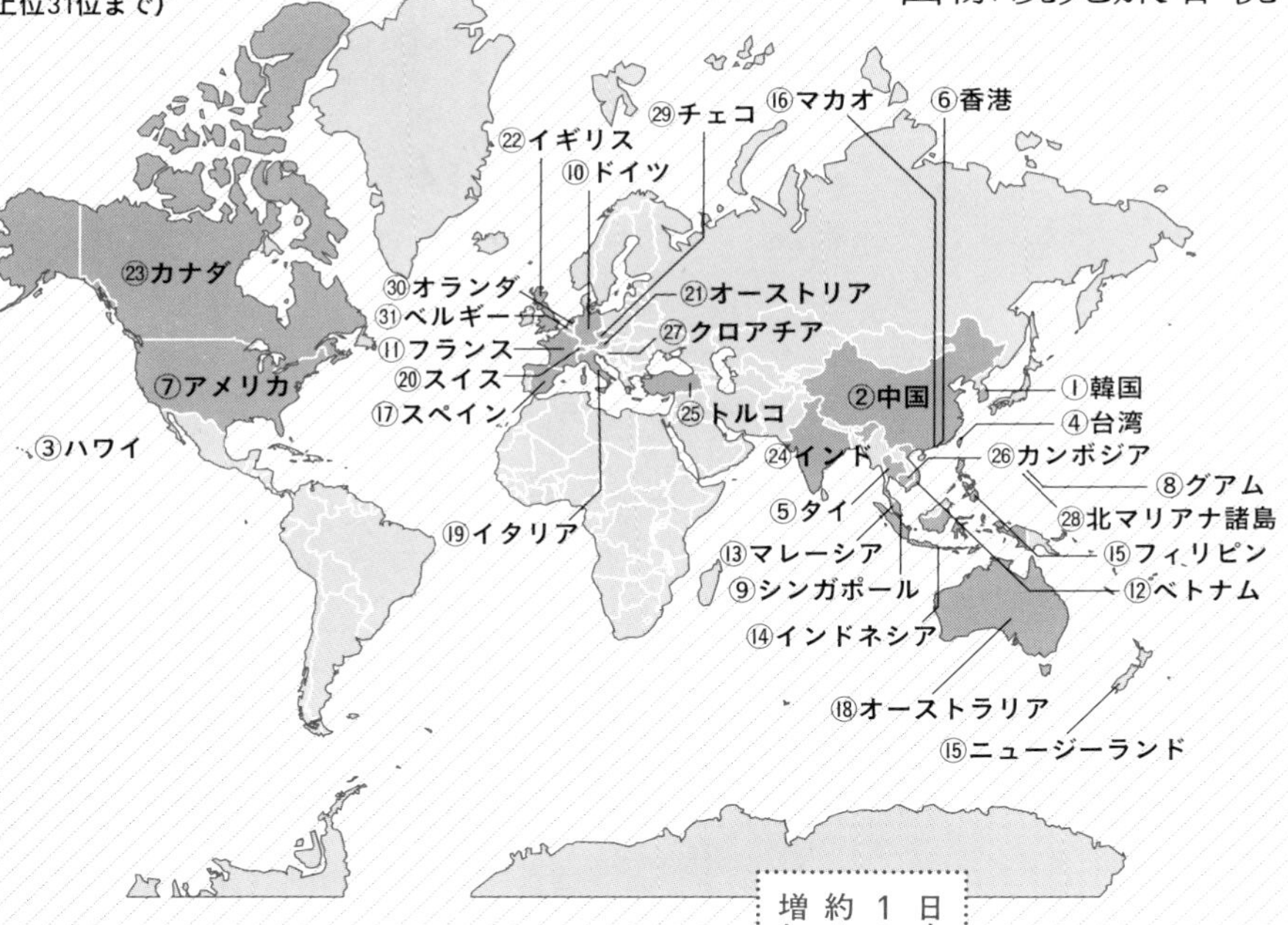

日本人の出国者数は1960年代から約160倍に増加している。

日本人の海外旅行先(10万人以上)

順位	国・地域名	人数(万人)
1	韓国	351.9
2	中国	351.8
3	ハワイ	146.6
4	台湾	143.2
5	タイ	137.4
6	香港	125.5
7	アメリカ(本土)	115.0
8	グアム	92.9
9	シンガポール	75.7
10	ドイツ	73.4
11	フランス	73.2
12	ベトナム	57.6
13	マレーシア	47.0
14	インドネシア	45.1
15	フィリピン	41.2
16	マカオ	39.6
17	スペイン	36.2
18	オーストラリア	35.4
19	イタリア	35.4
20	スイス	29.6
21	オーストリア	26.1
22	イギリス	24.3
23	カナダ	24.0
24	インド	22.0
25	トルコ	20.4
26	カンボジア	17.9
27	クロアチア	15.5
28	北マリアナ諸島	15.3
29	チェコ	13.7
30	オランダ	13.6
31	ベルギー	11.2

(日本政府観光局 2012年)

出国者数の推移

年度	人数(万人)
1965	15.9
1970	66.3
1975	246.6
1980	390.9
1985	494.8
1990	1099.7
1995	1529.8
2000	1781.9
2005	1740.4
2010	1663.7
2011	1699.4
2012	1849.1
2013	1747.3
2014	1690.3
2015	1621.4
2016	1711.6
2017	1788.9
2018	1895.4

日本政府観光局

日本は超高層ビルの建設ラッシュだ

やがて東京駅前に、あのエンパイア・ステート・ビルディングより高いビルが誕生する。

1960年頃まで、日本に「超高層ビル」という用語はなかった。ビルの高さが31mまでに制限されていたからだ。しかし、1963（昭和38）年に建築基準法が改正され、高さ制限が撤廃されたことにより、日本でも超高層ビルの建設が可能になった。超高層ビルの第1号が1968（昭和43）年4月、東京都千代田区の官庁街に建設された霞が関ビルである。地上36階、高さ147m。このビルを見たさに、全国から多くの人が訪れた。

だが、「日本一」はいずれ抜かれる運命にある。2年後の1970年3月には、山手線の浜松町駅前に高さ163mの世界貿易センタービルが完成し、翌年6月には高さ179mの京王プラザホテルが、1978（昭和53）年4月には、池袋に「サンシャイン60」という地上60階、高さ240mの超高層ビルが出現した。

サンシャイン60は12年間日本一の座に君臨していたが、1990（平成2）年12月、新宿新都心に建設された東京都庁第一本庁舎に抜かれ、それもつかの間、1993（平成5）年7月に誕生した横浜ランドマークタワー（296m）が日本一高いビルになった。だが、2014（平成26）年3月、大阪市の近鉄阿倍野橋駅に高さ300mの「あべのハルカス」が誕生し、横浜ランドマークタワーに代わって日本一の座についた。

超高層ビルは各地で続々誕生している。あべのハルカスが日本一の座を明け渡すのも時間の問題だ。2023年には森ビル（東京）が、東京タワーの東側に330mの超高層ビルを建設するからだ。だが、東京駅前にそれよりも高い日本一高い超高層ビルの建設計画がある。東京駅の日本橋口に建っている日本ビル、朝日生命大手町ビル、JXビル、大和呉服橋ビルとその周辺を再開発し、高さ390mの超高層ビルなど4棟のビルが建設されるのだ（2027年竣工予定）。このビルが完成すると、ニューヨークのマンハッタンにある、かつて世界一高いビルとして知られていたエンパイア・ステート・ビルディング（381m、電波塔の部分を除く）を96年ぶりに抜くことになる。

都道府県で一番高いビルは何メートル?

日本の超高層ビル・ランキング(上位20位)

順位	ビル名	所在地	高さ(m)	竣工年度
1	あべのハルカス	大阪市阿倍野区	300.0	2014
2	横浜ランドマークタワー	横浜市西区	295.8	1993
3	りんくうゲートタワービル	大阪府泉佐野市	256.1	1996
4	大阪府咲洲庁舎	大阪市住之江区	256.0	1995
5	ミッドタウン・タワー	東京都港区	248.1	2007
6	虎ノ門ヒルズ森タワー	東京都港区	247.0	2014
7	ミッドランドスクエア	名古屋市中村区	246.9	2007
8	JRセントラルタワーズオフィス棟	名古屋市中村区	245.0	2000
9	東京都庁第一本庁舎	東京都新宿区	242.9	1991
10	NTTドコモ代々木ビル	東京都渋谷区	239.9	2000
11	サンシャイン60	東京都豊島区	239.7	1978
12	六本木ヒルズ森タワー	東京都港区	238.1	2003
13	新宿パークタワー	東京都新宿区	235.0	1994
14	東京オペラシティタワー	東京都新宿区	234.4	1996
15	住友不動産六本木グランドタワー	東京都港区	230.8	2016
16	渋谷スクランブルスクエア東棟	東京都渋谷区	229.7	2019
17	JRセントラルタワーズホテル棟	名古屋市中村区	226.0	2000
18	新宿三井ビルディング	東京都新宿区	224.9	1974
19	新宿センタービル	東京都新宿区	223.0	1979
20	聖路加タワー	東京都中央区	220.6	1994

(東京駅前常盤橋地区再開発事業計画)　(2020年末現在)

都道府県内で一番高いビルが全国で最も低いのは奈良県で、高さは50mにも満たない。

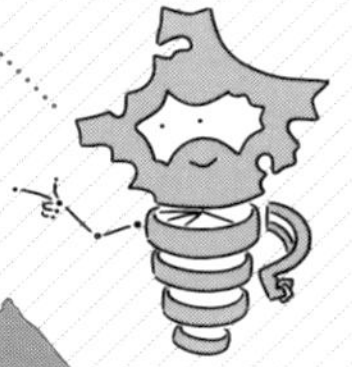

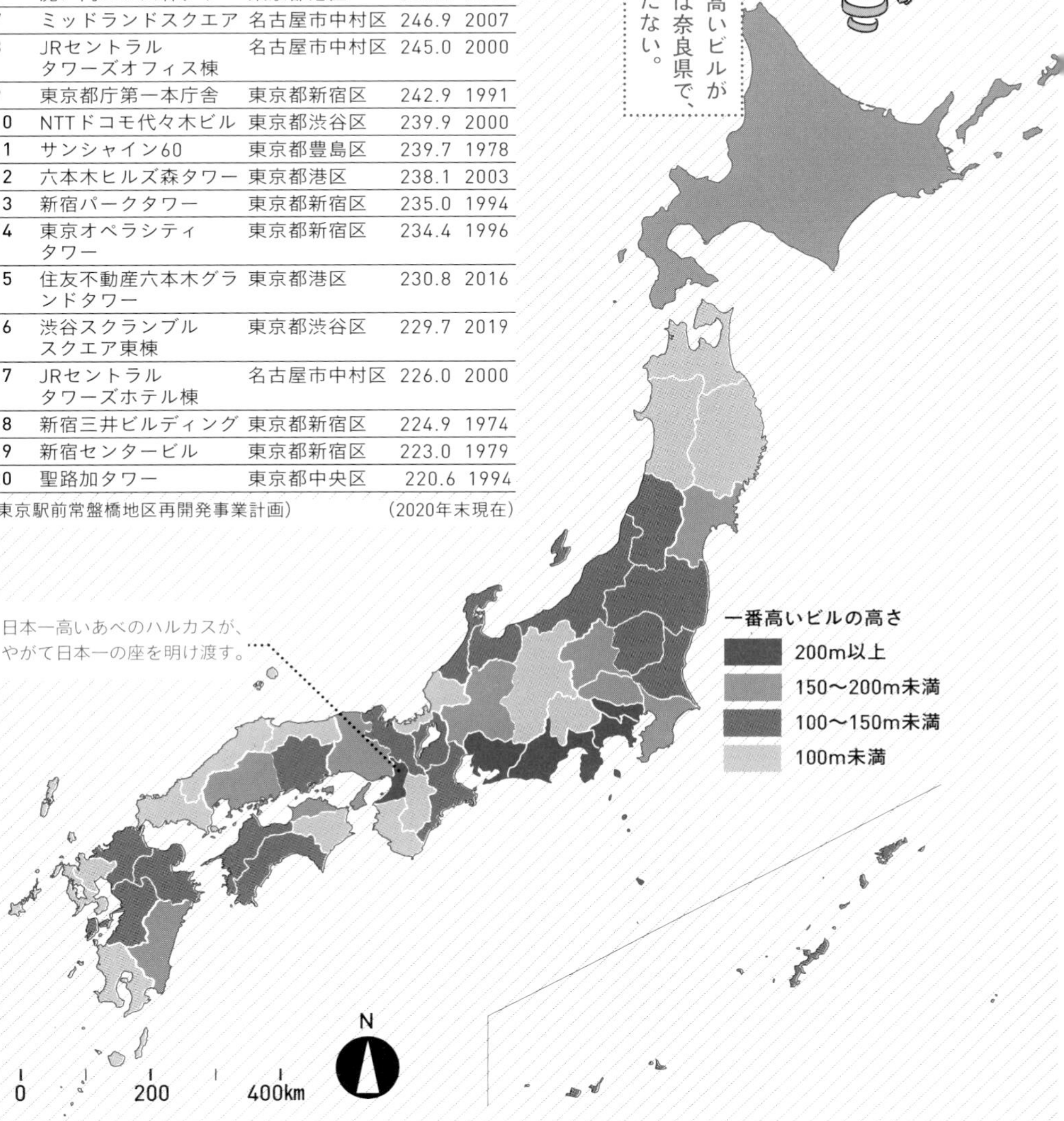

山手線の新駅誕生で東京はどう変わる？

山手線に西日暮里駅が開業してから半世紀ぶりに、30番目となる新駅が誕生した。

東京の都心を環状運転している山手線には29の駅があった（２０１9年時点）。一周34・５㎞。平均の駅間距離はわずか１１９０mしかないので、駅数としては充分すぎるといえる。ところがJR東日本は、２０１４（平成26）年6月、品川駅と田町駅の中間に新駅を建設することを発表し、２０２０年3月に暫定開業した。山手線では30番目となる新駅の誕生である。

東京の北部と南部の鉄道路線を相互運転する「上野東京ライン」が開通すると、品川車両基地の機能を尾久車両センターに移すことができるため、品川車両基地の広大な敷地が再開発の用地として活用できる。そこで、車両基地の跡地に山手線および京浜東北線の新駅を設置するとともに、駅前周辺の13ヘクタールの土地を再開発し、マンション3棟、オフィスと商業施設の複合ビル5棟、合計8棟の超高層ビルを建設する計画だ。羽田空港へのアクセスの良さを生かして、国際交流の拠点としての街づくりを目指している。品川駅と田町駅の駅間距離が、山手線では最も長い2・２㎞もあるので、新駅を設置してもおかしくはないが、山手線にこれ以上、駅を設置する必要はないだろう。

駅名を決めるに際してJR東日本では公募を実施し、6万以上の応募があった。最も多くの票数を集めた「高輪」をはじめ、「芝浦」「芝浜」「新品川」「泉岳寺」などさまざまな候補が上がったが、正式な駅名に採用されたのは上位100位にも入っていなかった「高輪ゲートウエイ」駅だった。東京のJR路線では初めてのカタカナ駅名である。この駅名に反発する人は多く、駅名撤回を求める署名運動まで展開された。

「高輪駅」とするのであれば誰もが納得するのだろうが、「ゲートウエイ」というカタカナを駅名に入れたことに問題がある。駅周辺の再開発地区が「グローバルゲートウエイ品川」という名称だったことから、投票1位の「高輪」と、国際交流拠点を目指す再開発地区の「ゲートウエイ」を組み合わせて駅名にしたというのがJR東日本の言い分である。

山手線に誕生した「高輪ゲートウェイ」駅

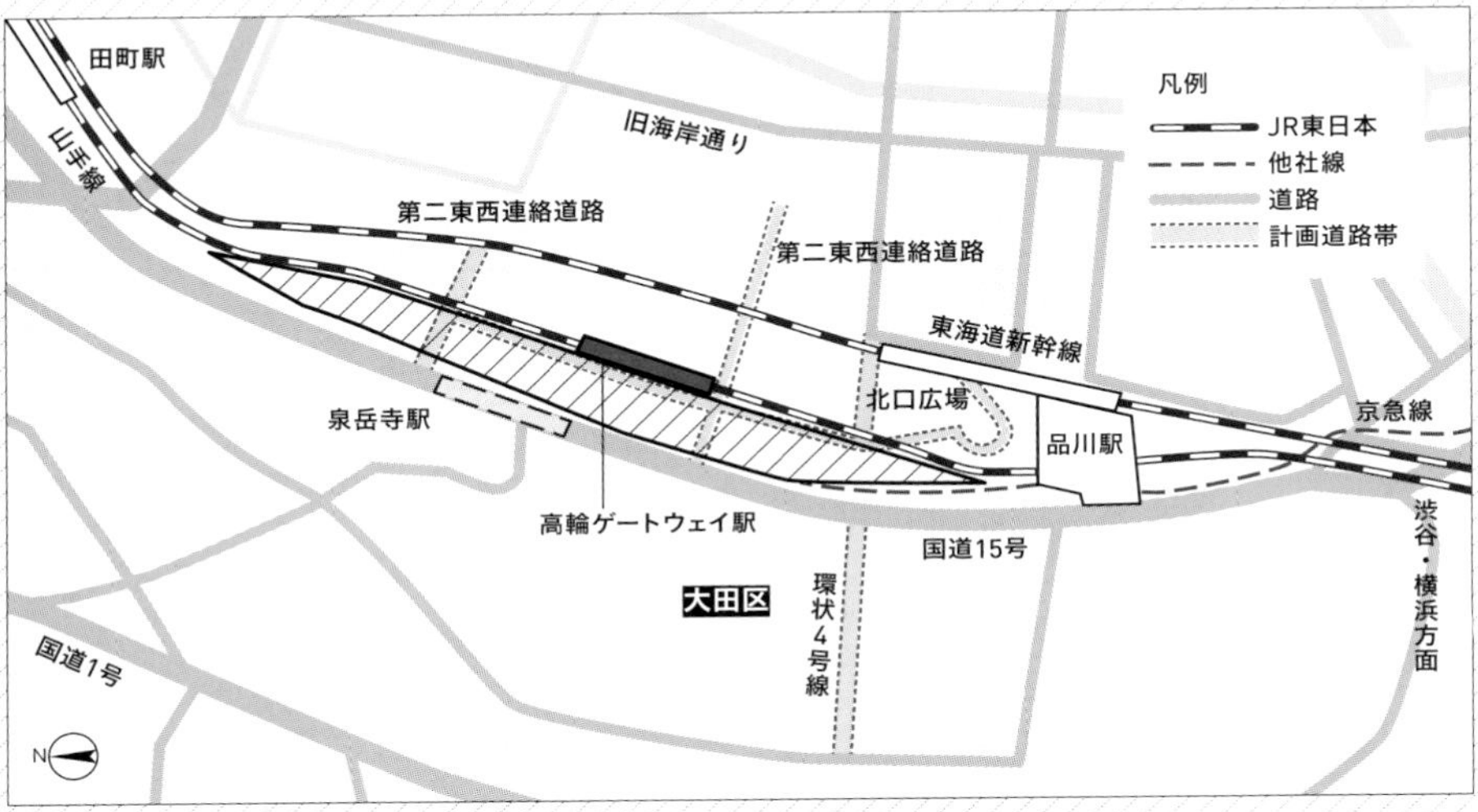

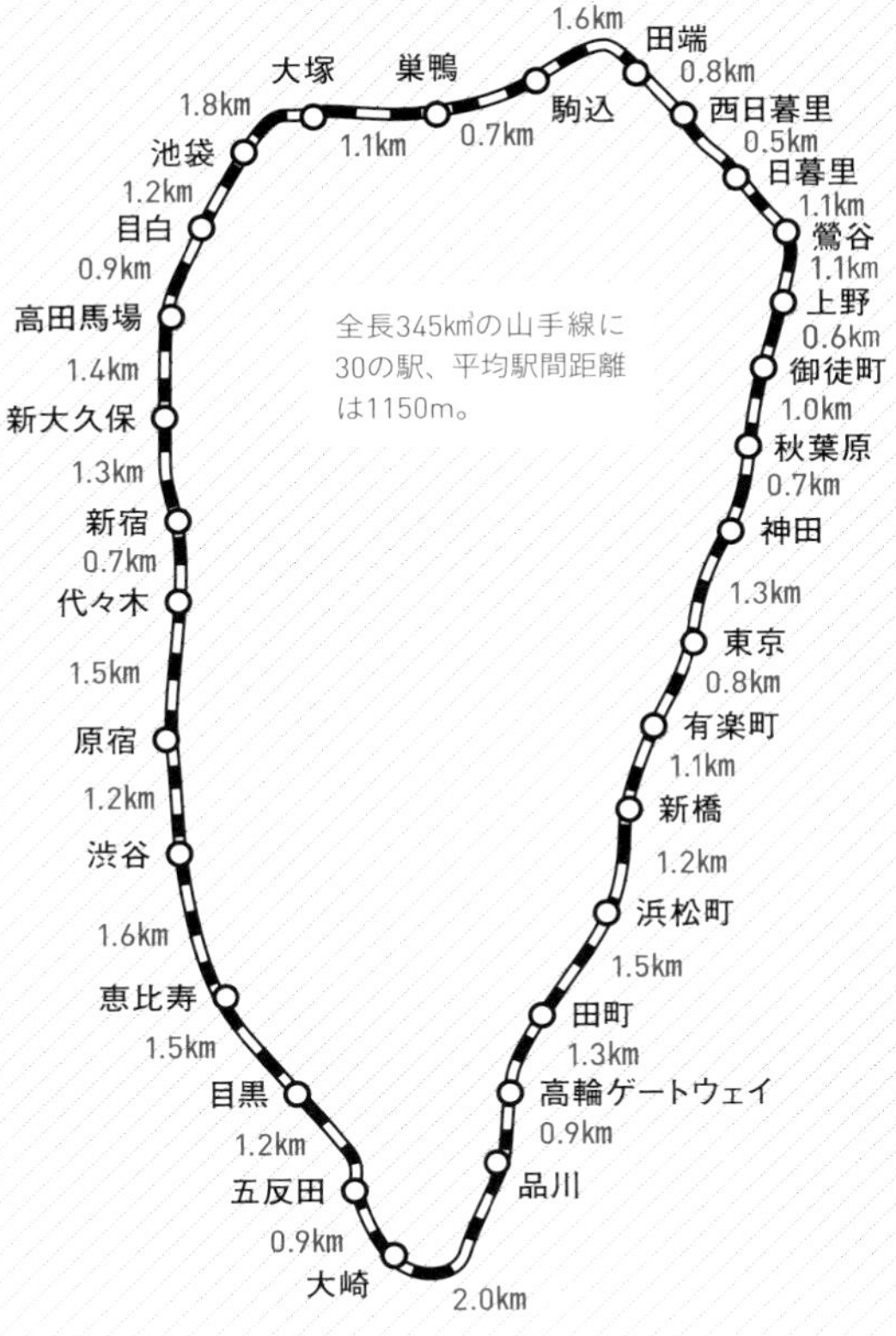

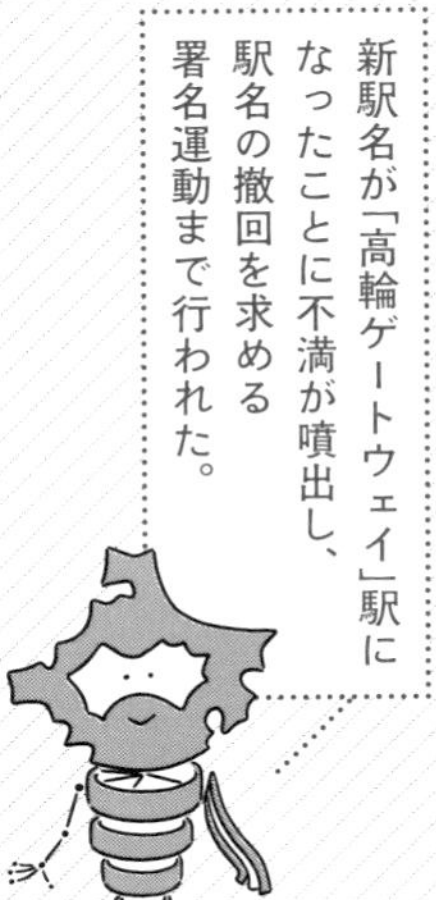

品川駅が東京の玄関になる

リニア中央新幹線のルートは決定したが、南アルプス下のトンネルの建設がネックに。

東海道新幹線は、輸送力が限界に近づきつつあった東海道本線のバイパスとして、1964（昭和39）年10月に開業した東京―大阪間を結ぶ陸上交通の大動脈である。それから半世紀余りたったいま、東海道新幹線もパンク寸前である。東海道新幹線のバイパスとして計画されているのが、磁気浮上式による「リニア中央新幹線」で、2011（平成23）年5月に整備計画が決定し、2027年に東京―名古屋間の先行開業を目指して、現在着々と工事が進められている。

ルートの選定に紆余曲折はあったが、東京と名古屋をほぼ直線で結ぶ南アルプスルートに決定し、経由する4県（神奈川、山梨、長野、岐阜）にそれぞれ一つずつ駅を設置することになった。相模原市緑区、甲府市、飯田市、中津川市の4ヵ所である。しかし、リニア中央新幹線が通るのは4県だけではなかった。南アルプスは静岡と長野の県境に横たわっている山脈だ。南アルプスの下を潜り抜けるトンネルの建設によって、大井川水系の水量が減少するという新たな問題が発生し、これに静岡県が激しく反発しているのだ。そのため、2027年の開業が危ぶまれている。

リニア中央新幹線の起点駅は当初、東海道新幹線の東京駅、品川駅、新横浜駅の3駅が候補に上がっていた。本来であれば東京の玄関である東京駅に乗り入れるのが、東北新幹線や上越新幹線などとのアクセスの問題からみても妥当だろう。しかし、東京駅の地下には在来線（京葉線、横須賀線、総武快速線）や地下鉄が乗り入れており、地下空間に余裕がない。リニアの駅を建設することが困難なのだ。その点、品川駅では地下空間の確保が可能であったこと、日本の空の玄関である羽田空港へのアクセスに優れていることが、品川駅の地下に駅を設置する決め手になった。品川駅が東京の玄関、いや日本の玄関になるのだ。

名古屋―大阪間は2045年の開業予定と、かなり先だということもあって、いまだに正式なルートは決まっていない。「奈良ルート」と「京都駅ルート」が激しく争ってきたが、どうやら奈良ルートに落ち着きそうだ。

広域交通の利便性が高い品川駅

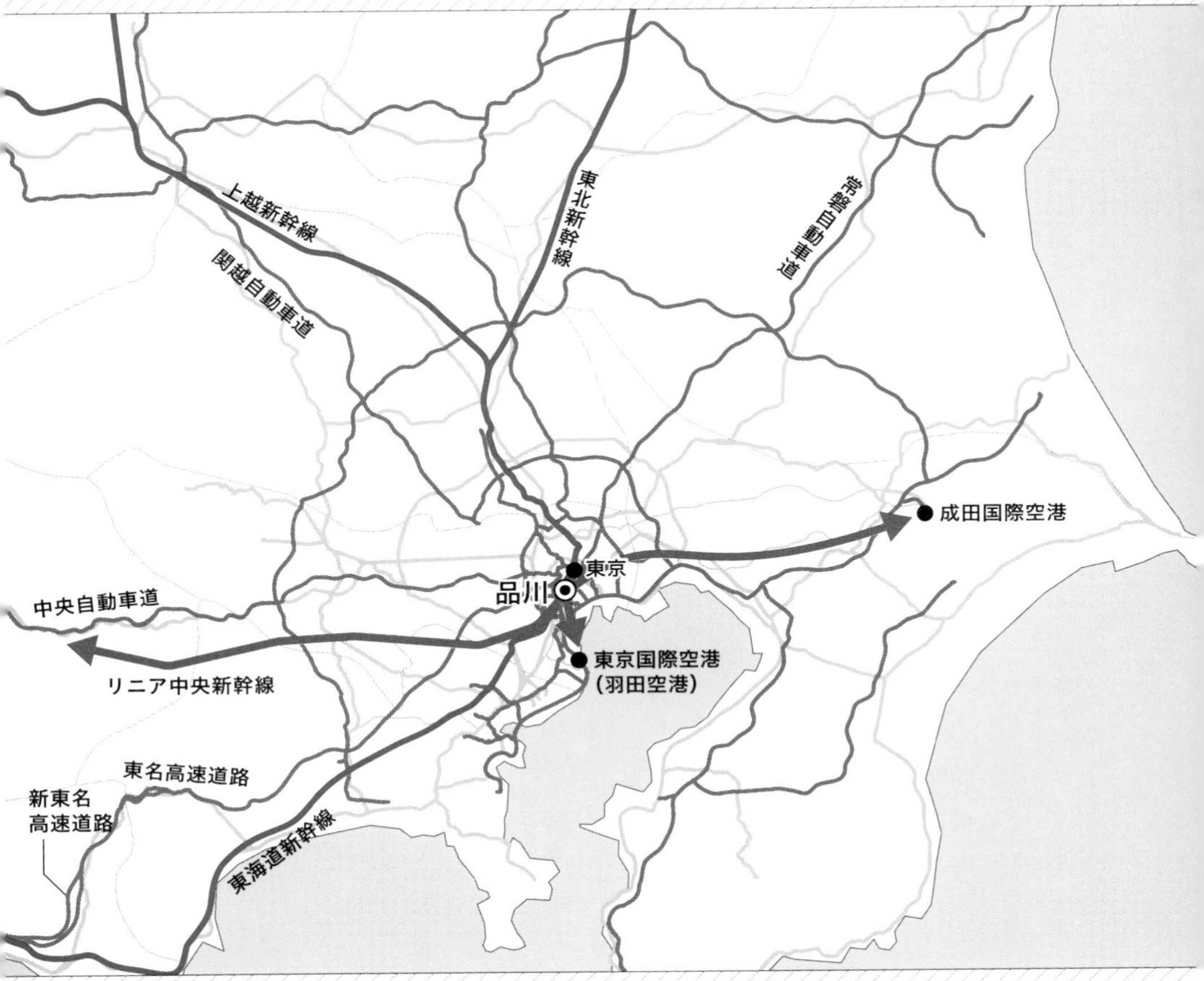

リニア中央新幹線の起点が品川駅になった決め手は、地下空間の確保と羽田空港へのアクセスだった。

リニア中央新幹線は高速輸送が最大の使命なので、東京―大阪間をほぼ直線的なルートで結ばれる。最高速度が500km/hを超える超電導磁気浮上式リニアモーターカーで建設されるため、全線が完成した暁には東京(品川)ー大阪間が67分で結ばれる。先行開業予定の品川ー名古屋間はわずか40分という至近距離で、名古屋が東京の通勤圏内に組み込まれたようなものだ。ますます便利になる反面、名古屋圏の人、金、モノが東京に吸い取られる、ストロー現象が起きるのではないかと懸念する声もある。

東京オリンピックで東京はどう変わる？

2020年の東京オリンピックは、誰もが予期しないコロナ禍での大会になった。

2０２０年7月に、日本の首都東京で2度目のオリンピックが開催される予定だった。国民の多くが東京オリンピックの開催を待ち望み、期待に夢を膨らませていたことだろう。だが、降って湧いたような新型コロナウイルスという魔物に世界中の人々が脅かされ、東京オリンピックも1年延期されることになった。延期になった大会さえも、開催が危ぶまれているというありさまで、万全な感染対策が求められている。世界各国でコロナのワクチンの接種も始まっているが、まだ終息するには程遠い。したがって、当初予定していたような多くの日本人が熱狂する、盛大なオリンピックが開催できないのは残念である。

１９６４（昭和39）年10月に開催された東京オリンピックは、日本が高度成長期に差し掛かった頃のことで、東海道新幹線の開通や首都高速道路の建設など、東京が大きく変わった時でもあった。２０２０年オリンピック・パラリンピックで東京はどう変わるのか。東京は成熟した大都会に成長しているので大きく変化することはないが、訪日外国人旅行者数が４０００万人の大台に乗るはずだった。

だが、コロナの影響で２０２０年度の訪日外国人旅行者は当初の目標の10％程度の４００万人余りに過ぎなかった。この現状は誰にも予想できなかったことである。

オリンピックで欠かせないのが聖火リレーだろう。聖火はギリシャのオリンピアで採火し、聖火ランナーによってオリンピック開催国に運ばれてくる。日本に上陸した聖火は、１２１日かけて約1万人の走者リレーで、全国にある自治体のおよそ半分にあたる８５７市区町村を走り抜ける予定だ。3月25日に、東日本大震災の被災地である福島県楢葉町のJヴィレッジをスタートし、栃木→群馬→長野→岐阜→愛知→三重という順路で47都道府県をすべて回り、7月23日の開会式に新国立競技場にゴールする。聖火台に点灯された聖火は、開催期間中灯され続ける。コロナ禍での大会になるため、有名人の聖火ランナーの辞退が相次いでいるが、日本人の記憶に刻まれる記念すべき大会になってほしいものだ。

東京2020聖火ランナーの順路

聖火リレーは3月25日に福島県楢原町をスタートし、1万人の走者で121日かけ、7月23日の開会式に新国立競技場にてゴールし、聖火台に点灯される。47都道府県すべてをまわり、857市区町村を駆けめぐる。

聖火ランナーの初日は、福島の楢葉町からスタート

最終日は東京の銀座、六本木など中心部をリレーし、新国立競技場でゴール！

コロナの感染拡大のため、大阪府は府内全域で公道を走る聖火リレーを中止することになった。また、聖火リレーの中止を検討していた島根県は、条件付きで実施を認めた。

コロナに負けない！
応援しよう！
がんばれニッポン

（経済産業省 資源エネルギー庁）

江東区と大田区の領有権争いは江東区の勝利？

かつては厄介者扱いされていた
埋立地が、今は帰属をめぐり
激しい争奪戦が展開される。

東京湾の沿岸には広大な埋立地が広がっている。そのほとんどが日本の高度成長期以降に、大量に発生するゴミを処分するために埋め立てられたもので、廃棄物で造成された埋立地は厄介者扱いされていた。埋立地に無駄な管理費を使いたくないと、埋立地の管轄をめぐって各区が押し付け合ったものである。しかし今は違う。雑草が茂る広大な荒れ地の13号埋立地（お台場）が、臨海副都心として生まれ変わったことに刺激されてか、今では埋立地をめぐって、激しい領土争いが展開されるようになった。

お台場の青梅エリア南東沖合に広大な人工島がある。「内側埋立地」と「外側埋立地」、「新海面埋立地」からなる中央防波堤埋立地である。面積が509ヘクタール（5・09㎢）もある巨大な埋立地だ。1973（昭和48）年から造成が始まったもので、埋立地の帰属がいまだに決まっていないのだ。そのため埋立地は荒れ果て、ほとんど開発も進んでいない。

当初、埋立地はどの区とも接していなかったので、東京湾沿岸の江東、中央、港、品川、太田の5つの区が中央防波堤埋立地の領有を主張していた。しかし、1980（昭和55）年に第二航路海底トンネルが完成してお台場（江東区青梅）と陸続きになり、2002（平成14）年には臨海トンネルで城南島（大田区）とつながった。そのため、地続きにならなかった中央、港、品川の3区は手を引き、江東区と大田区の間で争われることになった。

しかし、両区とも100％の領有を主張して一歩も譲らず、一向に解決する気配がない。そのため、都の調停を仰いで決着させることになった。都は両区の主張から総合的に判断し、2017（平成29）年10月、江東区86・2％、大田区13・8％に配分するという調停案を提示した。江東区はこの調停案を受け入れたが、大田区はこの調停案を拒否し、東京地裁への提訴に踏み切った。その判決が2019年9月に下った。江東区79・3％、大田区20・7％、オリンピックの競技施設はすべて江東区、港湾エリアはすべて大田区というものである。

～中央防波堤埋立地～

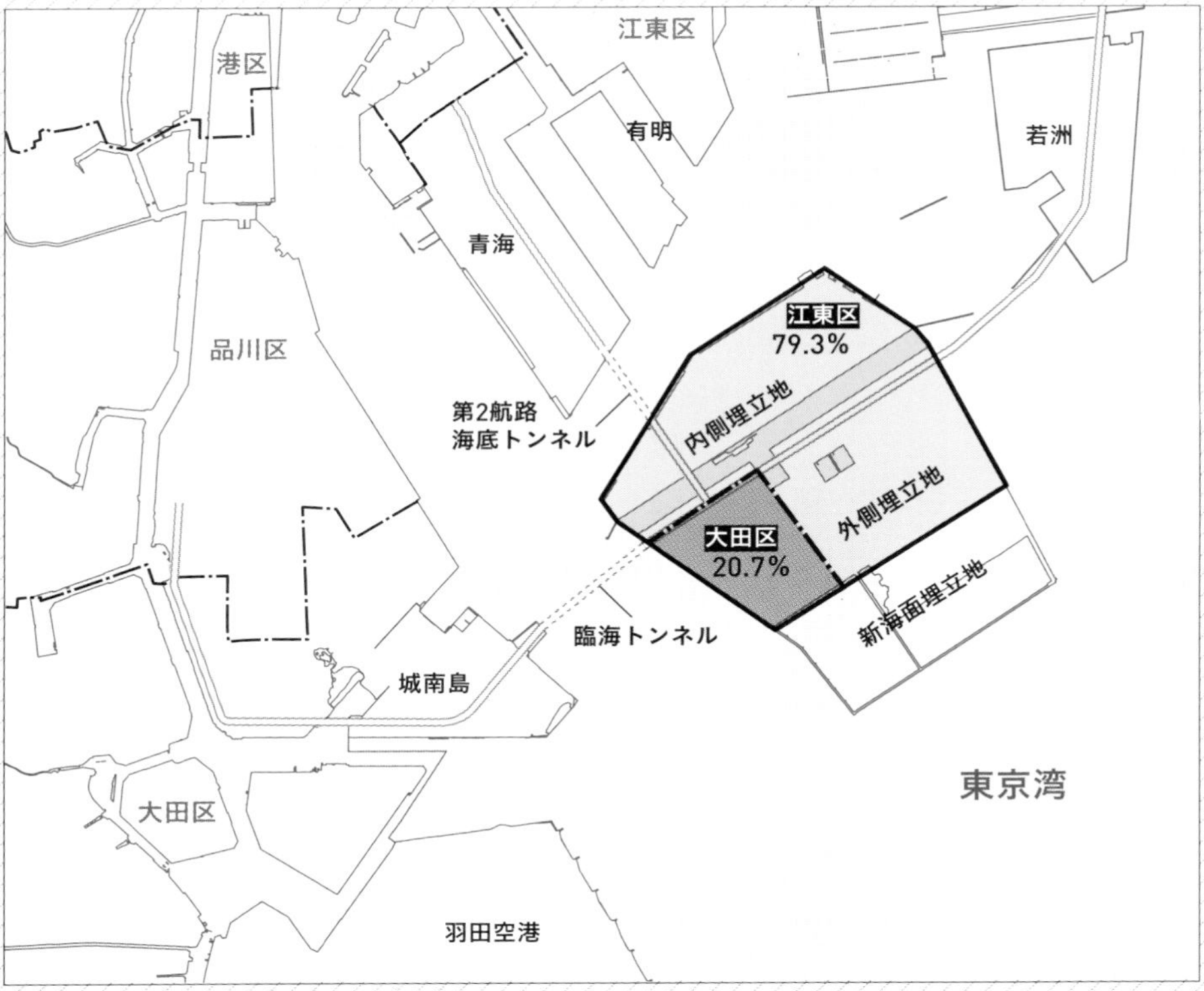

中央、港、品川の3区は地続きにならなかったので、勝算がないとみて領有権争いから手を引いた。

◇江東区と大田区の主張

江東区

日本では、埋立地は陸地と地続きか、陸地に隣接している自治体に帰属するという考えである。都内で発生した廃棄物は、江東区内を通って運搬されていたため、長いあいだ悪臭や騒音などの公害に悩まされ続け、それに耐えてきた。

大田区

この海域の漁業権のほとんどは大田区側にあったが、中央防波堤埋立地の造成のため、漁民が漁業権を放棄したという経緯がある。臨海トンネルが完成してからは、このトンネルを通って廃棄物が運搬されている。

名古屋港にもある帰属未定の人工島

名古屋港沖に浮かぶポートアイランドは、4市1村が領有を主張している。

帰属未定の埋立地は、東京の中央防波堤だけではなかった。伊勢湾奥の名古屋港沖に浮かぶポートアイランドという人工島も、帰属未定の埋立地なのである。神戸市のポートアイランドのように、一つの都市の沖合に造成された埋立地であれば、領有をめぐって争いが発生することもないのだろうが、名古屋港沖にあるポートアイランドは、埋立地を取り囲むように、ほぼ等距離に複数の自治体があるため厄介なのである。

名古屋港内には、上流から運ばれてきた土砂が大量に流れ込んでおり、定期的に港内の底に溜まった土砂を掘り下げる必要がある。国際貿易港として発展著しい名古屋港に出入りする大型船舶の安全を守るため、1975年頃から航路を確保する浚渫《しゅんせつ》工事が行われてきた。その浚渫土砂の処分場として造成されたのが、ポートアイランドという人工島なのである。面積は257ヘクタール（2・57㎢）と、中央防波堤のほぼ半分の大きさがある。すでに、当初想定していた土砂の処分量を超えており、中部国際空港沖に代替地としての人工島を建設する計画も浮上している。

そもそも名古屋港が、名古屋市のほか弥富市、飛島村、東海市、知多市の4市1村にまたがっているため、ポートアイランドの所有権を4市1村が主張している。表立った紛争はないが、水面下では各自治体の利益を獲得するための綱引きが行われている。そのため、いまだに埋立地は帰属未定地のままで、具体的な土地の利用計画も決まっていない。物流拠点、ゴミの処分場、自動車の輸出基地、野鳥の保護区、カジノ、各埠頭と埋立地を連絡する道路や橋の建設など、さまざまな構想が持ち上がっているが、肝心のポートアイランドの帰属が決まっていないため、手がつけられないというのが実情のようである。名古屋港の入口という好立地のため資産価値は高く、活用次第によっては、中部圏の発展に大きな役割を果たすことは間違いない。

沿岸部の埋立ては全国各地で行われており、これからも帰属未定地が発生しないとも限らないので、争いを未然に防ぐ何らかの対策を立てておく必要があるだろう。

名古屋港に浮かぶ人工島の位置

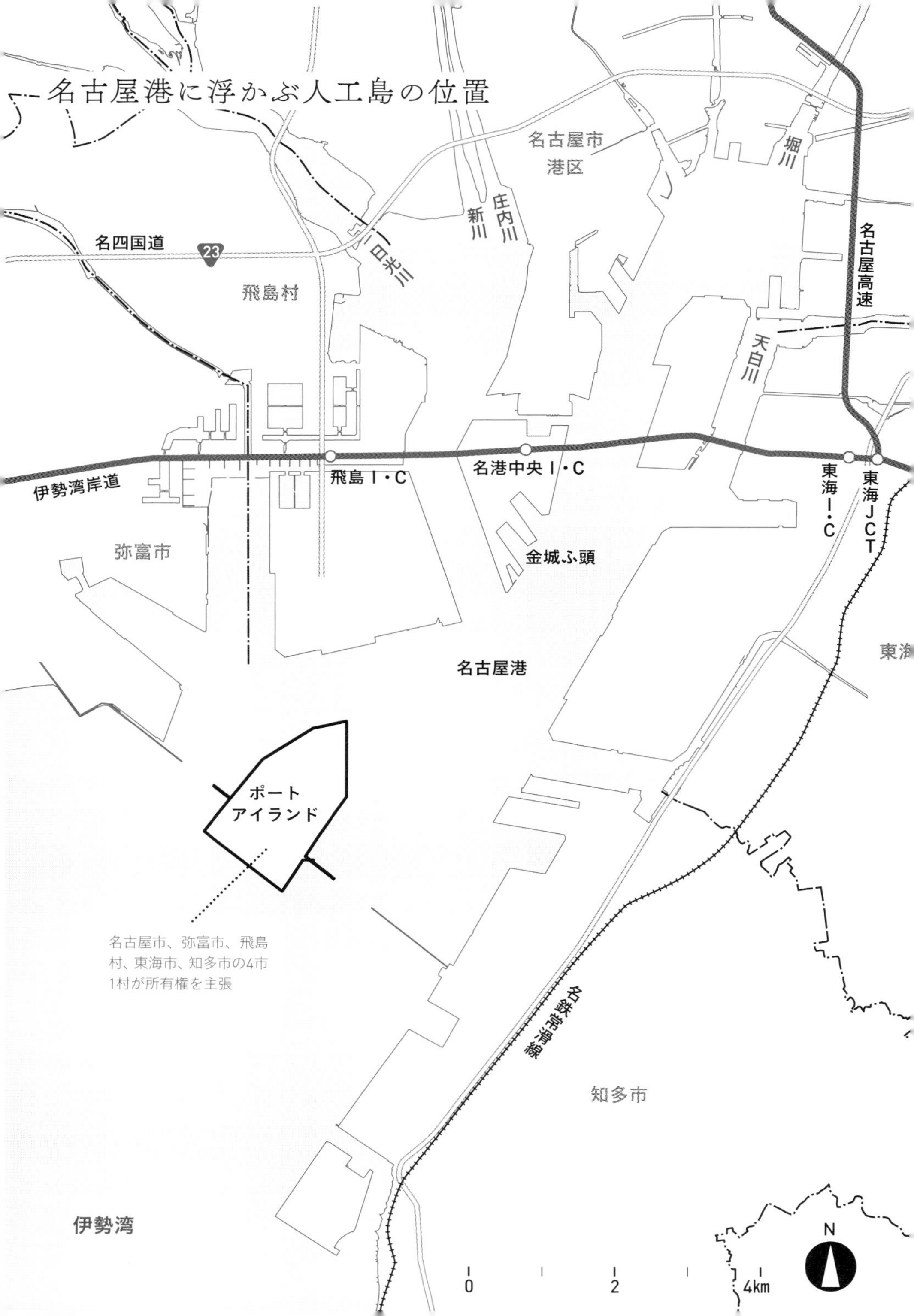

復元される名古屋城の木造天守閣

天守閣には、現存天守、復元天守、復興天守、模擬天守があるが、名古屋城は復元天守。

「尾張名古屋は城で持つ」という言葉があるように、天守閣はその街のシンボルである。各自治体では戦後、盛んに天守閣を再建してきた。名古屋城もその一つだ。名古屋城は1945（昭和20）年の名古屋大空襲で焼失したが、1959（昭和34）年に鉄筋コンクリート造りの天守閣が再建された。しかし、その天守閣も老朽化と耐震性に問題があることから、ふたたび再建されることになった。

天守には現存天守のほか、史料などに基づいて忠実に再建された復元天守、デザインや規模などが実在したものとは違う復興天守、観光用に造られた模擬天守がある。名古屋城には詳細な実測図など豊富な利用が残されているため、木造による復元構想が浮上。計画が具体化し、2022年の完成を目指して建設することになったのだ。しかし、2019年6月、文化庁の文化審議会に諮問されていた現天守の解体申請が許可されなかったため、2020年の完成は不可能になったが、2026年に名古屋で開催されるアジア競技大会か、中央リニア新幹線が開業予定の2027年には間に合わせたいとしている。

東京でも江戸城天守閣の再建構想が持ち上がっている。東京には、インパクトのあるシンボルがない。江戸城の天守閣は名古屋城や大坂城の天守閣をしのぐ規模だったが、明暦の大火（1657年）で焼失し、その後は復元されることなく、台座だけが皇居東御苑に残っている。いまこそ江戸城の天守閣を復元し、それを日本の首都東京のシンボルにするべきだという構想である。

2006（平成18）年にはNPO法人「江戸城天守を再建する会」も発足し、都知事選では江戸城天守の再建を公約に掲げる候補者が現れるなど、江戸城の天守閣を再建しようという機運は盛り上がっている。皇居の森にそびえたつ白亜の天守閣を想像しただけでも、ゾクゾクするという人もいる。しかし、莫大な建設費を必要とするため反対意見も多く、いまだ具体的な計画には至っていない。だが、日本が観光立国を目指すのであれば、夢に終わらせてはならない問題なのかもしれない。

復元天守と復興天守を持つ城郭

復元天守

松前城（北海道松前町）、白石城（宮城県白石市）、会津若松城（福島県会津若松市）、白河小峰城（福島県白河市）、新発田城（新潟県新発田市）、大垣城（岐阜県大垣市）、掛川城（静岡県掛川市）、名古屋城（名古屋市）、福知山城（京都府福知山市）、和歌山城（和歌山市）、岡山城（岡山市）、広島城（広島市）、大洲城（愛媛県大洲市）、熊本城（熊本市）

復興天守

忍城（埼玉県行田市）、小田原城（神奈川県小田原市）、高田城（新潟県上越市）、越前大野城（福井県大野市）、高島城（長野県諏訪市）、岐阜城（岐阜市）、岡崎城（愛知県岡崎市）、大阪城（大阪市）、岸和田城（大阪府岸和田市）、福山城（広島県福山市）、岩国城（山口県岩国市）、小倉城（福岡県北九州市）、島原城（長崎県島原市）

模擬天守

浜松城（静岡県浜松市）、長浜城（滋賀県長浜市）、伊賀上野城（三重県伊賀市）、今治城（愛媛県今治市）、中津城（大分県中津市）など 50 余り。

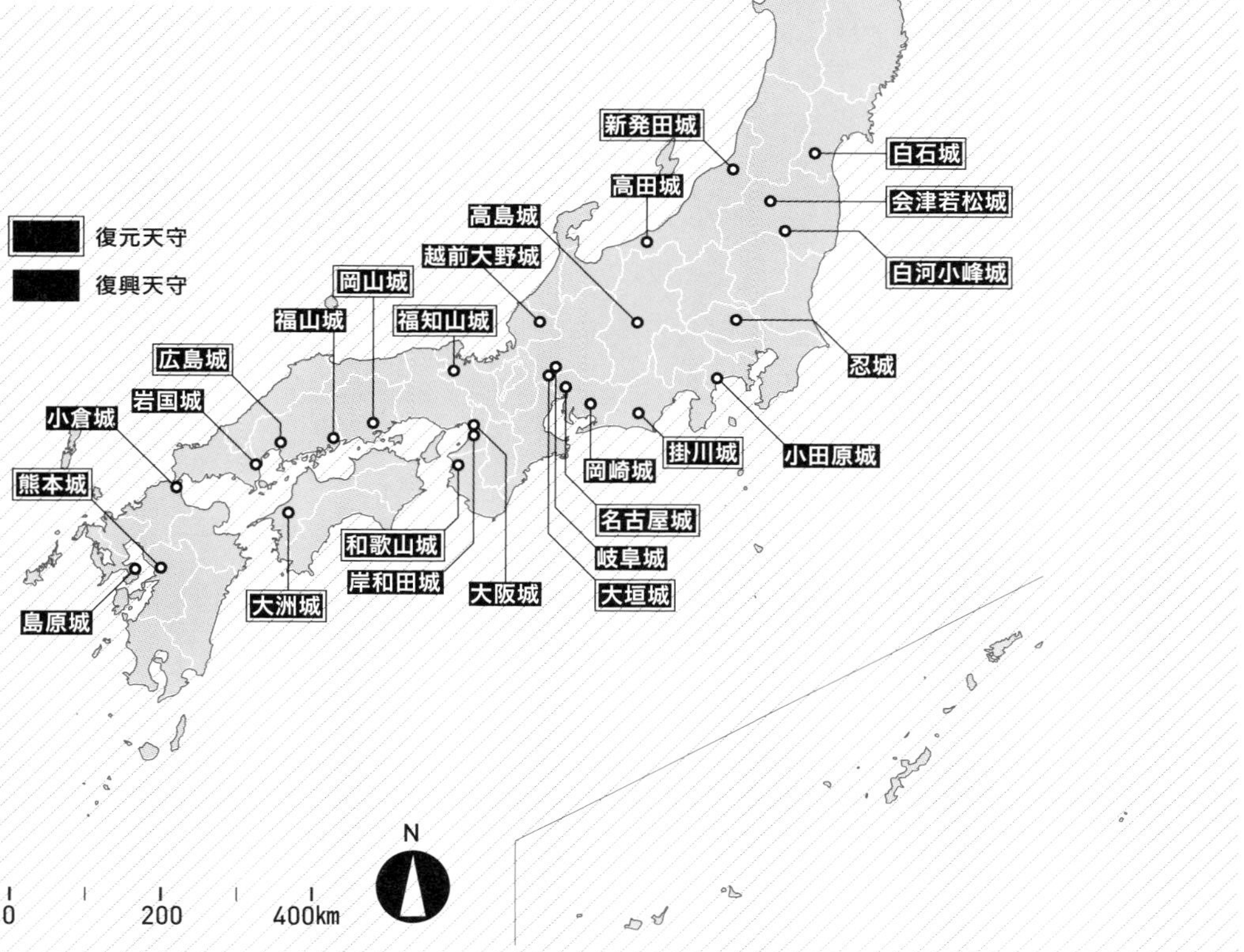

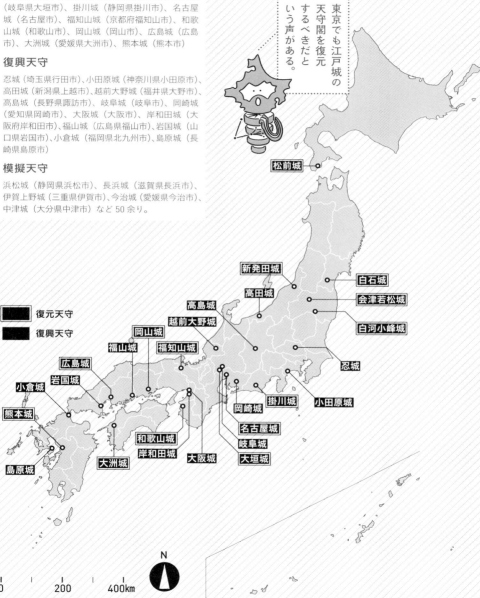

日本の原子力発電所は、再稼働すべきか廃炉か

福島第一原子力発電所の悲惨な事故が、「脱原発」という大きなうねりになりつつある。

日本で最初の原子力発電所は、1966（昭和41）年7月に運転を開始した東海発電所（茨城県東海村）である。原子力発電所が誕生した当時は、安価な電力が大量に安定供給できるとして注目され、各地に原子力発電所が建設されていった。中東戦争で日本経済が深刻なダメージを受けたオイルショックが、原子力発電所の建設推進に拍車をかけ、世界有数の原発大国といわれるまでになった。

しかし、2011（平成23）年3月に発生した東日本大震災で、東京電力福島第一原子力発電所が深刻な事故を引き起こして状況は一変した。地震による津波で、非常用のディーゼル発電機や配電盤などの重要な設備が、被害を受けて使用できなくなり、原子炉の冷却機能を喪失。炉心が溶解して放射性物質を放出し、周辺の住民が甚大な被害を受けたことは周知の通りだ。この事故で原発が見直されることになった。

福島第一原子力発電所の事故を教訓に、政府は2013年7月、原発の新規制基準を設け、地震や津波、火山爆発なども想定した設計基準が従来よりも厳しい内容になった。原発を再稼働するには巨額な安全対策費が必要になったのである。原子力発電所のある自治体の首長選挙では、原発の再稼働を認めるかどうかを争うことが多くなり、全国各地で原発の賛成派と反対派が大論争を繰り広げている。

原発は安定して大量の電力を供給できる、資源の乏しい日本のエネルギー自給率を高めることができる、地球温暖化の原因になっている温室効果ガスを排出しない、水力や風力などでは発電コストが高すぎる、原発の技術力を高めれば、安全性に問題はない、などが原発賛成派の言い分である。それに対し原発の反対派は、地震大国の日本では、原発の安全性がまだ十分に確保できていない。使用済みの核燃料の廃棄、保管に関する問題が解決していない。廃炉には莫大な費用を要する。原発事故が発生した場合のリスクが余りにも大き過ぎるというものである。産業の発展を優先するか、人の命を優先するか。原発再稼働に賛成する人の中にも「脱原発」を唱える人は多い。

日本の原子力発電所の所在地

日本の原子力発電所

名称	所在地	現況
泊発電所	北海道泊村	北海道電力
大間原子力発電所	青森県大間町	電源開発
東通原子力発電所	青森県東通村	東北電力
女川原子力発電所	宮城県女川町	東北電力
福島第一原子力発電所	福島県大熊町・双葉町	東京電力
福島第二原子力発電所	福島県楢葉町	東京電力
東海第二発電所	茨城県東海村	日本原子力発電
柏崎刈羽原子力発電所	新潟県柏崎市・刈羽村	東京電力
志賀原子力発電所	石川県志賀町	北陸電力
敦賀発電所	福井県敦賀市	日本原子力発電
大飯発電所	福井県大飯町	関西電力
美浜発電所	福井県美浜町	関西電力
高浜発電所	福井県高浜町	関西電力
浜岡原子力発電所	静岡県御前崎市	中部電力
島根原子力発電所	島根県松江市	中国電力
伊方発電所	愛媛県伊方町	四国電力
玄海原子力発電所	佐賀県玄海町	九州電力
川内原子力発電所	鹿児島県薩摩川内市	九州電力

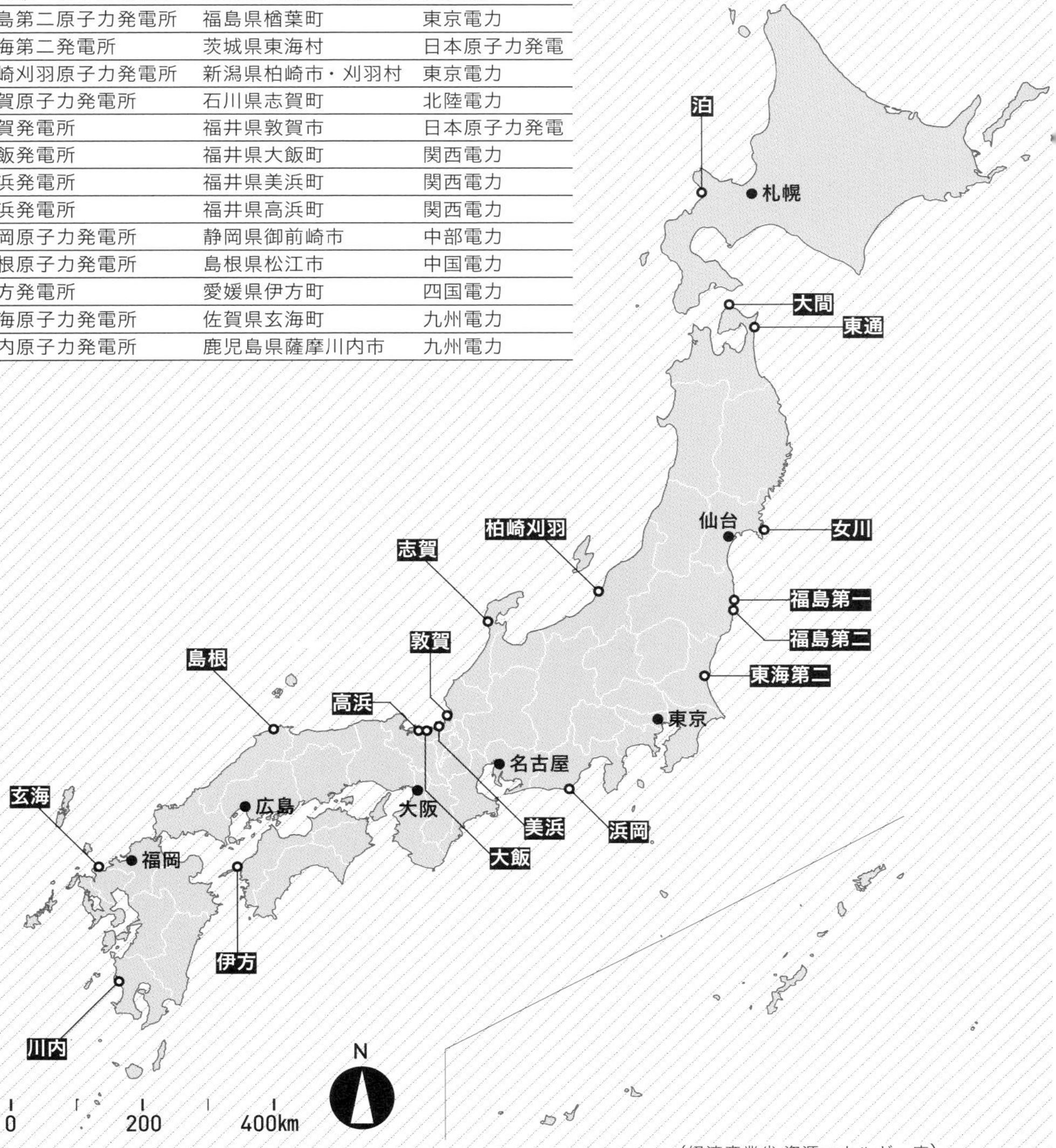

（経済産業省 資源エネルギー庁）

決着するのか沖縄の基地問題

普天間基地の辺野古地区への移転問題が、いま沖縄の人にとっての最大の関心事だ。

第二次世界大戦で米軍が沖縄に上陸して以来、沖縄は27年間、アメリカに占領されていた。その間、米軍基地が着々と建設され続け、日本にある米軍基地の70％以上が沖縄に集中している。1972（昭和47）年に沖縄が日本に返還された後も、米軍基地の多くが日米安全保障条約に基づき、そのまま米軍の基地として引き継がれている。米軍基地は沖縄本島の面積の実に15％を占めている。

沖縄の人には、なぜ沖縄だけが米軍基地の犠牲にならなければならないのかという思いが強い。他の地域へも米軍基地を分散し、沖縄の負担を軽減してほしいと願うのは当然のことだろう。米軍基地の多くは市街地の中にある。そのため、戦闘機などの騒音で夜に眠れないこともあるという。実弾演習による山林火災や戦闘機の墜落事故、米兵による性犯罪など、米軍基地があることによって、沖縄の人々の平穏な生活が脅かされている。

1990年に革新系の知事が誕生して以来、米軍基地の整理縮小、普天間基地の返還、地位協定の見直しなどを求める運動が活発化した。特に普天間基地の移設問題が最大のテーマになっている。宜野湾市にある普天間飛行場は、住宅密集地の中にあり、世界一危険な飛行場だといわれている。それだけに、早期に普天間基地の返還を実現しなければならない。普天間基地の返還には、移転先を確保することが前提になっている。

そこで、普天間基地の移転候補地として浮上したのが、名護市の辺野古地区だった。1998年の名護市長選で辺野古への移設容認派の市長が当選し、普天間基地の辺野古への移設が現実味を帯びた。しかし、サンゴが生息する美しい海の埋立てに住民が猛反対し、移設問題は二転三転。2014年の名護市長選では、辺野古への移設反対派が勝利し、同年に実施された県民世論調査でも反対票が80％以上を占めた。沖縄知事の翁長氏、そのあとを受け継いだ玉城デニー氏も、辺野古沖の埋立て許可の撤回を表明し、普天間基地の移設問題は混迷を深めることになった。普天間基地の日本への返還はいつ実現するのか。

沖縄にある
アメリカ軍のおもな基地

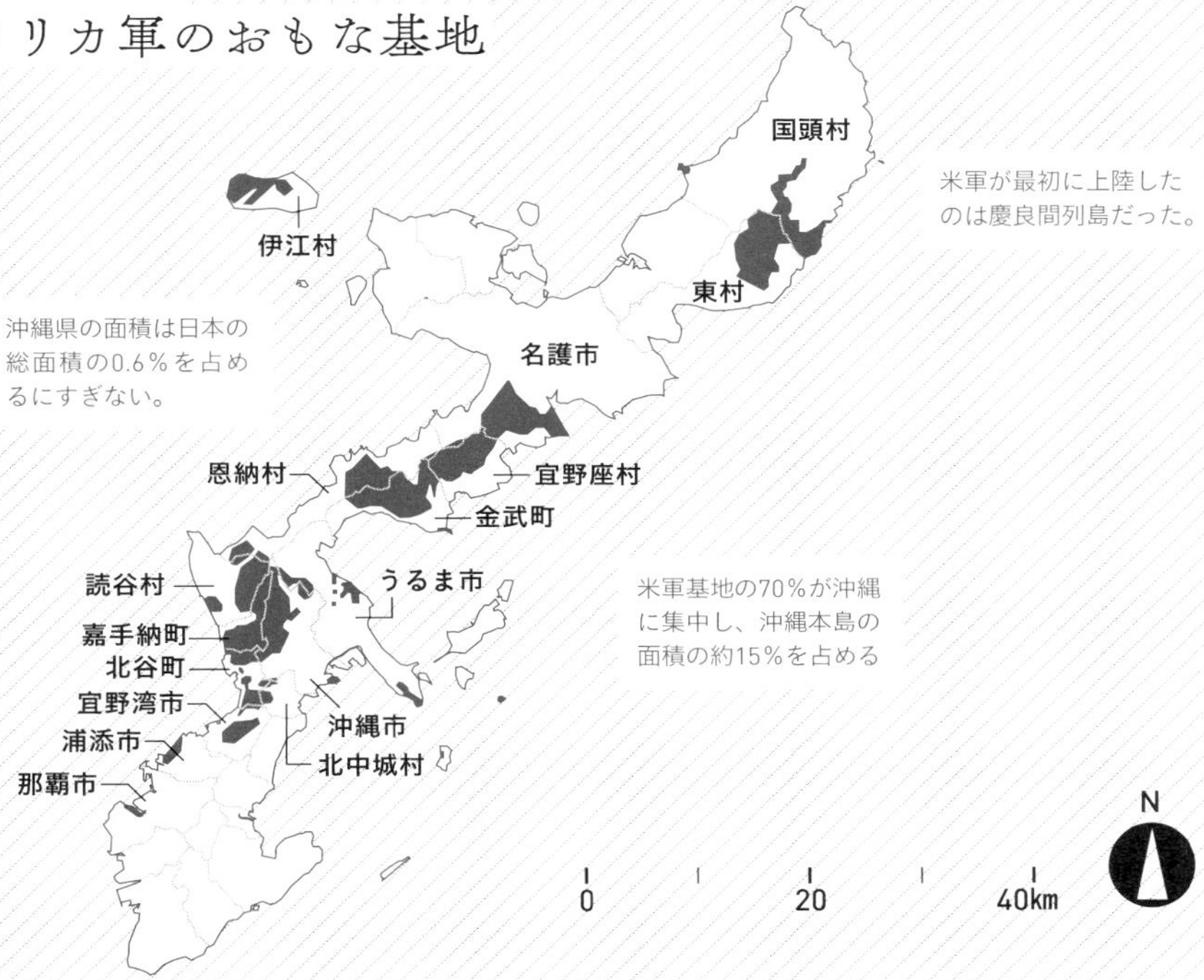

沖縄本島のおもな米軍施設

名称	所在地
北部訓練場	国頭村、東村
奥間レスト・センター	国頭村
伊江島補助飛行場	伊江村
八重岳通信所	名護市、本部町
キャンプ・シュワブ	名護市、宜野座村
辺野古弾薬庫	名護市
キャンプ・ハンセン	金武町、宜野座村、恩納村、名護市
金武レッド・ビーチ訓練場	金武町
金武ブルー・ビーチ訓練場	金武町
嘉手納弾薬庫地区	読谷村、沖縄市、嘉手納町、恩納村、うるま市
天願桟橋	うるま市
キャンプ・コートニー	うるま市
キャンプ・マクトリアス	うるま市
キャンプ・シールズ	沖縄市
トリイ通信施設	読谷村
嘉手納飛行場	嘉手納町、沖縄市、北谷町、那覇市、糸満市
キャンプ桑江	北谷町
キャンプ瑞慶覧	北谷町、北中城村、宜野湾市、沖縄市、うるま市
泡瀬通信施設	沖縄市
ホワイト・ビーチ地区	うるま市
普天間飛行場	宜野湾市
牧港補給地区	浦添市
那覇港湾施設	那覇市
陸軍貯油施設	うるま市、北谷町、嘉手納町、沖縄市、宜野湾市
鳥島射爆撃場	久米島町
出砂島射爆撃場	渡名喜村
久米島射爆撃場	久米島町
津堅島訓練場	うるま市
黄尾嶼射爆撃場	石垣市
赤尾嶼射爆撃場	石垣市
沖大東島射爆撃場	北大東村
浮原島訓練場	うるま市

錯覚しやすい日本地図

日本列島は弓なりになっているので、南北と東西の位置関係を錯覚しやすい。

日本の国土は北東から南西にかけて細長く伸びる弧状列島である。そのため、日本列島の形はしっかり頭に入っていると思い込んでいる人でも、各地域の位置関係を錯覚している人が少なくないようだ。たとえば、千葉県の犬吠埼は、離島を除けば日本で最初に初日の出が見られる地なので、犬吠埼が本州で最東端の地だと思いがちだが、本州の最東端は三陸海岸の魹《とど》ヶ《が》崎《さき》（北緯39度32分、東経１４２度４分）で、犬吠埼より１３０km余り東に位置しているのだ。

日本列島の主要部を占める本州は、北海道から南に向かって延びている。そのため、青森県より南に北海道の一部があることに気づいていない。よく見ると北海道最南端の白神岬は本州最北端の大間崎より、15kmほど南に位置しているのだ。また、東北地方の最西端は日本海側の男鹿半島（秋田）あたりだと錯覚しやすいが、本州は東北地方の南部から弓なりになって南西へ延びているので、東北地方の最西端は福島県なのだ。

本州の中南部でも、同じように位置関係で錯覚していることがある。伊豆半島の南に連なっている伊豆七島の最南端にある八丈島は、東京から３００km余り南の海上に浮かぶ火山島で、「東洋のハワイ」とも称される常春の島だ。したがって、本州からずいぶん南の方にある島だと思いがちだが、八丈島はそれほど南の島ではない。八丈島（北緯33度6分）から同緯度で九州まで移動したとすると、有明海の北部あたりと同じになる。つまり、長崎市（北緯32度45分）より八丈島の方が40km近くも北に位置しているのだ。

ところで、みなさんは東京より北陸の若狭湾の方が北だと思っているのではないだろうか。しかし、若狭湾に面する福井県の小浜市は北緯35度29分で、東京都庁（北緯35度45分）より20km余り南にあるのだ。また、雪深い山陰地方にある島根県の出雲市は、小浜市よりさらに南に位置している。近畿以西で東京より北の地域はほとんどないのである。このように、日本の位置関係を案外間違って覚えていたのではないだろうか。

正しい日本の位置関係とは？

日本は弧状列島だということを忘れていると、位置関係を錯覚しやすい。

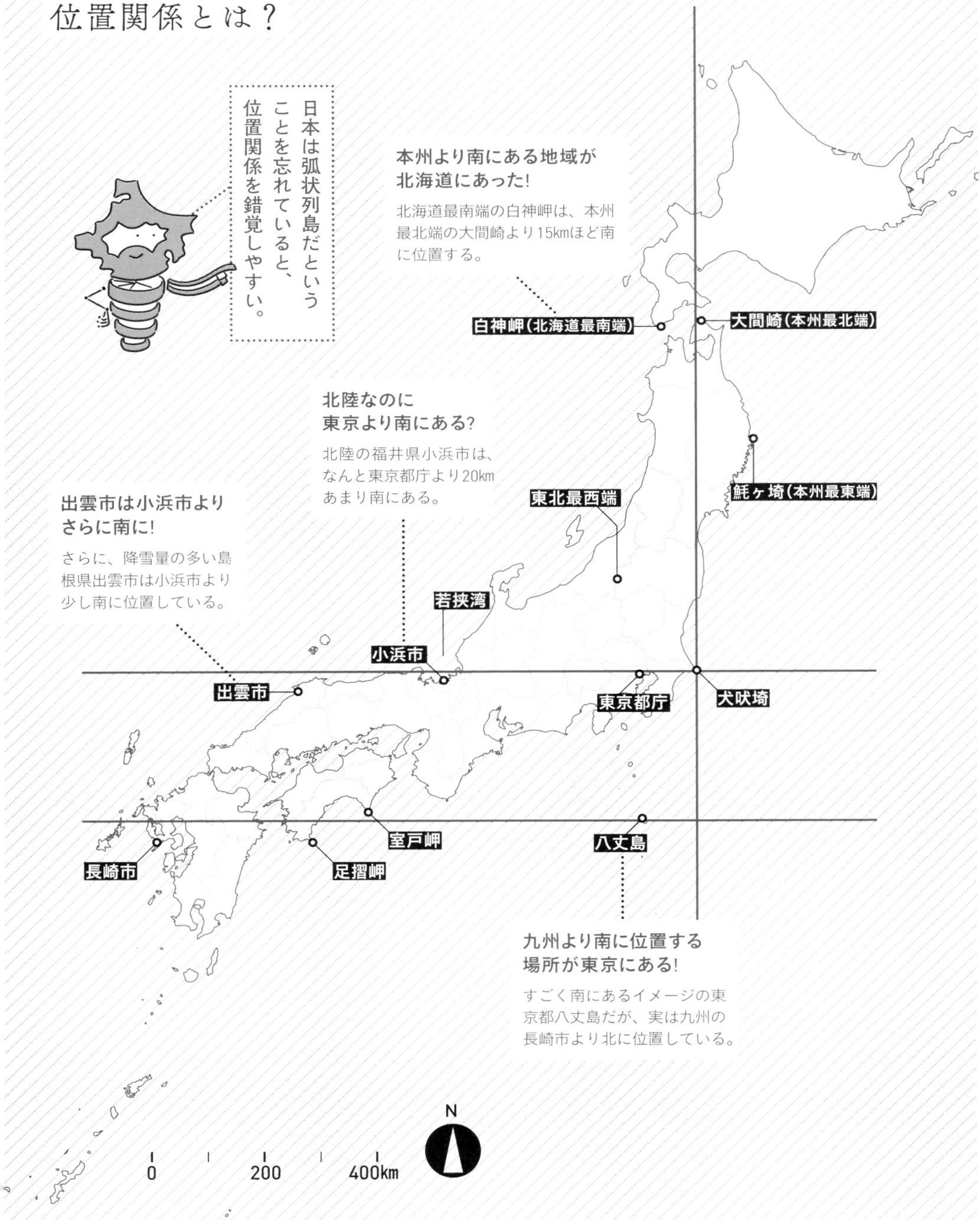

本州より南にある地域が北海道にあった！

北海道最南端の白神岬は、本州最北端の大間崎より15kmほど南に位置する。

北陸なのに東京より南にある？

北陸の福井県小浜市は、なんと東京都庁より20kmあまり南にある。

出雲市は小浜市よりさらに南に！

さらに、降雪量の多い島根県出雲市は小浜市より少し南に位置している。

九州より南に位置する場所が東京にある！

すごく南にあるイメージの東京都八丈島だが、実は九州の長崎市より北に位置している。

日本最西端の地が北北西へ260m移動した

日本の最南端と最東端の地は東京都、最北端は北海道、最南端は沖縄県にある。

わが国は北海道、本州、四国、九州の4大島と多くの属島から成る島国で、日本の最北端、最南端、最東端、最西端の地はいずれも小さな島にある。ほとんどの人は、日本の最北端は北海道の宗谷岬だと認識している。岬の先端には「日本最北端の地」の碑も設置され、観光名所にもなっているからだ。だが、厳密にいえば宗谷岬から北西１・４kmの海上に浮かぶ周囲５００ｍほどの弁天島（北緯45度31分・東経１４１度55分）が、日本最北端の地である。

しかし、ロシアに占領されている択捉島のカモイワッカ岬（北緯45度33分、東経１４８度45分）が、本当の意味での日本最北端の地である。

ちなみに、日本の最南端は太平洋上に浮かぶ沖ノ鳥島（北緯20度25分、東経１３６度４分）で、最東端は南鳥島（北緯24度17分、東経１５３度59分）、最西端は沖縄の八重山列島の西端に浮かぶ与那国島である。天気の良い日には台湾も望むことができる「国境の島」として知られている。その与那国島の西端にある西崎《いりざき》（北緯24度27分、東経１２２度56分）が、日本最西端の地だとされてきた。

しかし、国土地理院が地形図の更新作業を進めるにあたって、２０１９年６月、ドローンなどで与那国島周辺海域の測量を行った。今回の調査で、西崎の北北西２６０ｍの海上に浮かぶ「トゥイシ」という岩が、満潮時でも数メートル四方、海面上に姿を現していることが確認された。これを受けて、国土地理院の２万５千分の１地形図に、初めて「トゥイシ」が記載されることになった。これによって日本最西端の地が、これまでの西崎から「トゥイシ」に変更され、北北西に約２６０ｍ移動した。

だが、すでに「トゥイシ」の存在は知られており、海上保安庁の海図などには「トゥイシ」が記載されていたので、日本の領海や排他的経済水域の境界線に影響を及ぼすようなことはないという。ひと昔前までは、満潮時になると海面下に沈んでしまう岩礁であったため「隠顕岩《いんけんがん》」と呼ばれていたという。

意外に知られていない日本の東西南北の端

トゥイシの拡大図

出典：国土地理院（電子国土基本図）

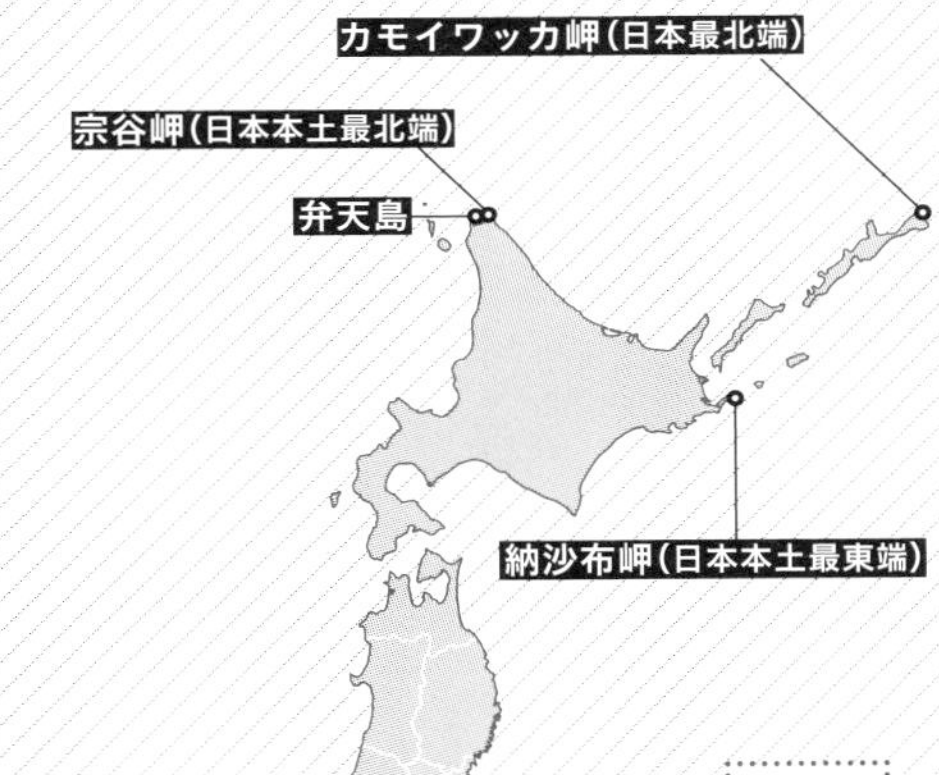

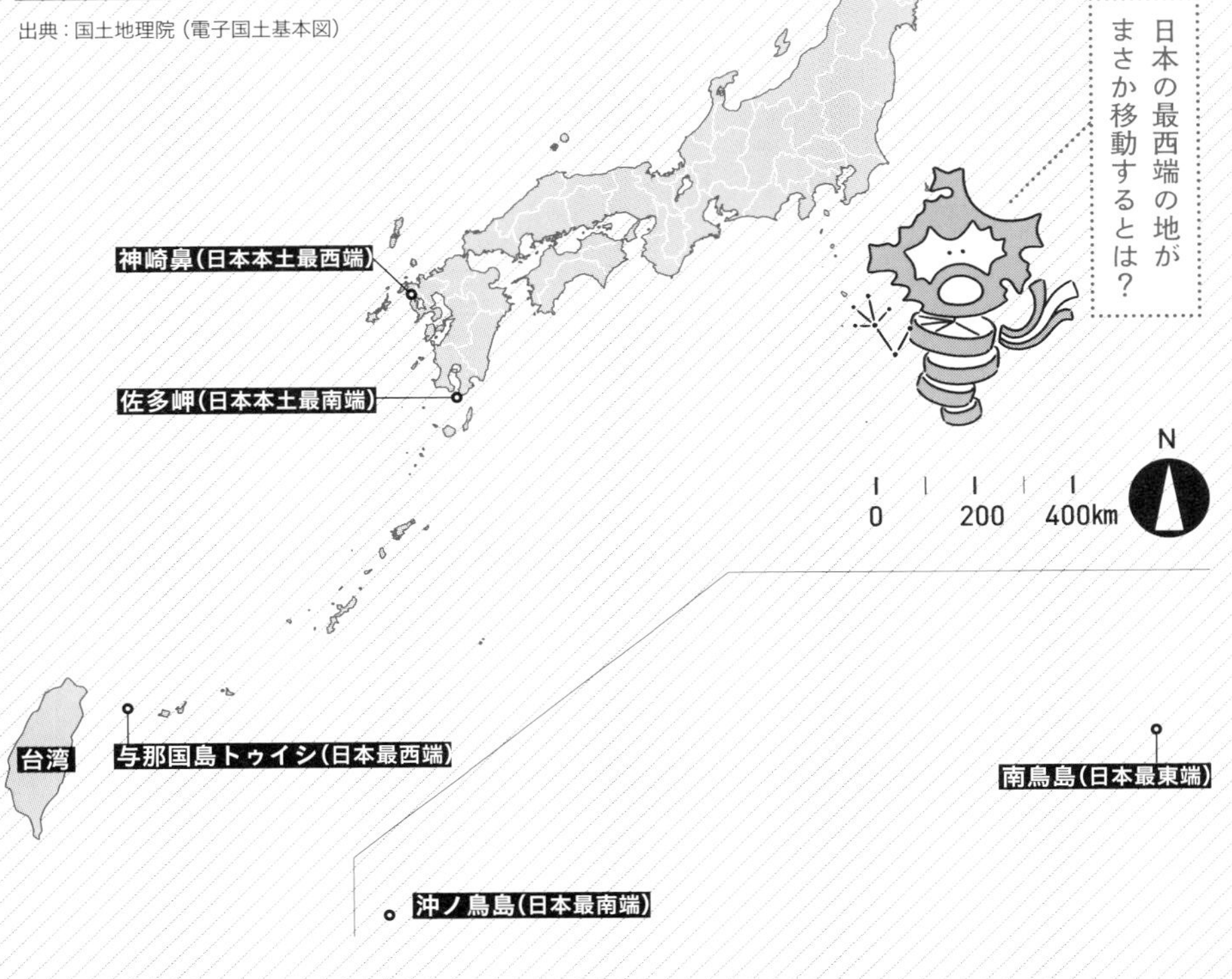

可住地面積の比率が日本一高いのは大阪府

可住地面積とは総面積から、林野面積と1㎢以上の自然湖の面積を引いた面積をいう。

日本は国土の3分の2以上が山地に覆われ、人間が日常生活を営むことができる可住地は、国土の3分の1にも満たない。広大な平地を有している自治体は可住地面積の比率も高いのが普通だが、たとえ丘陵地や山間地でも可住地となり得るので、平地は少ないのに可住地面積の比率が高い自治体もないわけではない。山林が開発され、道路や宅地などが建設されれば、それだけ可住地面積は広くなっていく。

イギリスは国土の約90%が可住地で、アメリカは75%、ドイツとフランスが70%。諸外国に比べると、日本の可住地面積の比率は32・4%ときわめて低いのだ。わが国の地形が複雑で険しい証拠でもある。日本で最も可住地面積の比率が高いのは大阪府の70・2%で、千葉、埼玉、茨城、東京、神奈川の6都府県が60%を超えている。これらの府県に共通しているのが、広大な平野を有しているということだ。

可住地面積の比率が高い自治体は、全般的に人口密度も高いが、両者は必ずしも比例していない。というのは、可住地は住宅地ばかりではなく、農地も可住地だからである。東京都は茨城県より可住地面積の比率は低いが、可住地の人口密度は茨城県の約13倍もある。茨城県は可住地の多くが耕作地であるのに対し、東京都の可住地のほとんどが市街地および住宅密集地だからである。

可住地面積の比率が最も低いのは、山岳地帯に覆われている長野県でも山梨県でもない。四国の高知県が、16・4%しかなく、全国で最も低いのである。高知県がこれほど可住地面積の比率が低いのは、平野が狭いからだともいえるが、都市化の波に呑み込まれなかったからだともいえる。高知県の面積は全国で18番目に大きいが、可住地の面積は40位。大阪府の3・7倍もの面積がある高知県が、可住地の面積では大阪府の87%しかないのである。ちなみに、可住地の面積が最も狭いのは、皮肉にも大阪府に隣接する奈良県で、県の面積がほぼ同じ埼玉県の3分の1ほどしかない。

都道府県の可住地面積の比率

可住地の面積と比率

順位	都道府県	可住地面積(km^2)	比率(%)
1	北海道	2万2373	26.8
2	新潟	4535	36.0
3	福島	4217	30.6
4	茨城	3975	65.2
5	岩手	3714	24.3
6	千葉	3554	68.9
7	長野	3226	23.8
8	鹿児島	3313	36.1
9	青森	3230	33.6
10	秋田	3188	27.5
11	宮城	3155	43.3
12	栃木	2983	46.6
13	愛知	2988	57.9
14	山形	2885	30.9
15	兵庫	2783	33.2
16	福岡	2761	55.5
17	静岡	2749	35.3
18	熊本	2796	36.8
19	埼玉	2585	68.1
20	群馬	2279	35.8
21	広島	2311	27.3
22	岡山	2219	31.2
23	岐阜	2211	20.8
24	三重	2059	35.6
25	富山	1843	43.4
26	宮崎	1850	23.9
27	大分	1799	28.4
28	山口	1707	27.9
29	愛媛	1673	29.5
30	長崎	1676	40.8
31	神奈川	1471	60.9
32	東京	1418	64.8
33	石川	1392	33.3
34	佐賀	1336	54.8
35	大阪	1331	70.2
36	滋賀	1307	32.5
37	島根	1299	19.4
38	京都	1174	25.4
39	沖縄	1169	51.4
40	高知	1163	16.4
41	和歌山	1115	23.6
42	福井	1077	25.7
43	徳島	1010	24.4
44	香川	1006	53.6
45	山梨	954	21.4
46	鳥取	901	25.7
47	奈良	856	23.2
	全国	12万2631	32.4

(総務省統計局 統計で見る都道府県のすがた2015年)

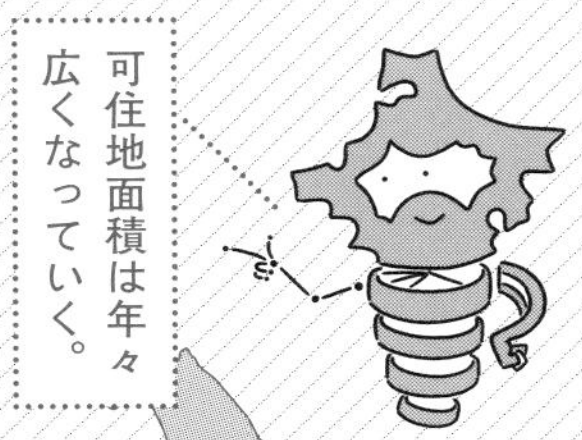
可住地面積は年々広くなっていく。

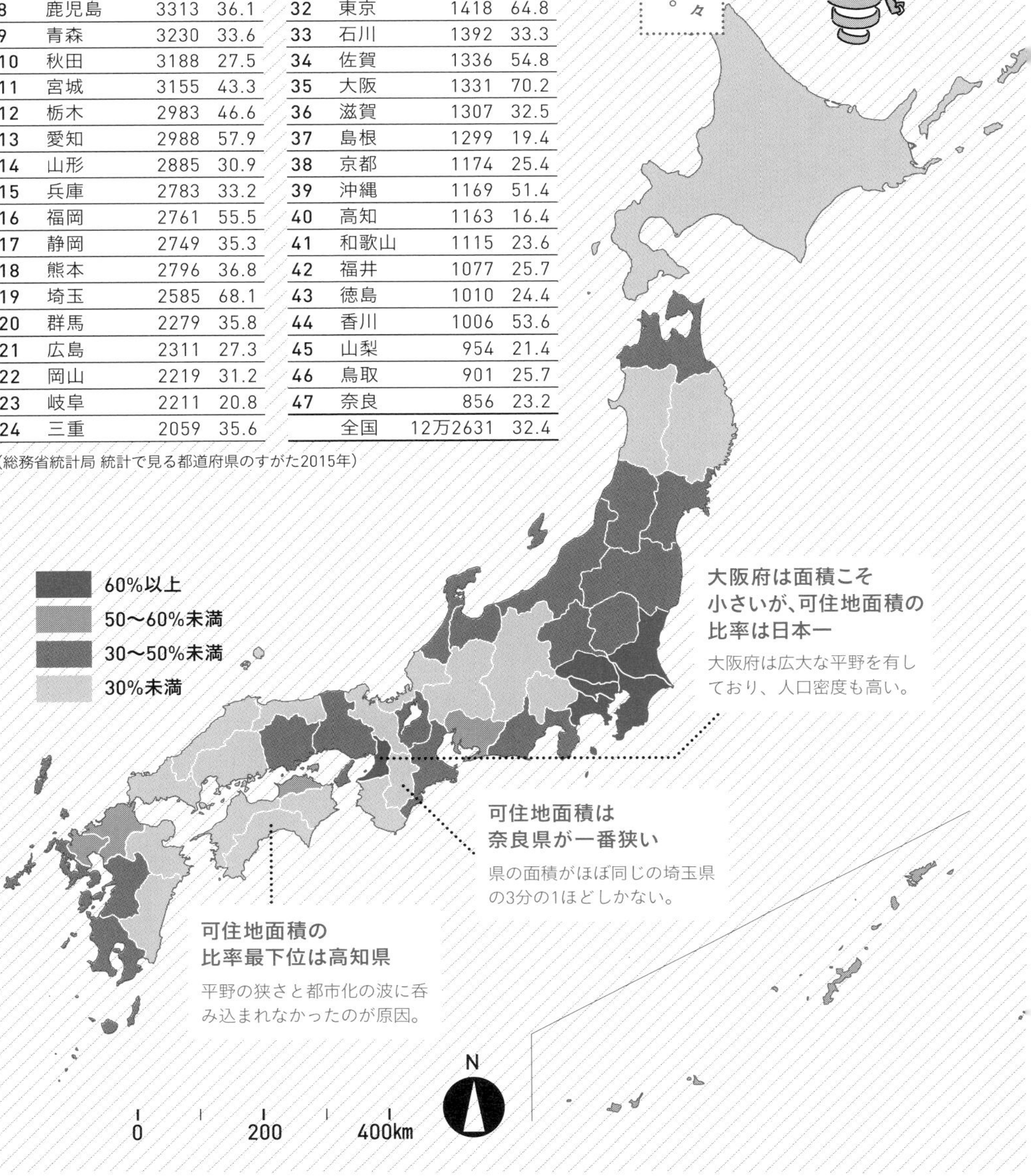
60%以上
50〜60%未満
30〜50%未満
30%未満
大阪府は面積こそ小さいが、可住地面積の比率は日本一
大阪府は広大な平野を有しており、人口密度も高い。
可住地面積は奈良県が一番狭い
県の面積がほぼ同じの埼玉県の3分の1ほどしかない。
可住地面積の比率最下位は高知県
平野の狭さと都市化の波に呑み込まれなかったのが原因。
N
0
200
400km

日本の海岸線の長さは世界で第6位

日本の海岸線は複雑に入り組んでいるので、良港に恵まれ景勝地の多いのが特徴である。

日本の地形は複雑だが、なかでも海岸線の複雑さに特徴があり、日本列島のいたるところで半島や入江、岬が入り組んでいる。三陸海岸や志摩半島などリアス式海岸も多く、沿岸には無数の島が浮かんでいる。したがって、国土の面積に比べ、海岸線の距離がことのほか長いのである。北海道の北端から、九州の南端までの距離は2000kmほどだが、海岸線はその17倍以上の3万5649kmもある。あとわずかで、地球を一周してしまうほどの長さなのである。

海岸線の長さはカナダ、ノルウェー、インドネシア、ロシア、フィリピンに次いで世界第6位にランクされ、あの広大なアメリカや中国、オーストラリアよりもはるかに長い海岸線を有しているのだ。しかも、変化に富む海岸線はいたるところに景勝地を生み、その美しい風景に魅了されて、日本を訪れる外国人旅行者も多い。

都道府県別にみると、海岸線の距離が最も長いのは、常識的にみれば日本の総面積の22%を占める北海道だが、果たしてそうだろうか。確かに北海道は大きいが、海岸線はいたって単調である。ロシアが実効支配している北方領土を含めなければ、北海道の海岸線は3112・6kmになり、北海道の20分の1ほどしかない長崎県（4183・4km）より1000km以上も短いのである（北方領土の海岸線1348mを加えると約4460kmで北海道が1位になる）。

海岸線距離の長い県は多くの離島を有し、リアス式海岸に恵まれているのが特徴である。図表からも分かるように、海岸線の距離が長い自治体は圧倒的に西日本に多い。近畿以西24府県の面積は、日本全体の約34%を占めるに過ぎないが、海岸線の距離は全体の66%を占めている。一方の東日本は66%の面積を有しながら、海岸線の距離は34%にとどまっている。東日本は、三陸海岸や牡鹿半島など、リアス式の海岸線がないわけではないが、全般的に変化に乏しい単調な海岸線が多い。それに比べると、西日本の海岸線は複雑で離島も多い。日本列島の地形を如実に物語っているといえよう。

地球を一周してしまうほど長い日本の海岸線

都道府県別 海岸線延長距離

順位	都道府県	海岸線距離(km)
1	長崎	4183.4
2	北海道	3112.6
3	鹿児島	2665.6
4	沖縄	2037.4
5	愛媛	1716.4
6	山口	1580.1
7	三重	1140.2
8	広島	1128.4
9	熊本	1077.8
10	島根	1026.9
11	兵庫	850.5
12	宮城	829.9
13	青森	796.5
14	大分	774.2
15	東京	762.9
16	香川	737.3
17	高知	717.9
18	岩手	710.8
19	福岡	692.0
20	愛知	669.4
21	和歌山	651.4
22	新潟	635.0
23	石川	583.7
24	岡山	542.0
25	千葉	534.4
26	静岡	518.3
27	神奈川	431.7
28	福井	415.1
29	宮崎	406.0
30	徳島	392.6
31	佐賀	383.5
32	京都	315.2
33	秋田	264.2
34	大阪	240.6
35	茨城	195.1
36	福島	166.6
37	富山	147.4
38	山形	134.6
39	鳥取	133.3
合計		3万5649

(国土交通省「海岸統計 2016年版」)
＊栃木、群馬、埼玉、山梨、長野、岐阜、滋賀、奈良の8県は内陸県のため海岸線はない。北海道は北方領土を除いた距離。

日本は離島とリアス式海岸が多いので、海岸線の距離が長い。

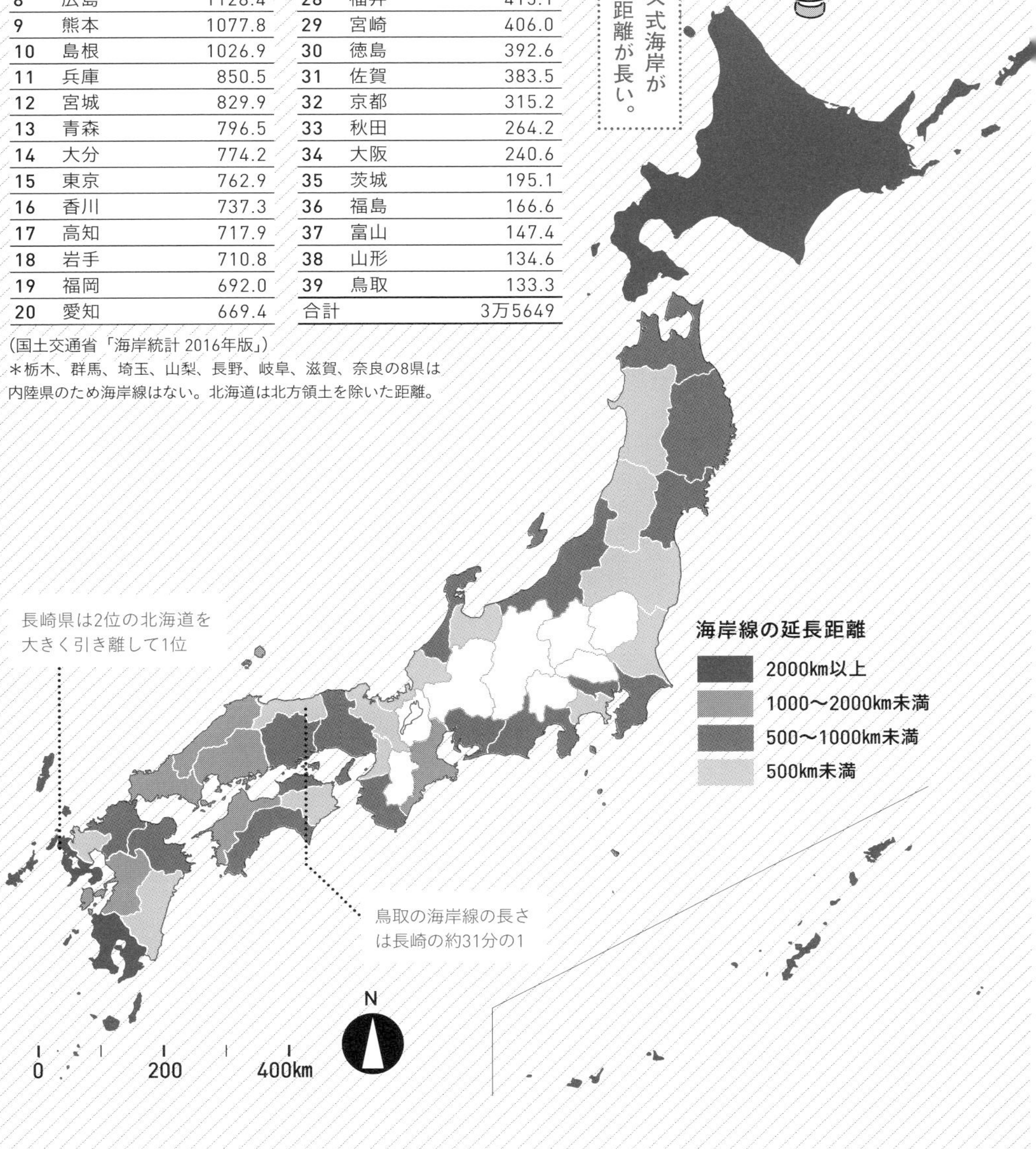

2 | 5

年々減少しつつある自然海岸

海岸線には「自然海岸」と「人工海岸」、それに「半自然海岸」がある。

海岸線には人工構築物が何もない「自然海岸」と、埋立てや干拓、護岸工事など人間の手が加えられている「人工海岸」に大別できる。人工海岸のうち、防波堤やテトラポットなどの人工構築物はあるものの、潮間帯が自然の状態を保っている海岸を「半自然海岸」といっている。明治になるまで、港湾を除けばほとんどすべてが自然海岸であった。しかし、日本が高度成長期に入ると沿岸部が次々と埋め立てられていき、自然海岸は急速に姿を消していった。現在では、自然海岸は日本の海岸線の約55％にまで減少しており、人工海岸は30％以上を占めるに至っている。このほか半自然海岸が約14％、約1％が河口部である。自然海岸は今後さらに減少していく可能性がある。自然海岸の比率が最も低いのは大阪府で、わずか1・9㎞に過ぎない。99％以上の海岸は人間の手が加えられているのである。愛知県も自然海岸は7・2％しか残されていない。

東京都は67・4％が自然海岸だが、これは伊豆諸島や小笠原諸島など離島の海岸線であり、東京湾に面している東京区部に自然海岸はまったく存在しない。それどころか、房総半島の富津岬と、三浦半島の観音崎を結んだ東京湾の内側はすべてが人工海岸である。

海岸線は干潮時と満潮時とでは大きく異なる。遠浅の海岸では、干潮時にはずいぶん先まで陸地になるが、満潮になると海面下に没してしまう。満潮時は海面下に没していても、干潮になると陸地になる部分を「潮間帯」といっている。すなわち、満潮時の海岸線と干潮時の海岸線の間の帯状になった部分、海になったり陸になったりしている部分が潮間帯で、干満差の大きい時ほど、また勾配のゆるやかな海岸ほど潮間帯の幅は広くなる。海水浴場や潮干狩り場は、ほとんどが潮間帯にある。

満潮時でも海面下にならない部分が本来の陸地で、陸地面積は満潮時の海岸線の内側の面積をいう。潮間帯の先、すなわちいつも海面下にある部分を潮下帯といっている。崖が切り立っている海岸線は潮間帯が狭く、ほとんどが潮下帯だといってもよいだろう。

日本の自然海岸

リアス式海岸が発達している岩手県が、自然海岸の比率は最も高い。

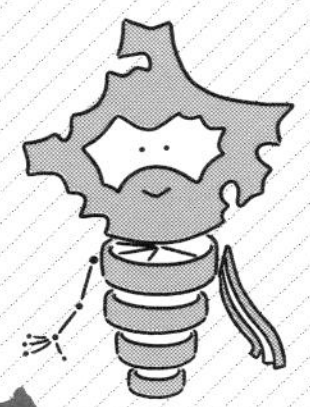

都道府県別 自然海岸の比率

順位	都道府県	自然海岸の比率(km)
1	岩手	82.8
2	島根	80.6
3	鹿児島	76.7
4	沖縄	73.1
5	長崎	69.5
6	宮城	68.7
7	東京	67.4
8	宮崎	66.7
9	山形	61.4
10	北海道	61.1
11	福井	58.4
12	和歌山	57.7
13	鳥取	54.5
14	静岡	54.2
15	三重	54.1
16	京都	53.5
17	山口	52.5
18	徳島	51.0
19	青森	50.7
20	高知	49.1
21	佐賀	48.5
22	香川	48.0
23	岡山	47.2
24	秋田	46.1
25	愛媛	45.5
26	新潟	40.4
27	熊本	39.2
28	大分	38.6
29	石川	36.3
30	広島	33.0
31	千葉	32.9
32	兵庫	31.8
33	福岡	29.6
34	福島	26.1
35	茨城	20.7
36	神奈川	20.0
37	富山	8.9
38	愛知	7.2
39	大阪	0.8
	全国	55.2

＊環境省自然保護局の資料を基に作成

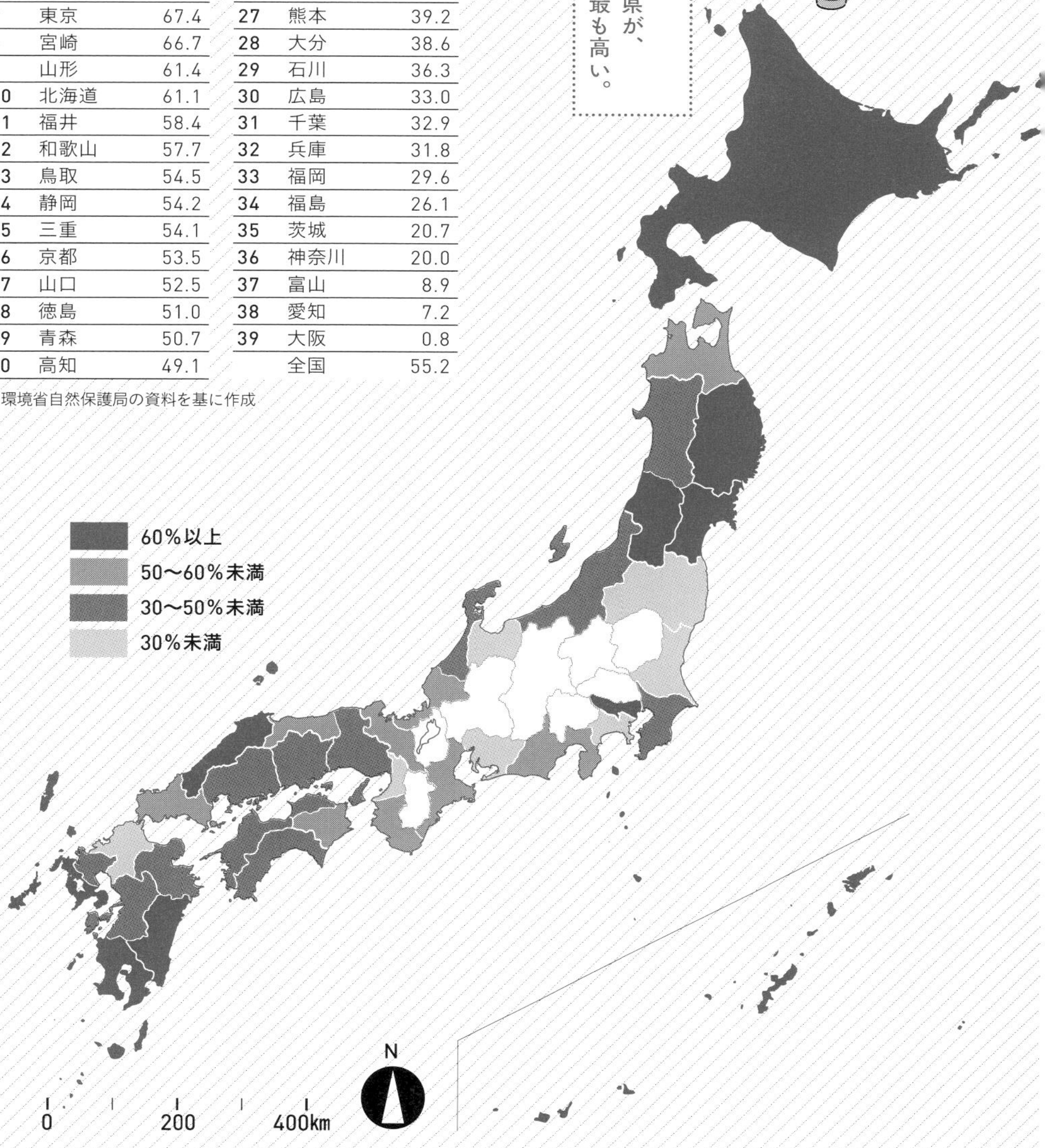

2｜6

排他的経済水域より広い大陸棚

延長大陸棚が設定されたことにより、日本の主権的権利が及ぶ海域が一段と広くなった。

日本の領海および排他的経済水域を測定するための基準線が、岬や半島の先端などを直線で結んだ直線基線で、その内側が「内水」と呼ばれる海域である。直線基線から12海里（22・2㎞）までの海域が「領海」で、内水を含む領海の面積は43万㎢にもなる。領海から沖に向かって12海里までを「接続水域」といっている。接続水域は領海侵犯や不法入国など、自国の法令に違反する行為を取り締まることができる海域で、32万㎢の広さがある。接続水域の外側には排他的経済水域が広がっている。

排他的経済水域とは、沿岸国に水産資源や海底鉱物資源などの探査、開発に関して排他的管轄権が認められている海域をいい、直線基線から200海里までが排他的経済水域である。日本は小さな国だが、排他的経済水域の面積はロシアや中国よりも広く、アメリカ、オーストラリア、インドネシア、ニュージーランド、カナダに次いで堂々の第6位にランクされている。接続水域も含めた排他的経済水域の面積は405万㎢で、日本の国土面積（37・8万㎢）の10・7倍。これに領海（内水を含む）を加えると、447万㎢と国土面積の11・8倍にもなる。

陸地から水深200m位までの浅い海域が大陸棚だとされているが、国連海洋法条約では地形的な大陸棚とは異なる解釈をしており、「直線基線から200海里までの海底および海底下」が大陸棚と定義されている。排他的経済水域の範囲が、そっくり大陸棚になったのである。しかも、海底の地形や地質が一定の条件を備えていれば、200海里の外側にまで大陸棚を拡大することができる。「直線基線から最大350海里までの線」、「水深2500mの等深線から最大100海里までの線」、このいずれか遠い方までを大陸棚として延長することができるのだ。これに基づいて調査した結果、沖ノ鳥島や沖大東島などの周辺で大陸棚を延長できる海域があることが確認され、2014（平成26）年10月、17・7万㎢が新たに大陸棚として認定された。これによって、日本の大陸棚は合計約465万㎢と、日本の国土面積の12・3倍もの広さになった。

日本の排他的経済水域と延長大陸棚

日本の大陸棚は国土面積の12・3倍もある。

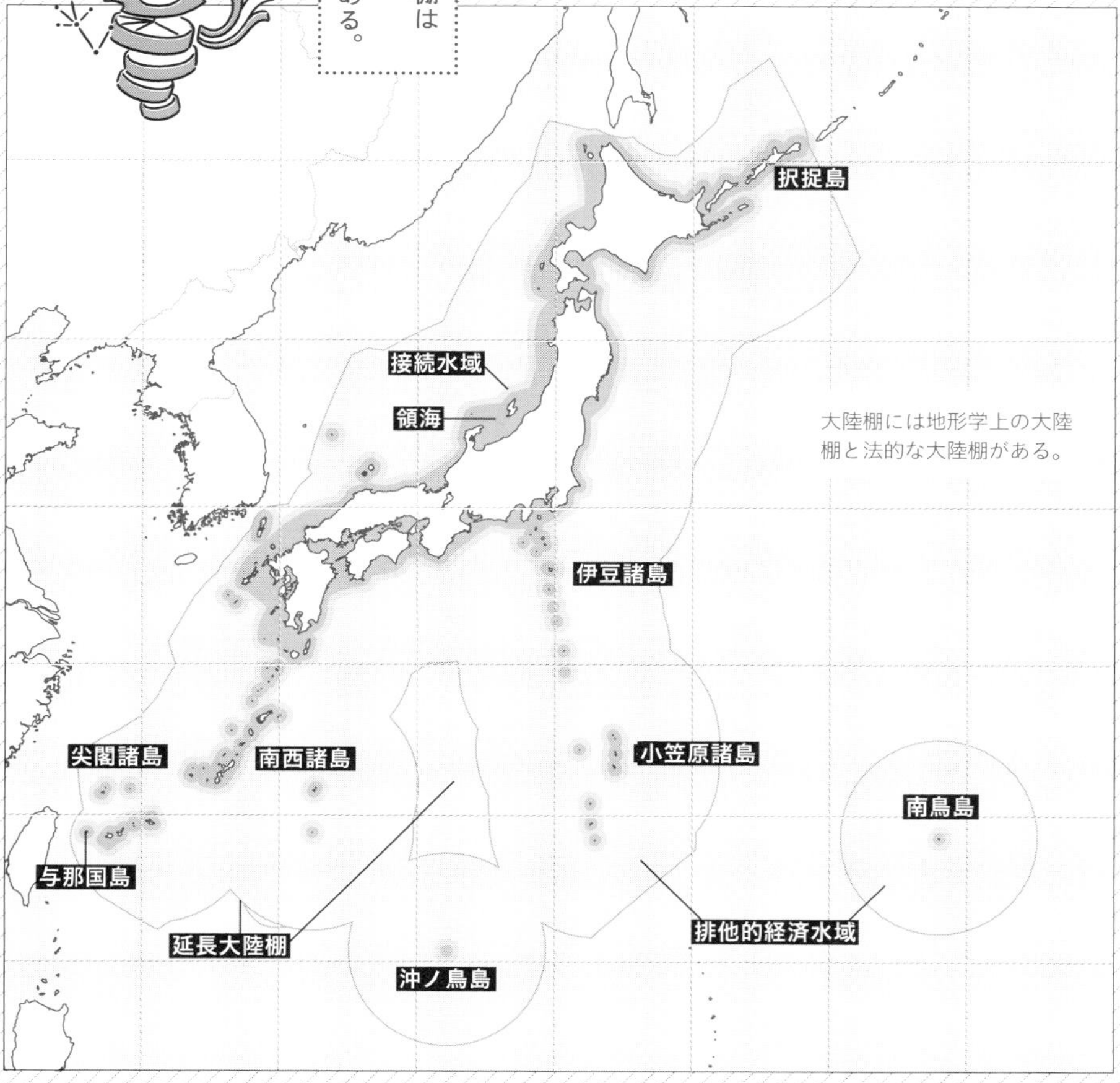

（海上保安庁ホームページより）

領海・排他的経済水域等模式図

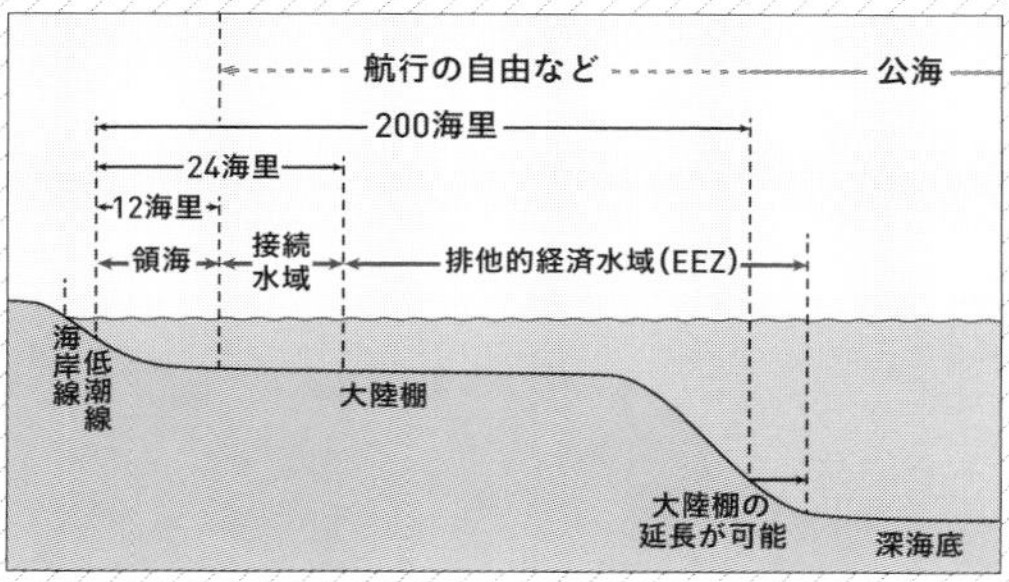

国土面積	約37,8万㎢
領海の面積（内水を含む）	約43万㎢
接続水域の面積	約32万㎢
排他的経済水域の面積（接続水域を含む）	約405万㎢
延長大陸棚	約17,7万㎡
領海+排他的経済水域+延長大陸棚	約465万㎢

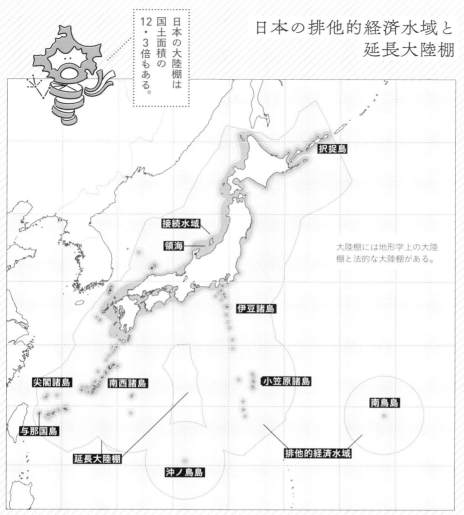

2 | 7

全国に平野はいくつある？

全国には100近くの平野があるが、主要都市のほとんどが平野に発達している。

日本の平野は、陸地の隅に追いやられているといった感がある。では、どれだけの面積があれば平野というのか、標高が何メートル以下の平地を平野というのか、その明確な定義がないため、山地と平野や台地との境界は曖昧である。一つの県より広大な平野もあれば、猫の額ほどしかない小さな平野もある。全国には、名前が付いているものだけでも100近くの平野がある。

日本最大規模の関東平野は、東京、神奈川、埼玉、千葉、茨城、栃木、群馬の1都6県にまたがっており、面積は約1万7000㎢もある。それでも日本の総面積の4・5％に過ぎず、そこに日本の総人口の約3分の1が住んでいるのだから驚かざるを得ない。石狩平野（4000㎢）、十勝平野（3600㎢）、越後平野（2000㎢）、濃尾平野（1800㎢）、大阪平野（1600㎢）など、広大な平野は各地にあるが、関東平野の大きさは突出している。47都道府県庁所在地のうち35都市が平野に発達している。長崎市、鹿児島市、那覇市に名称のついている平野は存在しない。

日本にある平野のほとんどは「堆積平野」である。堆積平野とは、河川によって運ばれてきた土砂が下流に堆積してできた平野をいう。また、堆積平野には河川の堆積作用によって川筋に形成された「沖積平野」と、平坦地がその後に隆起して形成された「洪積台地」がある。洪積台地も平野の一種である。

日本で最大の関東平野は平たんな土地ではない。起伏は緩やかだが、関東平野の中にはいくつもの台地がある。下総台地や常陸台地、武蔵野台地などがそれで、それらは平野の一種の洪積台地なのである。関東平野は1都6県にまたがっているため、埼玉、栃木、群馬の3県は、海に面していない内陸県なのに平野がある。岐阜県も内陸県だが、県の南部に濃尾平野が広がっている。濃尾平野は三河地方の岡崎平野と連続しており、さらに豊橋平野に続いている。濃尾平野は木曽三川を挟んで三重県側の伊勢平野ともつながっているので、これら4つの平野を一つの平野とみることもできる。

平野と盆地に発達した都道府県庁所在地

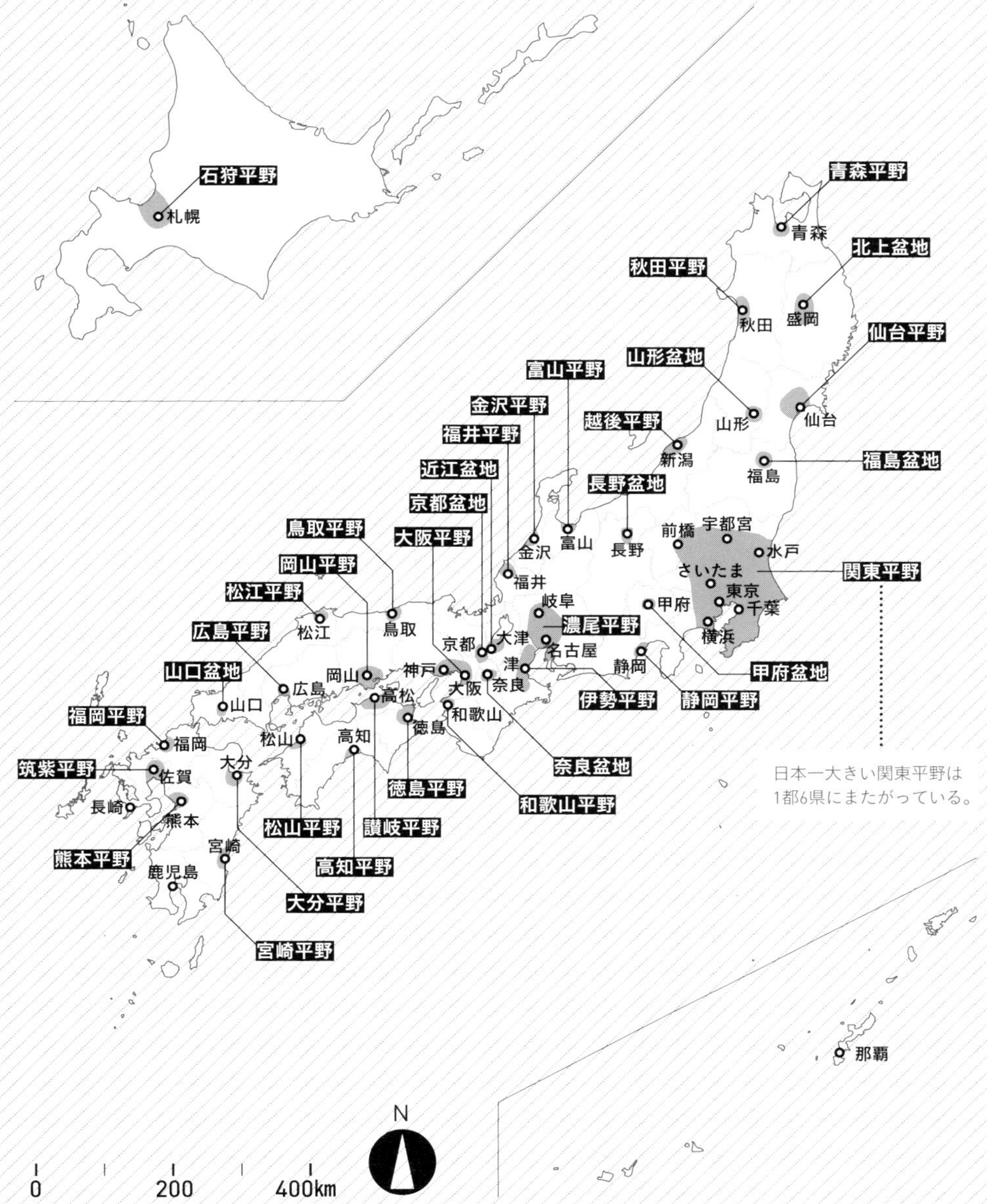

日本一大きい関東平野は
1都6県にまたがっている。

盆地なのに「平野」、平野なのに「盆地」

日本には多くの盆地があるが、その多くが断層運動によって生じた断層盆地である。

日本には平野とともに「盆地」も多い。周囲を山地に囲まれていなければ盆地ではないのかというと、必ずしもそうではなく、外国には海に面した盆地もある。フランスのロアール盆地や、アキテーヌ盆地は大西洋に面している。岩手県の北上川流域にある北上盆地を、北上平野とも呼んでいる。また、鹿児島県の川内平野を川内盆地ともいう。

大阪平野は地形学的には大阪盆地とも呼んでいる。西側は大阪湾に面しており、どうみても平野なのだが、大阪湾沖に浮かぶ淡路島に囲まれているので、地形的には盆地と似ている。大阪平野は寒暖差が大きく、降水量が少ない盆地に似た内陸性の気候をみせる。

日本にある盆地の多くが断層盆地だ。断層盆地は断層運動によって生じた盆地で、周囲の一方が断層崖になっている。京都盆地や奈良盆地、近江盆地、諏訪盆地などは断層盆地である。盆地は周囲を山地に囲まれているので、外敵の侵入を防ぐ砦としての要素も備えている。そのため、城下町の多くは盆地に形成されている。他の地域とは山で隔てられているので、独自の文化が発達した。今も盆地には数多くの伝統行事や、伝統工芸品などが残っている。

普通、盆地は平野より標高が高いところにあるが、外国では平野より標高の低い盆地もある。たとえば、中国の北西部にあるドルファン盆地は、最も低い地点は海抜マイナス155m、イスラエルとヨルダンの国境に横たわる死海は海面下420mにある。死海の周囲は広大な盆地である。

全国で最も標高の高い盆地は長野県にある。県のほぼ中央に横たわっている諏訪湖の湖面標高は759m。その周囲を取り囲んでいる諏訪盆地は、標高760～900mの平地に広がっている。松本盆地（500～800m）、佐久盆地（600～800m）、伊那盆地（600～700m）など、長野県にある盆地はどれも標高が高い。標高が500mを越えるのは、そのほかでは岐阜県の高山盆地（550～650m）がある。京都盆地や奈良盆地、山口盆地、大洲盆地などは標高が50mにも満たない。

日本のおもな盆地
（標高200m以上）

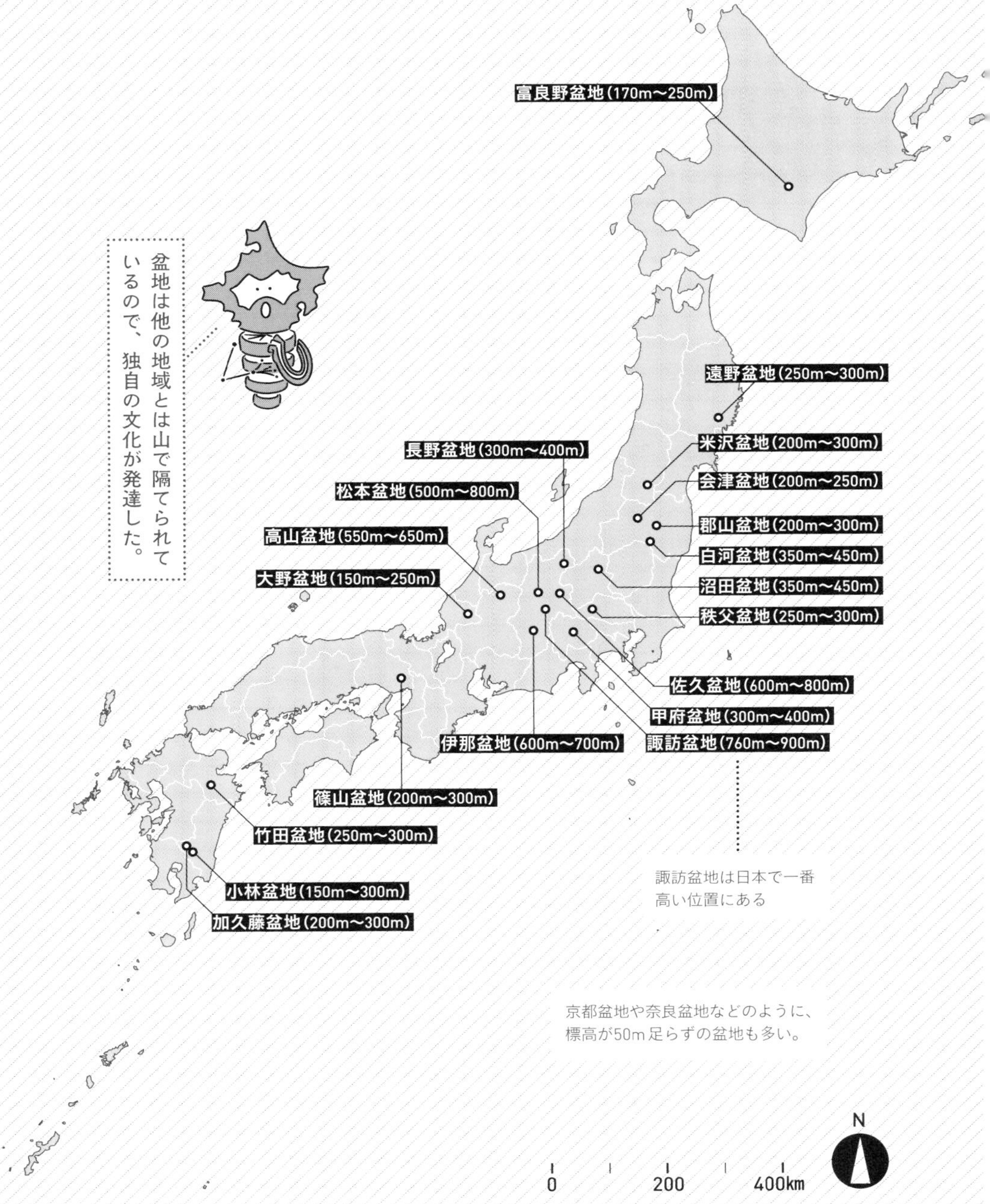

盆地は他の地域とは山で隔てられているので、独自の文化が発達した。

2 9

広くなったり狭くなったりする日本の面積

都道府県の面積は埋立てによって広くなるが、県境が変更されて狭くなることもある。

平地が少なかった日本は、古くから海岸を埋め立てて土地を広げてきたという歴史がある。埋立てが本格的に始まったのは、日本が高度成長期に差し掛かった昭和30年代になってからのことで、特に東京湾、大阪湾、伊勢湾の三大港湾と、瀬戸内海沿岸や北九州地域で盛んに造成工事が行われてきた。

大都市や工業地帯を有する自治体では、臨海部の埋立てで面積が広くなり、各府県の面積の順位が入れ替わるという逆転現象が発生した。特に千葉県と愛知県は、これまで抜きつ抜かれつのデッドヒートを演じてきた。1950年の千葉県の面積は5032・2㎢と全国で28位、27位の愛知県（5049・1㎢）より16・9㎢狭かった。しかし、両県の差はその後ジリジリと縮まっていき、1975年に逆転。愛知県の面積5113・7㎢に対し、千葉県は5114・8㎢と、わずか1・1㎢ながら千葉県の方が広くなった。東京湾岸の埋立てが盛んに行われた頃である。

その後は伊勢湾沿岸の工業化が活発になり、2005年には千葉県の5156・7㎢に対し、愛知県は5164・0㎢と、逆に7・3㎢愛知県の方が大きくなった。現在では、両県の差も14・8㎢にまで広がっている。それを物語っているように、中京工業地帯は日本最大の工業地帯に成長している。逆転現象は愛知県と千葉県だけではなかった。岡山県と高知県および、香川県と大阪府との間でも起きている。

面積は国土地理院が作成した地形図によって測定されるが、現在はデジタル化された電子国土基本図をもとに、さらに精度の高い国土面積を計測できるようになった。1950（昭和25）年と2013（平成25）年の国土面積を比較してみると、面積が狭くなっている府県が多くあるのは、合併などにより県境が変更されたことが考えられる。また、沿岸が1600㎢以上も埋め立てられたのに、日本の総面積が873・2㎢しか広くなっていないのは、測定の精度が高くなって、正しい数値に改められたからだと思われる。日本の面積は今後も変動する可能性がある。

都道府県の面積順位が入れ替わることもある

1950年と2013年の都道府県の面積比較

都道府県	1950年の面積（㎢）	2013年の面積（㎢）	面積の増減（㎢）
北海道	8万3481.8	8万3424.2	-57.6
青森	9623.6	9645.4	21.8
岩手	1万5230.5	1万5275.0	44.5
宮城	7266.0	7282.1	16.1
秋田	1万1614.6	1万1637.5	22.9
山形	9331.7	9323.2	-8.5
福島	1万3772.7	1万3783.8	11.1
茨城	6092.2	6096.9	4.7
栃木	6438.9	6408.1	-30.8
群馬	6334.1	6362.3	28.2
埼玉	3808.1	3797.8	-10.3
千葉	5032.2	5157.6	125.4
東京	2137.3	2190.9	53.6
神奈川	2361.1	2415.8	54.7
新潟	1万2570.5	1万2584.1	13.6
富山	4257.2	4247.6	-9.6
石川	4195.8	4186.2	-9.6
福井	4253.9	4190.4	-63.5
山梨	4463.6	4465.0	1.4
長野	1万3631.0	1万3561.6	-69.4
岐阜	1万0491.7	1万0621.3	129.6
静岡	7771.1	7778.7	7.6
愛知	5049.1	5172.4	123.3
三重	5762.4	5774.4	12.0
滋賀	4025.4	4017.4	-8.0
京都	4632.4	4612.2	-20.2
大阪	1814.6	1905.0	90.4
兵庫	8332.3	8400.9	68.6
奈良	3688.0	3690.9	2.9
和歌山	4732.4	4724.7	-7.7
鳥取	3488.5	3507.1	18.6
島根	6626.3	6708.2	81.9
岡山	7059.0	7114.6	55.6
広島	8422.2	8479.4	57.2
山口	6098.1	6112.3	14.2
徳島	4141.6	4146.9	5.3
香川	1862.3	1876.7	14.4
愛媛	5663.2	5676.1	12.9
高知	7104.9	7103.9	-1.0
福岡	4906.4	4986.4	80.0
佐賀	2403.7	2440.6	36.9
長崎	4070.0	4132.3	62.3
熊本	7385.3	7409.3	24.0
大分	6329.3	6340.6	11.3
宮崎	7744.0	7735.3	-8.7
鹿児島	9150.3	9188.1	37.8
沖縄	2388.3	2281.0	-107.3
全国	37万7099.1	37万7972.3	873.2

（国土交通省国土地理院 全国都道府県市区町村別面積調）

＊北海道と沖縄県の面積が狭くなっているのは、北方領土がロシアに実効支配され、沖縄がアメリカに占領されていたことから、戦前の５万分の１の地形図をもとに面積を算出していたため、精度が低かったものとみられる。

香川県は大阪府に抜かれて、日本一面積が狭い県になる。

愛知県と千葉県の面積は抜きつ抜かれつ

愛知県の面積は全国で27位だが人口は4位、千葉県の面積は28位で人口は6位にランクされている。

3 | 1

島の90%以上が無人島

日本列島の周囲には数多くの島が浮かんでいるが、その90%以上は無人島である。

日本では北海道、本州、四国、九州の4大島を「本土」と呼び、それより小さな陸地を「島」という。海上保安庁では「満潮時に海岸線の延長距離が100m以上の陸地」を島と定義している。それによると、日本には6848もの島がある（4大島を除く）。そのうち周囲1km以上の島は1121島で、全体の約16%を占める。

島の数は圧倒的に西日本に多い。中国、四国、九州の3地域の面積は日本全体の25%に過ぎないが、島の数は全体の60%を占める。日本でいちばん島が多いのは長崎県で971島、次いで鹿児島県の605島、3位は北海道の508島である。島嶼県の長崎県と沖縄県に島の多いのはわかるが、北海道に島が多いのは北方領土があるからである。

わが国にある島のほとんどが無人島である。2010（平成22）年の国勢調査によると、島に住民登録がある有人島はたったの418島、全体のわずか6%に過ぎない。有人島でも、沖縄本島のように人口が100万人以上ある島もあれば、数人しか居住していない島もある。気候が温暖で水産資源に恵まれた島は早くから多くの人が住みついたが、近年は過疎化で無人島が増加しつつある。大阪府は海に面しているのに島が一つもない（人工島は除く）。

北海道、本州、四国、九州の4大島を除けば、日本で最大の島はロシアに実効支配されている北方領土の択捉《えとろふ》島で、面積は3183㎢（香川県の約1・7倍）。東京23区の面積より大きな島は、択捉島のほか国後島、沖縄島、佐渡島、奄美大島、対馬の5島。100㎢以上の島は全部で25島ある。100㎢というと、東京の都心部を形成している千代田、中央、港、渋谷、新宿、文京、台東の7区を合わせた面積に匹敵する、かなり大きな島だ。

無人島で最大の島は、北海道南端の渡島半島沖に浮かぶ渡島大島で、面積は9・7㎢。一方、有人島で最も小さな島は、長崎県の五島列島にある蕨小島で面積はわずか0・03㎢。日本にある島を一つにまとめると、神奈川県7個分の面積とほぼ同じ広さになる。

日本の島の数は6848

島の総面積は1万6936㎢で、日本全体の約4・5%を占める。

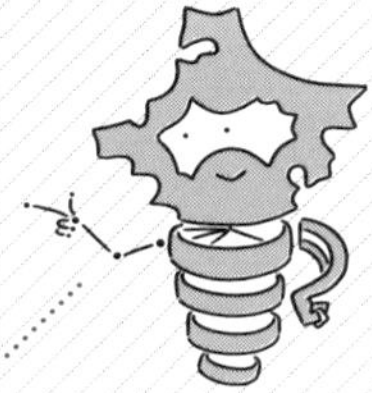

島の大きさ（100 ㎢以上）

順位	島の名称	面積(㎢)	都道府県
1	択捉島	3183	北海道
2	国後島	1499	〃
3	沖縄島	1208	沖縄
4	佐渡島	855	新潟
5	奄美大島	712	鹿児島
6	対馬	696	長崎
7	淡路島	592	兵庫
8	天草下島	574	熊本
9	屋久島	505	鹿児島
10	種子島	445	〃
11	福江島	326	長崎
12	西表島	289	沖縄
13	色丹島	250	北海道
14	徳之島	248	鹿児島
15	島後	242	島根
16	天草上島	225	熊本
17	石垣島	223	沖縄
18	利尻島	182	北海道
19	中通島	168	長崎
20	平戸島	164	長崎
21	宮古島	159	沖縄
22	小豆島	153	香川
23	奥尻島	143	北海道
24	壱岐	134	長崎
25	屋代島	128	山口

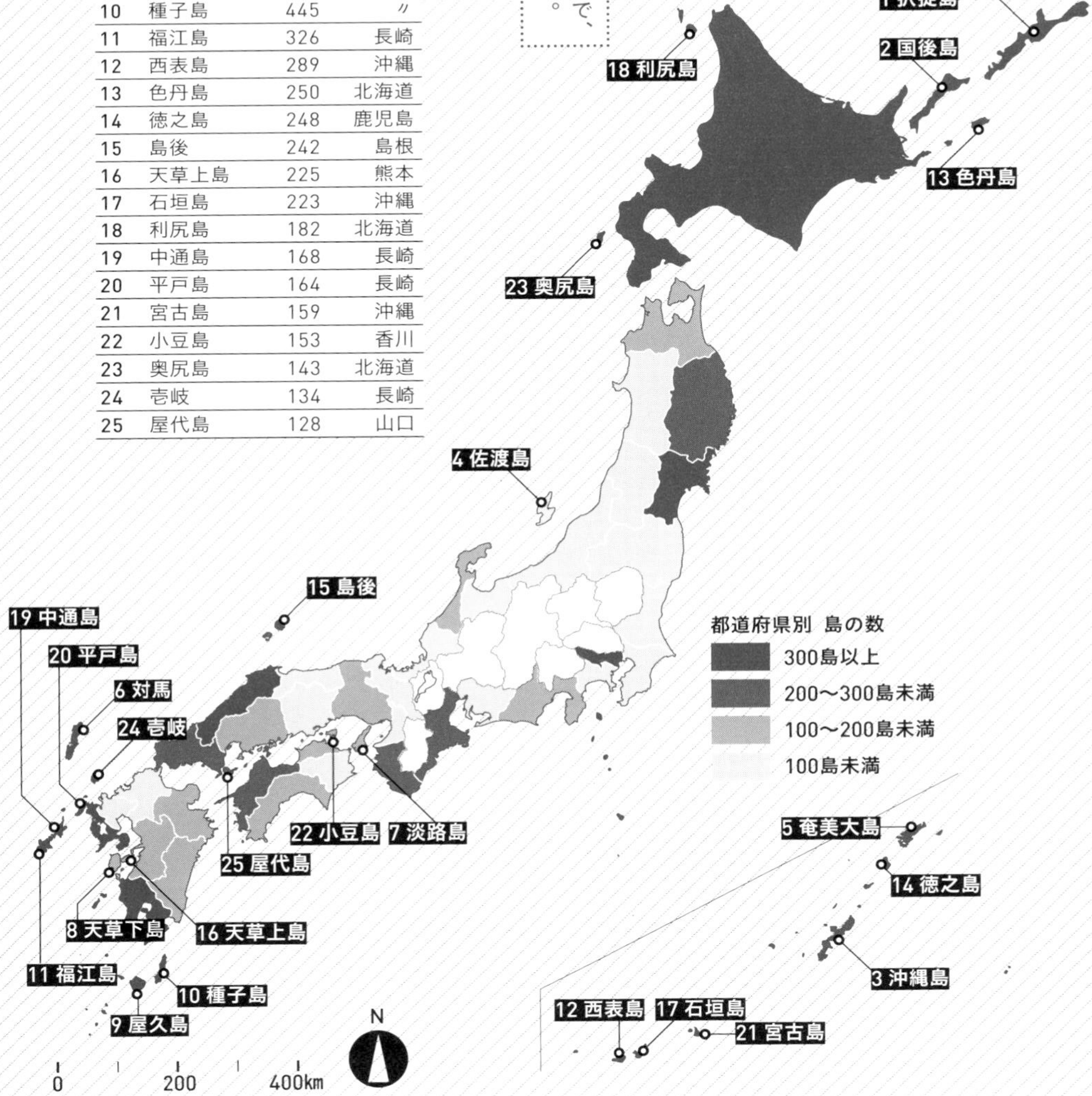

陸島と洋島、離島と属島

大都市周辺の沿岸では、埋立てによって今後さらに人工島は増えていくとみられる。

島は成因によって、陸島と洋島に分けることができる。

「陸島」は大陸から分離されてできた島で、日本列島は陸島に属する。樺太や千島列島、南西諸島、台湾などはすべて陸島である。「洋島」は大陸とは関係がない大洋上に浮かぶ島で、海底の火山活動によって形成された火山島が、洋島の代表的なものである。離島、属島という呼び方もある。「離島」とは陸地から遠く離れた島という意味だが、国土交通省ではすべての島を離島として扱っている。本来は、本土に付属した島なので「属島」というべきだろう。

また、複数の島の配列の状況によって列島、諸島、群島という呼び方もある。一定の区域内に点在している島々を「諸島」といい、多くの島が列状に連なっているものを「列島」、ひとかたまりにまとまって点在している島々を「群島」といっているが、明確に区分されているわけではない。そのため、八重山列島を八重山諸島、あるいは八重山群島ということもある。

「自然島」と「人工島」という分け方もある。自然に形成されたのが自然島で、人工的に造られたのが人工島だ。国連海洋法条約では人工島を島としては認めていないので、人工島は正式な島ではない。東京湾沿岸には月島や平和島、夢の島、お台場など多くの人工島がある。神戸市の沖にある人工島のポートアイランドや六甲アイランドは、一つの都市としての機能を備えているので、「海上都市」と呼ばれている。人工島に空港が建設されることもある。関西国際空港、中部国際空港、北九州空港、神戸空港などがそれである。人工島は今後さらに増加していくだろう。

沖に浮かんでいた島が、陸地とつながって半島になったところが各地にある。決して人間が手を加えて地続きにしたのではなく、河川や海流によって運ばれてきた土砂が、陸地と島との間に積もって地続きになったのである。これを陸繋島《りくけいとう》というが、日本列島の沿岸には陸繋島が各地にある。東京近郊の行楽地として人気がある江ノ島も、世界三大夜景として有名な函館山も陸繋島である。

日本のおもな陸繋島

主な人工島

北海道	緑の島（函館市）
東京	佃島、月島、勝どき、晴海、豊洲、青海、有明、夢の島、新木場、若洲、八潮、東海、城南島、京浜島、勝島、辰巳、東雲、臨海町、昭和島、平和島、中央防波堤
千葉	潮見町、海ほたる
神奈川	川崎人工島、八景島、和賀江島、扇島
長野	初島（諏訪市）
滋賀	八橋帰帆島
愛知	中部国際空港、ポートアイランド、新舞子マリンパーク
大阪	咲洲、夢洲、舞洲、関西国際空港
兵庫	甲子園浜、西宮浜、南芦屋浜、六甲アイランド、ポートアイランド、神戸空港
和歌山	和歌山マリーナシティ
徳島	マリンピア沖洲
福岡	福岡アイランドシティ、北九州空港、初島、三池島
長崎	端島、出島、長崎空港
鹿児島	本港新町

島とは自然に形成された陸地をいい、国際海岸法では人工島を島とみなしていない。

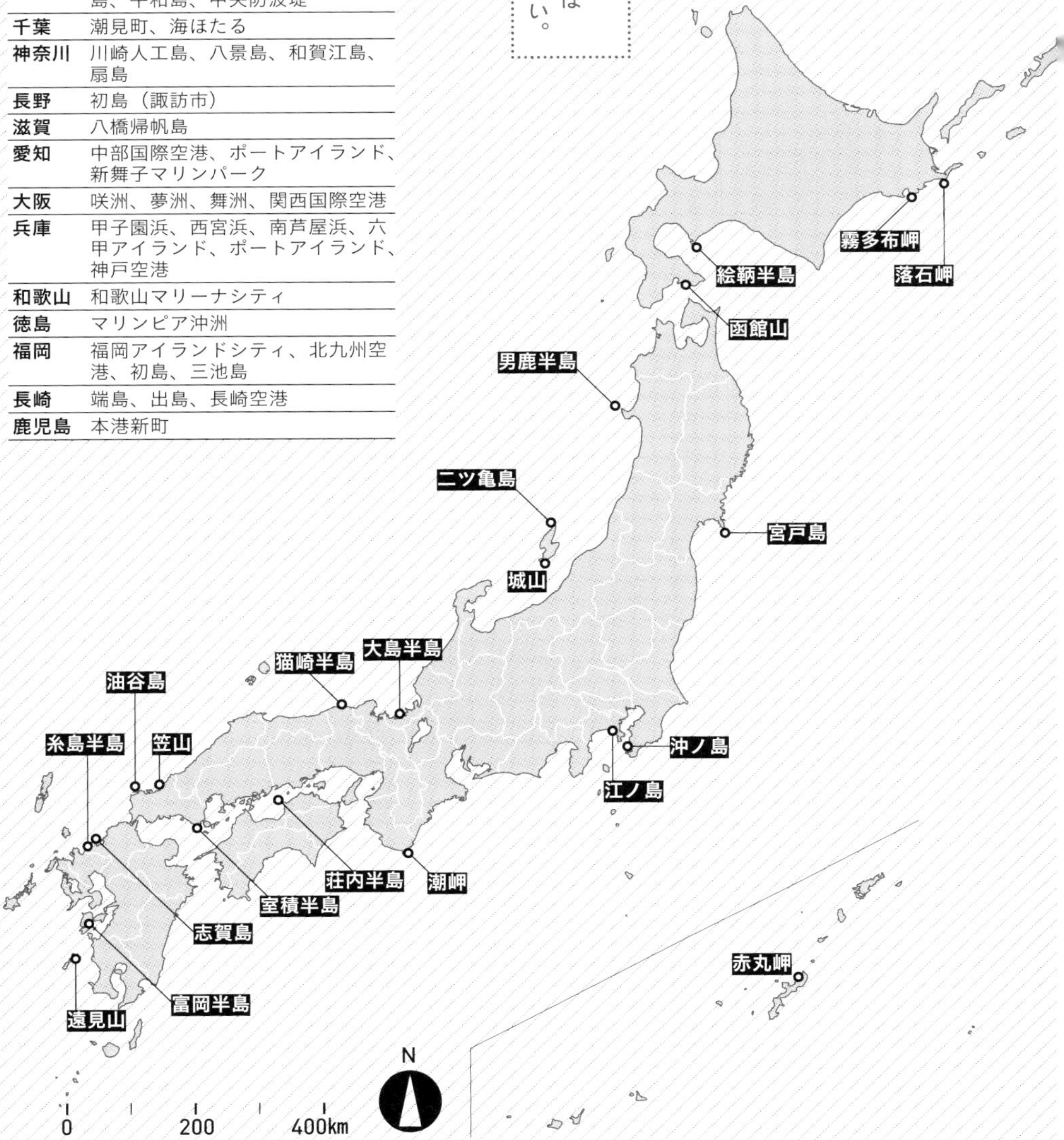

日本列島にはどれだけの山があるか

３０００m以上の山はすべて中部地方にあり、近畿以西には２０００m以上の山もない。

山国といわれる日本には、一体どれだけの山があるのだろうか。かいもく見当がつかないというのが正直なところだが、国土地理院の2万5千分の1の地形図に記載されている山だけでも、およそ1万８０００余りあるという。名前のついていない山も加えると、それこそ無限である。だが、高山は「日本の屋根」といわれている中部地方に集中している。全国に３０００ｍを超える高山は21座しかないが、そのすべてが中部地方の長野、岐阜、山梨、静岡、富山の5県にある。日本一高い山が富士山の３７７６ｍであることは誰もが知っていることだが、自分たちの住んでいる県の最高峰がどこにあるのか、どの山なのかを認識していない人が意外に多いようだ。

都道府県の最高峰が日本一高いのは、県境に富士山がそびえている山梨と静岡の両県だが、その逆に最高峰が日本一低いのはどこかというと、関東地方の南東部に位置する千葉県で、最高峰でも標高が４０８ｍ（愛宕山）に過ぎない。最高峰が１０００ｍに満たないのは、千葉県のほか沖縄、京都、大阪府の4府県だけである。

ところで、県の最高峰と最高地点は必ずしも一致していない。というのは、県境にそびえている山でも、山頂が県境にあるとは限らないからである。たとえば、秋田と山形の県境にそびえている鳥海山は、標高が２２３６ｍある東北地方で最も高い山だが、山頂は山形県側にあり、両県の県境は鳥海山の中腹を通っている。秋田県の最高峰は、奥羽山脈にそびえる駒ケ岳（１６３７ｍ）だが、秋田県の最高地点は鳥海山中腹の標高１７７５ｍの地点なのである。秋田県の最高峰より、最高地点の方が１３８ｍ高いというわけである。大阪府も最高峰は金剛山地にそびえる葛城山（９５９ｍ）だが、最高地点は奈良県との県境にそびえる金剛山（１１２５ｍ）の山腹にある標高１０５３ｍの地点である。福井県も同様で、最高峰は両白山地の二ノ峰（１９６２ｍ）だが、最高地点は三ノ峰の山腹（２０９５ｍ）にある。都道府県の最高峰が火山の場合は、火山噴火で標高が変わる可能性も十分に考えられる。

最高峰と最高地点

都道府県の最高峰

都道府県	最高峰	標高(m)
北海道	旭岳	2291
青森	岩木山	1625
岩手	岩手山	2038
宮城	屏風岳	1825
秋田	駒ヶ岳	1637
山形	鳥海山	2236
福島	燧ヶ岳	2356
茨城	八溝山	1022
栃木	白根山	2578
群馬	〃	〃
埼玉	三宝山	2483
千葉	愛宕山	408
東京	雲取山	2017
神奈川	蛭ヶ岳	1673
新潟	小蓮華山	2766
富山	立山	3015
石川	白山	2702
福井	二ノ峰	1962
山梨	富士山	3776
長野	奥穂高岳	3190
岐阜	〃	〃
静岡	富士山	3776
愛知	茶臼山	1415
三重	日出ヶ岳	1695
滋賀	伊吹山	1377
京都	皆子山	972
大阪	葛城山	959
兵庫	氷ノ山	1510
奈良	八経ヶ岳	1915
和歌山	龍神岳	1382
鳥取	大山	1729
島根	恐羅漢山	1346
岡山	後山	1345
広島	恐羅漢山	1346
山口	寂地山	1337
徳島	剣山	1955
香川	竜王山	1060
愛媛	石鎚山	1982
高知	三嶺	1893
福岡	釈迦岳	1230
佐賀	経ヶ岳	1076
長崎	雲仙岳	1483
熊本	国見岳	1739
大分	九重山	1791
宮崎	祖母山	1756
鹿児島	宮之浦岳	1936
沖縄	於茂登岳	526

＊番外編 最高峰と最高地点が一致しない府県

府県	最高地点	標高(m)
秋田	鳥海山中腹	1775
福井	三ノ峰南側 (越前三ノ峰)	2095
大阪	金剛山山腹	1053

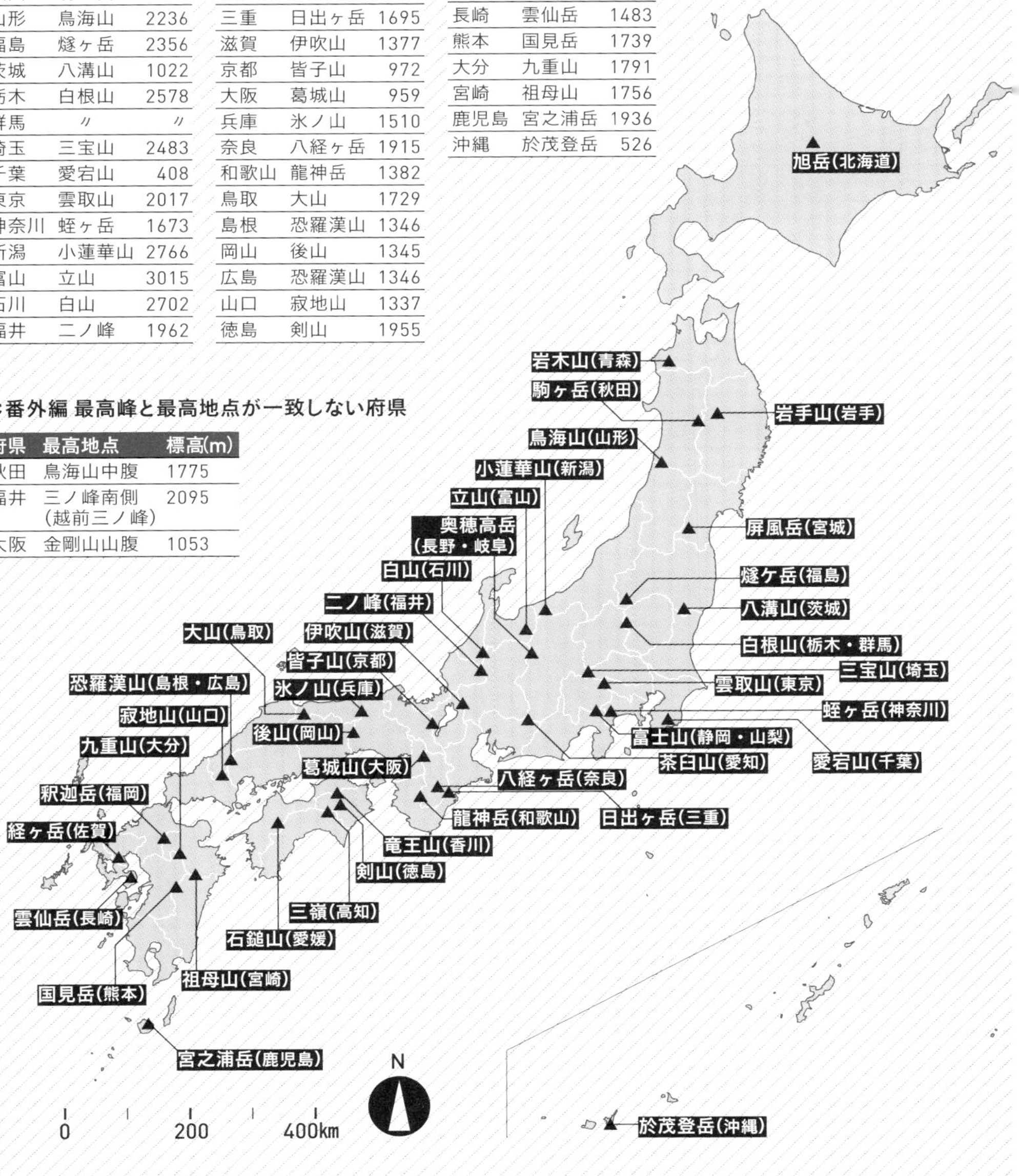

日本一低い山の争奪戦

日本一高い山は誰でも知っているが、日本一低い山がどこにあるのか意外に知らない。

日本一高い富士山は火山だが、非火山では南アルプスの北岳が3193mで日本一高い。意外なのは、九州で一番高い山が九州本土ではなく離島にあるのだ。「洋上アルプス」と称される屋久島にそびえる宮之浦岳（1936m）が、九州の最高峰であるとともに、離島で最も高い山でもある。離島にある火山としては、北海道の利尻島にそびえる利尻富士（利尻岳）が1721mで最も高い。

低い山は驚くほど低い。しかも、しばしば順位が入れ替わっている。これまで、日本一低い山は大阪湾岸にある天保山だった。標高はわずか4・53mだが、国土地理院の地形図にも記載されている。天保山は天保年間（1830〜43）の浚渫工事で築造されたもので、当時は20mほどの高さがあったという。だが、江戸末期に砲台の建設で山が削られ、高度成長期の地盤沈下でさらに低くなった。そのため、1993（平成5）年に作成された地形図で天保山は抹消され、代わって仙台湾岸の日和山（6・05m）が日本一低い山に認定された。これを不服とする地元の人たちの要望で、3年後の1996年から再び天保山が地形図に掲載されることになり、日本一低い山として復活した。

ところが、日和山が2011（平成23）年3月に発生した東日本大震災の津波で削り取られ、低くなってしまった。その後の調査で、日和山は標高3mの日本一低い山として認定されることになったのだ。そのため、天保山は再び首位の座を奪われることになった。しかし、二等三角点がある山としては、天保山が今も日本一低い山である。日和山も天保山も人工の山なので、自然の山としては徳島市にある弁天山が標高6・1mで日本一低い山である。

また、火山で日本一低い山は、明治維新の舞台になった旧城下町の萩市（山口）の北部から日本海に突き出した陸繋島の先端にそびえている笠山である。火山というと、高い山というイメージを抱きがちだが、笠山の標高はわずか112m。とても火山とは思えない小高い丘のような低山だが、山頂には直径30m、深さ30mの噴火口も備えた阿武火山群に属する活火山である。

高い山&低い山 いろいろ

日本一高い山(火山)	富士山(静岡・山梨)[3776m]
日本一高い山(非火山)	北岳(山梨)[3193m]
日本一低い山(人工の山)	日和山(仙台市)[3m]
日本一低い山(自然の山)	弁天山(徳島市)[6,1m]
日本一低い山(火山)	笠山(山口県萩市)[112m]
離島で日本一高い山(火山)	利尻岳(北海道)[1721m]
離島で日本一高い山(非火山)	宮之浦岳(鹿児島)[1936m]
一等三角点がある日本一高い山	赤石岳(長野・静岡)[3120m]
一等三角点がある日本一低い山	蘇鉄山(大阪府堺市)[6.85m]
二等三角点がある日本一高い山	富士山(静岡・山梨)[3776m]
二等三角点がある日本一低い山	天保山(大阪市)[4,53m]
地形図に掲載されていない日本一低い山	大潟富士(秋田県大潟村)[0m]
北海道の最高峰	旭岳[2290m]
東北地方の最高峰	燧ケ岳[2356m]
関東地方の最高峰	白根山[2578m]
中部地方の最高峰	富士山[3776m]
近畿地方の最高峰	仏経ヶ岳[1915m]
中国地方の最高峰	大山[1729m]
四国地方の最高峰	石鎚山[1982m]
九州地方の最高峰	宮之浦岳[1936m]

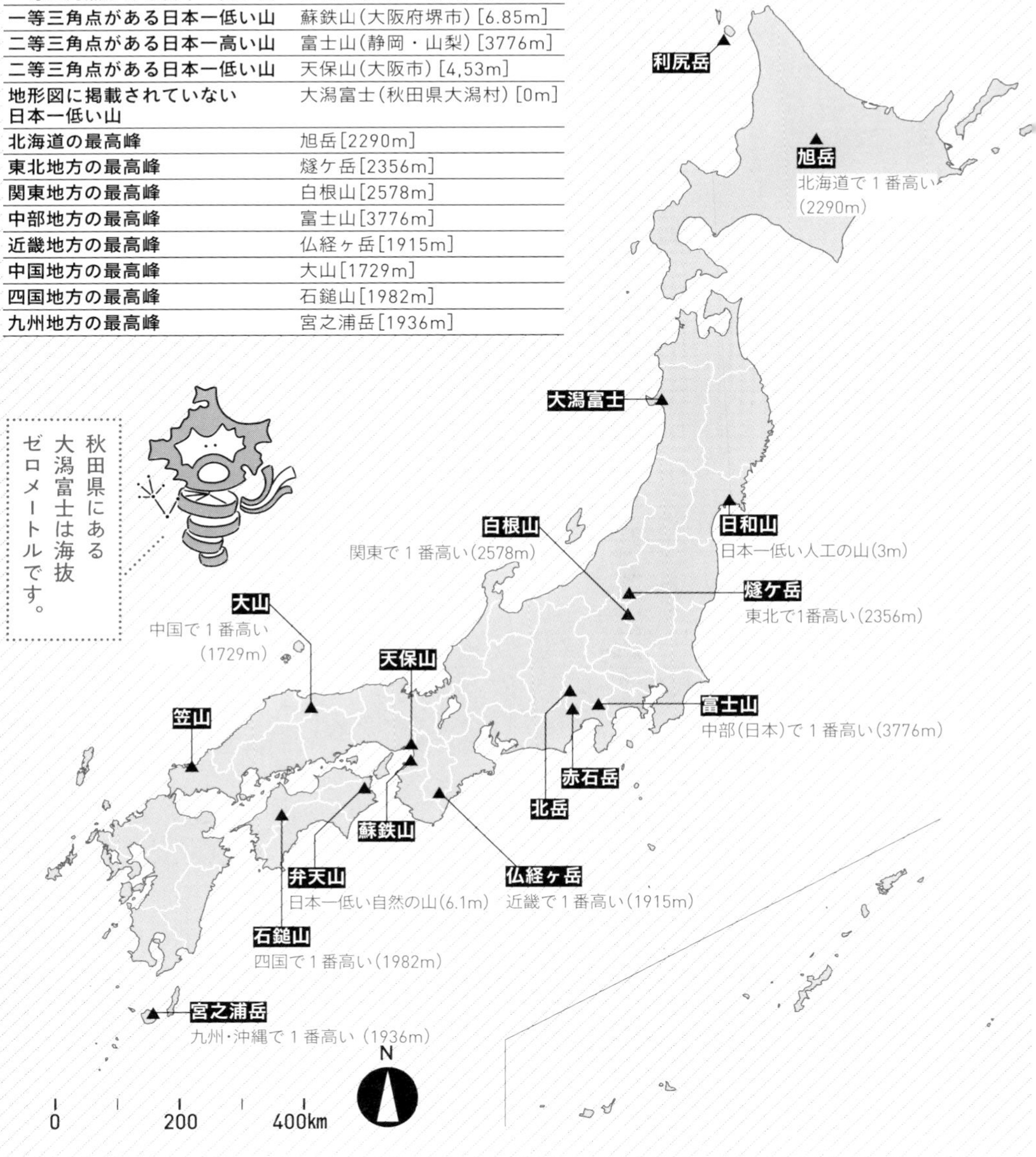

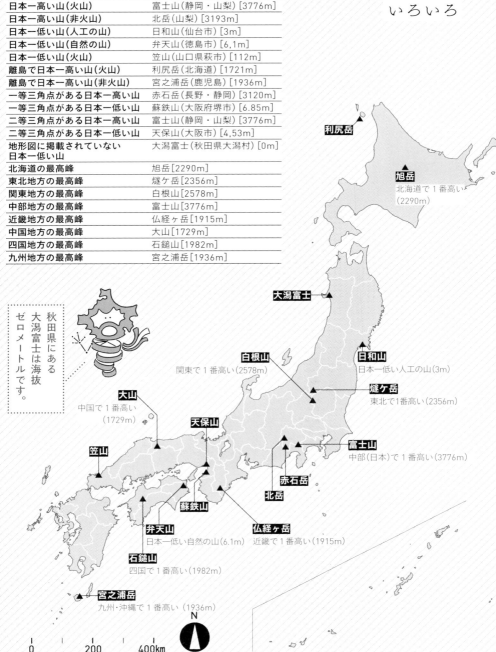

3 | 5

日本の活火山は増加しつつある

火山の多いわが国では、火山防災のために監視、観測体制の充実を図っている。

日本は火山列島といわれるように、世界中にある火山の1割近くが日本列島周辺に集中している。火山噴火予知連絡会では1975（昭和50）年、「噴火の記録がある火山、および現在活発な噴気活動のある火山」を活火山と定義し、77の火山を活火山とした。ところが、1979年には死火山の御嶽山が噴火したことで活火山の定義が見直され、1991（平成3）年、活火山を「過去およそ2千年以内に噴火した火山および現在活発な噴気活動がある火山」に改め、83の火山を活火山に認定した。1996年には3火山が追加された。

しかし、これでもまだ不十分だとして、2003には過去2千年から「過去1万年以内」に変更。これにより活火山も108に増え、2011年には2火山が、2017年には1火山が追加されて、活火山は全部で111になった。活火山はさらに増加する可能性がある。

全国には、いつ噴火するとも知れぬ無気味な火山が各地にある。そのため、気象庁では「火山監視・警報センター」に地震計や傾斜計、空震計などの観測施設を設置して、噴火の恐れがある火山を24時間体制で観測・監視し、火山噴火の予知に取り組んでいる。火山噴火予知連絡会では2009年、「火山防災のために監視・観測体制の充実等が必要な火山」として47火山を指定し、2014年には3火山が追加されて「常時観測火山」は50になった。今後の調査で、常時観測火山は増える可能性がある。

火山は何の前兆もなく突然に噴火することがある。2014（平成24）年9月に噴火した御嶽山がまさにそれで、58人の死者を出す大惨事になった。御嶽山は常時観測火山として24時間体制で監視・観測していたが、噴火する直前までまったくその気配はなかった。それなのに、突然噴火した。水蒸気爆発だったからだ。水蒸気爆発とは、地下水がマグマで熱せられて生じた水蒸気が蓄積され、体積が増大するため地表を破って噴出する。現在の火山学では、水蒸気爆発を予知することは難しいという。しかし、近い将来には火山噴火の余地が可能になるかもしれない。

日本の活火山

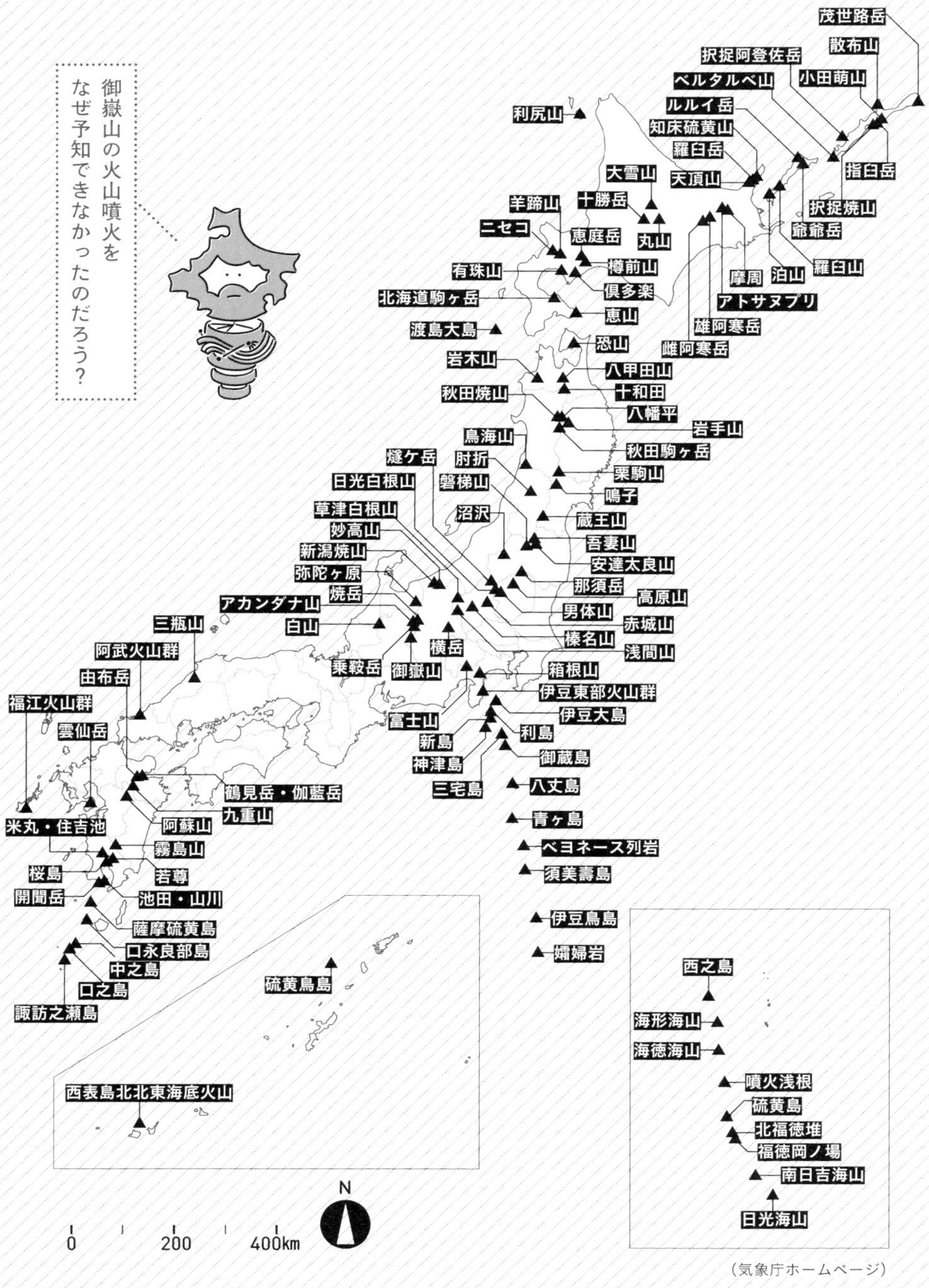
御嶽山の火山噴火をなぜ予知できなかったのだろう？
茂世路岳
散布山
択捉阿登佐岳
小田萌山
ベルタルベ山
ルルイ岳
知床硫黄山
羅臼岳
天頂山
指臼岳
択捉焼山
爺爺岳
羅臼山
泊山
摩周
アトサヌプリ
雄阿寒岳
雌阿寒岳
利尻山
大雪山
十勝岳
丸山
羊蹄山
ニセコ
恵庭岳
樽前山
有珠山
倶多楽
北海道駒ヶ岳
恵山
渡島大島
恐山
岩木山
八甲田山
十和田
秋田焼山
八幡平
岩手山
鳥海山
秋田駒ヶ岳
燧ヶ岳
肘折
栗駒山
日光白根山
磐梯山
鳴子
草津白根山
沼沢
蔵王山
妙高山
吾妻山
新潟焼山
安達太良山
弥陀ヶ原
那須岳
焼岳
高原山
アカンダナ山
男体山
白山
赤城山
三瓶山
榛名山
横岳
浅間山
阿武火山群
乗鞍岳
御嶽山
箱根山
由布岳
伊豆東部火山群
福江火山群
富士山
伊豆大島
雲仙岳
新島
利島
神津島
御蔵島
鶴見岳・伽藍岳
三宅島
八丈島
九重山
阿蘇山
青ヶ島
米丸・住吉池
霧島山
ベヨネース列岩
桜島
若尊
須美寿島
開聞岳
池田・山川
伊豆鳥島
薩摩硫黄島
孀婦岩
口永良部島
中之島
口之島
諏訪之瀬島
硫黄鳥島
西之島
海形海山
海徳海山
噴火浅根
硫黄島
北福徳堆
福徳岡ノ場
南日吉海山
日光海山
西表島北北東海底火山
N
0
200
400km

（気象庁ホームページ）

国土の隅々にまで流れている日本の河川

日本の河川は「河川法」によって、「一級河川」「二級河川」「準用河川」に分類している。

山があれば、必然的に川が生まれる。山国の日本は国土の隅々にまで川が流れている。大きな川もあれば、細々とした小さな川もあり、それら大小の川を総称して「河川」と呼んでいる。河川は公共用物であり、私的に利用してはならない。個人が所有する庭や田畑などに、勝手に川の水を引き込んだりすれば処罰の対象になる。

河川は、国民の暮らしに欠かせないので治水や利水が適正に利用されているか、それを監視していく必要がある。河川を総合的に管理するための法律が「河川法」である。その河川法によって、日本の河川を「一級河川」「二級河川」「準用河川」に分類し、河川法の適用を受けない小河川を「普通河川」といっている。河川を道路にたとえれば、一級河川が国道なら、二級河川は都道府県道、準用河川は市町村道、普通河川は私道といったところか。

一級河川は「国土保全上または国民経済上、特に重要な水系」、二級河川は一級水系以外の「公共の利害に重要な関係がある水系」をいう。準用河川は、一級河川および二級河川以外の河川法を準用する河川である。また、一級河川は国土交通大臣が、二級河川は都道府県知事が、準用河川は市町村長が管理し、普通河川は地方公共団体が管理している河川をいう。

「水系」と「河川」はどう違うのか。利根川は、一級河川であるとともに一級水系でもある。一級河川は1筋の河川を指すが、一級水系は上流から河口まで、本流（本川）、支流（支川）、分流（派川）などの一連の水の繋がりをいう。河川法では水系の一貫管理体系により、本流（海に注ぐ川）が一級河川なら、基本的にその支流も、そのまた支流も一級河川である。ただし、重用性が低い区間は準用河川および普通河川とされ、市町村が管理している。

ただ単に「利根川」といえば、利根川の本流を指す。利根川の支流の鬼怒川や小貝川などは、「利根川水系の一級河川」である。また、水系には一級水系と二級水系のほか、「単独水系」もある。準用河川および普通河川を本流としている小河川が単独水系である。

日本一の大河、利根川水系の流域図

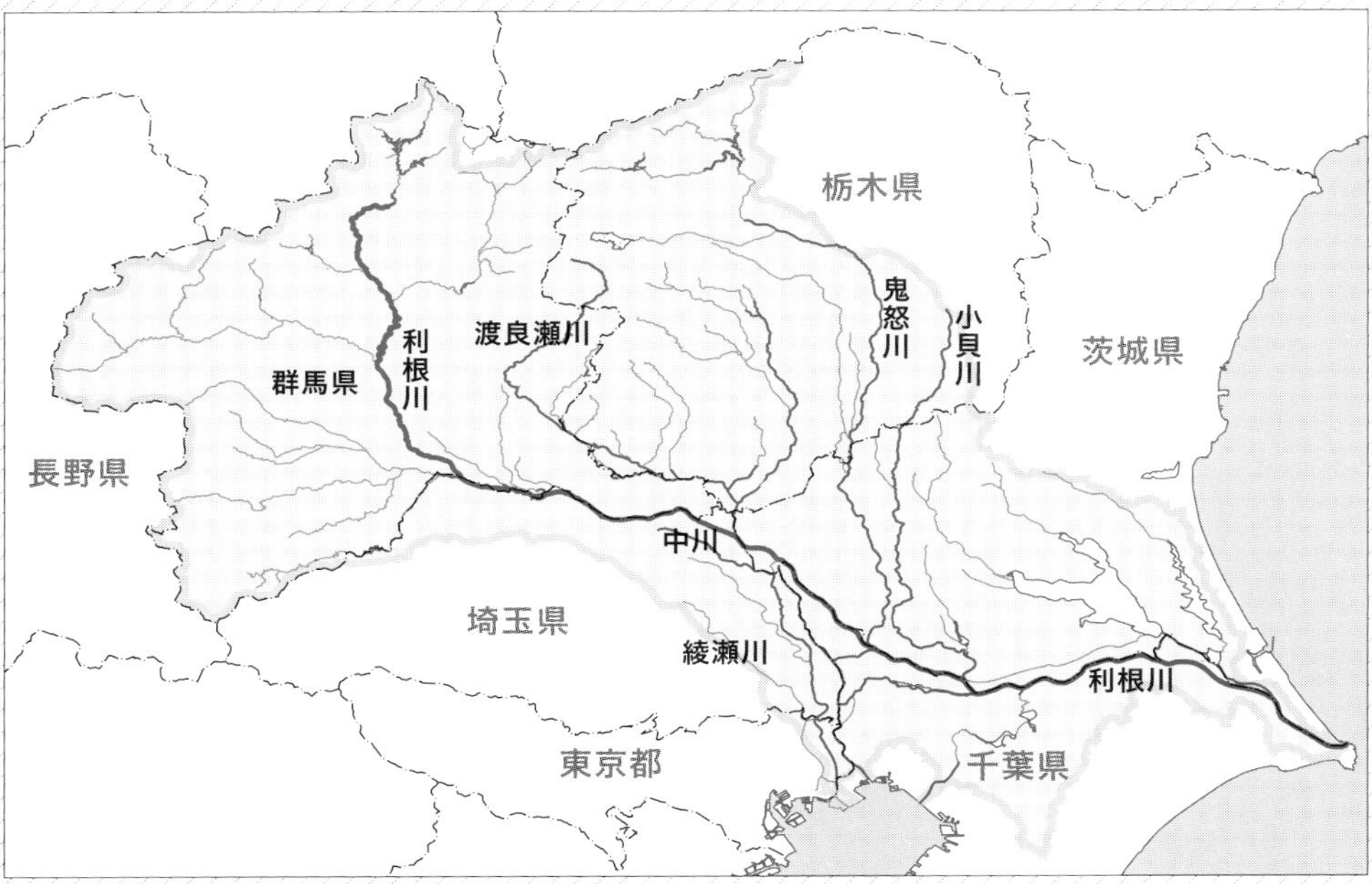

データ出典：国土地理院　国土数値情報（海岸線、湖沼、流域メッシュ、河川、行政区域）

一級河川

国が管理する一級水系に係わる川をいう。

二級河川

都道府県が管理する二級水系に係わる川をいう。

準用河川

一級・二級河川以外の河川のうち、市町村が管理する河川をさす。

普通河川

一級河川、二級河川、準用河川以外の河川法に基づく指定を受けない小さい川をさす。

利根川の流域面積

水色の線の内側が利根川水系の流域面積。流域面積内を流れ、利根川の本流に合流している河川、および利根川の本流から分流している河川がすべて利根川水系に属する。鬼怒川や小貝川などは「利根川水系の一級河川」である。

日本一長い河川は信濃川か利根川か

流域面積が広いほど、その地域に大きな影響を及ぼす重要な河川だといえる。

日本一長い河川は信濃川である。山梨、埼玉、長野の３県の県境にそびえる甲武信岳を発し、そこから長野県の北東部を流れて越後平野をゆったりと流れながら、新潟市から日本海に注ぐ全長３６７㎞の一級河川だ。だが、これはあくまでも信濃川水系の本流の長さで、信濃川水系の全長となると、これとは比較にならぬほど長いのだ。信濃川水系には８８０本の支流があり、それらを合わせた総延長距離は５０１４㎞にもなる。これは日本列島を一往復するほどの長さである。

ところが、信濃川水系より長い一級水系がある。利根川の本流の長さは３２２㎞で、信濃川より45㎞短く、支流の数も８１９本で信濃川水系におよばないが、利根川水系の総延長距離は６８３８㎞。水系としては、信濃川より利根川の方が長いのである。利根川水系には鬼怒川や渡良瀬川、小貝川、渡良瀬川などの大きな支流があるからだ。

全国には１０９もの一級水系があるが、その全長は８万７５７３㎞にもなる。一級水系だけでも、地球を軽く２周してしまう長さなのである。日本の国土の狭さからみれば、驚異的な長さだといえる。ところが、一級河川がまったく流れていない県もある。沖縄県だ。沖縄本島でも、東西の幅が10㎞そこそこだから、大きな河川が流れていないのも無理はない。海に面しているのに、一級河川が一筋も海に注いでいない県もある。内陸県の栃木、群馬、埼玉、山梨、長野、岐阜、滋賀、奈良の８県に河口がないのは当然のことだが、太平洋に面している岩手県と福島県には、一級水系の河口がないのだ。

一級水系と二級水系の違いは長さではなく、国民経済に及ぼす影響の大きさだといえる。和歌山県を流れている日高川のように、長さが１００㎞以上もある二級河川がある一方で、長崎県の諫早湾に注いでいる本明《ほんみょう》川は、長さがわずか28㎞しかないのに、一級河川に指定されている。岩手県の三陸海岸に注ぐ閉伊《へい》川（82㎞）も、福島県のいわき市から太平洋に注ぐ夏井川（67㎞）も、本明川よりはるかに長いのに二級河川である。

河川の長さと流域面積

利根川が日本一の大河だといわれるのは、流域面積が日本一広いから。

河川の長さランキング

順位	河川名	本流の長さ（km）
1	信濃川	367
2	利根川	322
3	石狩川	268
4	天塩川	256
5	北上川	249
6	阿武隈川	239
7	最上川	229
8	木曽川	229
9	天竜川	213
10	阿賀野川	210
11	四万十川	196
12	江の川	194
13	吉野川	194
14	熊野川	183
15	荒川	173
16	大井川	168
17	十勝川	156
18	釧路川	154
19	斐伊川	153
20	那珂川	150

（国土交通省河川局）

河川の流域面積ランキング

順位	河川名	流域面積（㎢）
1	利根川	1万6840
2	石狩川	1万4330
3	信濃川	1万1900
4	北上川	1万0150
5	木曽川	9100
6	十勝川	9010
7	淀川	8240
8	阿賀野川	7710
9	最上川	7040
10	天塩川	5590
11	阿武隈川	5400
12	天竜川	5090
13	雄物川	4710
14	米代川	4100
15	富士川	3990
16	江の川	3900
17	吉野川	3750
18	那珂川	3270
19	荒川	2940
20	九頭竜川	2930

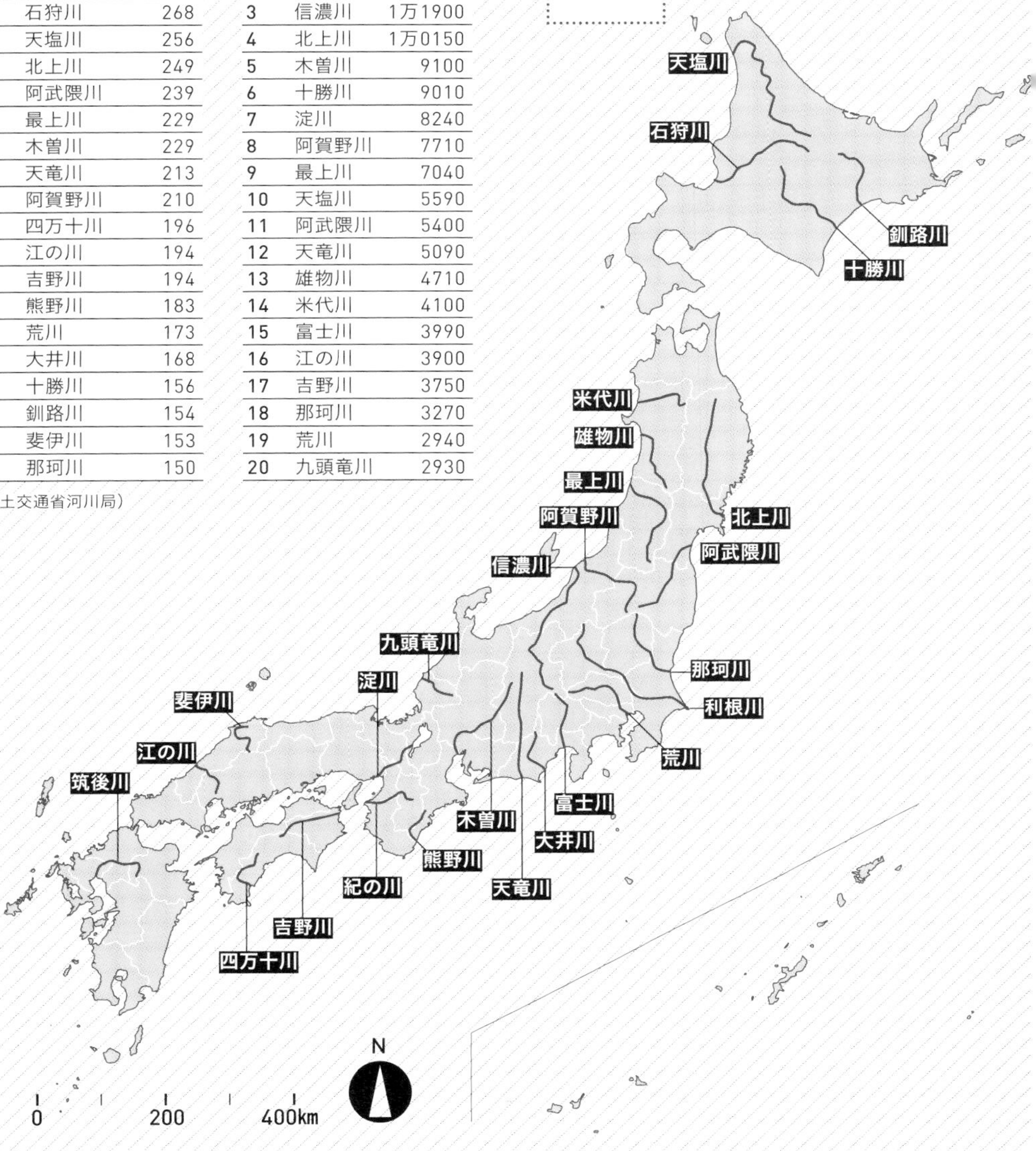

「湖」より深い「沼」、「湖」より大きい「池」

大きな湖には断層湖と海跡湖が多く、上位5位までの湖がどちらかに属している。

湖や沼、池を総称して湖沼というが、沈水植物が生育しないほどの深度（5～10m以上）がある水塊を「湖」、湖より小さく沈水植物が繁茂する水深5m以下の水塊を「沼」、湖より小さい人工的に造られたものが「池」である。だが、実際には湖より大きな池や、湖より深い沼があったりするので、定義は実に曖昧で、一つの目安に過ぎない。

湖沼には栄養濃度、塩分濃度、成因による分類法がある。栄養濃度による分類では貧栄養湖、中栄養湖、富栄養湖がある。貧栄養湖は生物の生育に必要な窒素やリン酸の含有量が少ない湖をいい、摩周湖や十和田湖などのカルデラ湖や山間にある湖に多い。富栄養湖は霞ヶ浦や印旛沼など、生活用水や工場排水などが流入して、栄養分を多く含んだ湖をいう。

塩分濃度による分類では塩湖、汽水湖、淡水湖に大別できる。塩湖（海水湖）は塩分濃度が0・35％（1リットル中3・5g）以上の湖で、0・05％（1リットル中0・5g）以下の湖が淡水湖、海水と淡水の出入りがある湖を汽水湖という。サロマ湖や浜名湖など、沿岸にある湖はほとんどが汽水湖である。

成因による分類では断層湖、カルデラ湖、火口湖、堰止湖、海跡湖などがある。断層湖は地盤運動によって生じた窪地に水が溜まってできた湖で、琵琶湖のほか、フォッサマグナ（大地溝帯）にある諏訪湖や仁科三湖（青木湖、中綱湖、木崎湖）などが断層湖で、猪苗代湖（福島）は断層湖であるとともに堰止湖でもある。カルデラ湖は火山活動によってできた窪地に水が溜まったもので、摩周湖や屈斜路湖、十和田湖などがその代表的な湖だ。

火山活動による溶岩流や地震による土石流、河川の運んできた土砂などで河川が堰止められてできた湖が堰止湖で、日光の中禅寺湖、裏磐梯の檜原湖、富士五湖などがある。中禅寺湖は男体山の噴火で、檜原湖は磐梯山、富士五湖は富士山の噴火で川がせき止められてできた湖である。海跡湖は土地の隆起や砂州などの発達で海が分断されたもので、浜名湖やサロマ湖、霞ヶ浦などがある。

日本の湖沼
（自然湖）

順位	湖沼名	面積（km²）	最大水深（m）	成因	都道府県
1	琵琶湖	670.3	103.8	断層湖	滋賀
2	霞ヶ浦	167.6	11.9	海跡湖	茨城
3	サロマ湖	151.8	19.6	海跡湖	北海道
4	猪苗代湖	103.3	93.5	断層湖	福島
5	中海	86.2	17.1	海跡湖	島根・鳥取
6	屈斜路湖	79.6	117.5	カルデラ湖	北海道
7	宍道湖	79.1	6.0	海跡湖	島根
8	支笏湖	78.4	360.1	カルデラ湖	北海道
9	洞爺湖	70.7	179.7	カルデラ湖	北海道
10	浜名湖	65.0	13.1	海跡湖	静岡
11	小川原湖	62.2	24.4	海跡湖	青森
12	十和田湖	61.0	326.8	カルデラ湖	青森・秋田
13	能取湖	58.4	23.1	海跡湖	北海道
14	風蓮湖	57.7	13.0	海跡湖	北海道
15	北浦	35.2	7.8	海跡湖	茨城
16	網走湖	32.3	16.1	海跡湖	北海道
17	厚岸湖	32.3	11.0	海跡湖	北海道
18	八郎潟調整池	27.7	11.3	海跡湖	秋田
19	田沢湖	25.8	423.4	カルデラ湖	秋田
20	摩周湖	19.2	211.4	カルデラ湖	北海道
21	十三湖	18.1	1.5	海跡湖	青森
22	クッチャロ湖	13.3	3.3	海跡湖	北海道
23	阿寒湖	13.3	44.8	カルデラ湖	北海道
24	諏訪湖	12.9	7.6	断層湖	長野
25	中禅寺湖	11.8	163.0	堰止湖	栃木

（環境省自然保護局、および国土地理院 全国都道府県市区町村面積調）

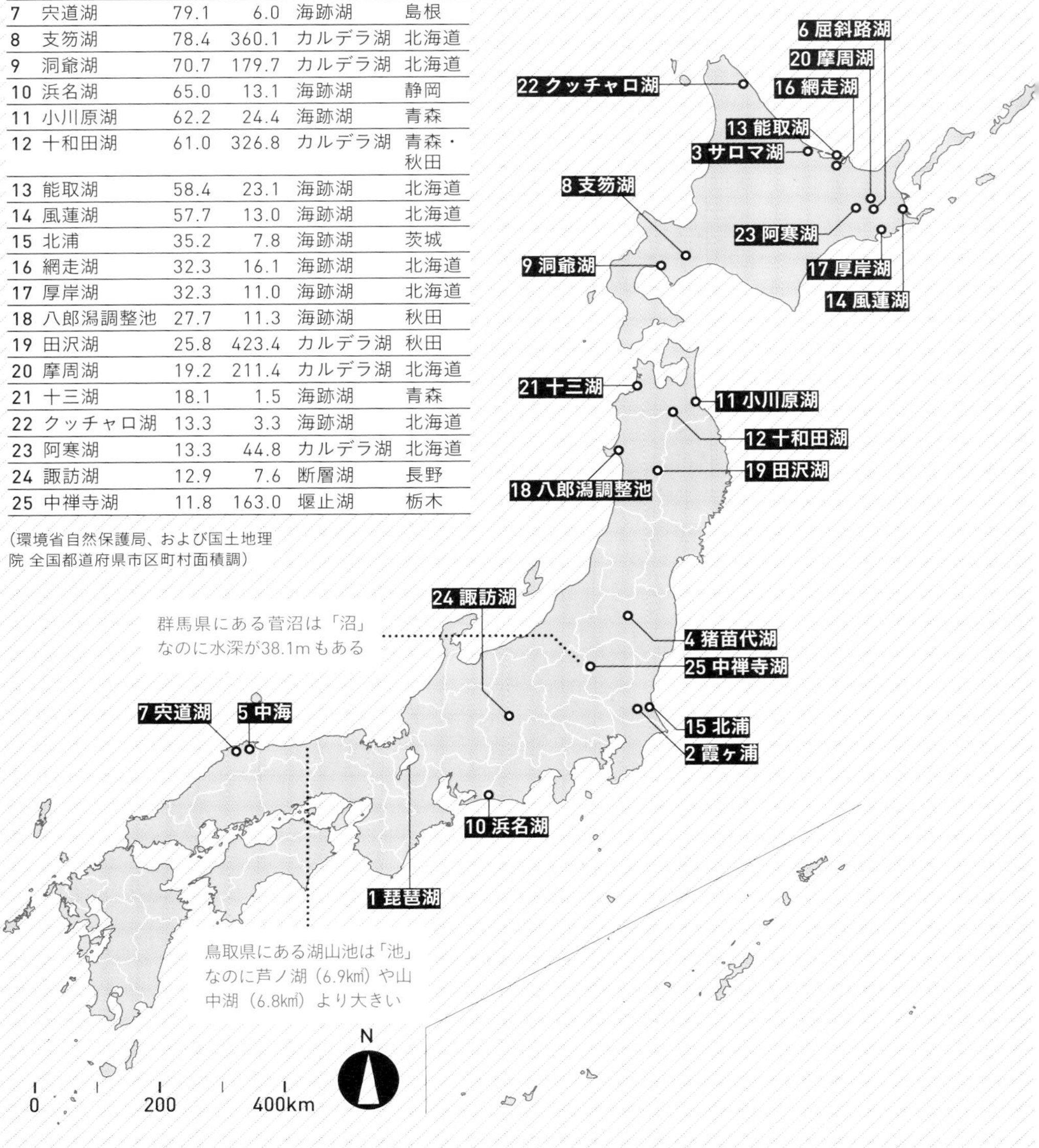

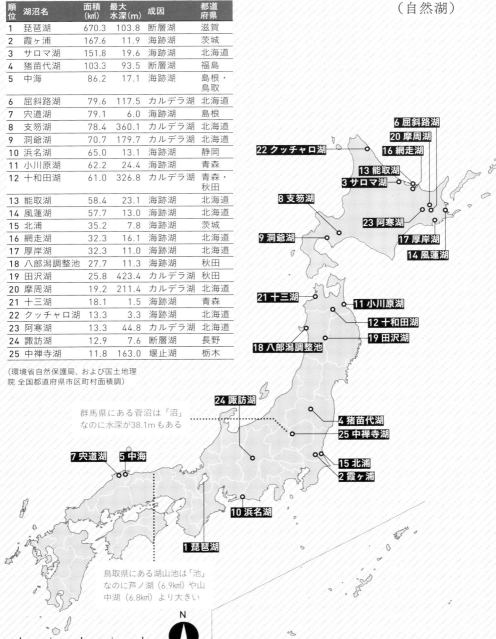

湖沼の99%以上は人造湖

ダム湖の建設には集落が水没して多くの人が故郷を失うなど、大きな犠牲をともなう。

日本にある湖で最も多いのは、実は海跡湖でも堰止湖でもカルデラ湖でもない。圧倒的に多いのが人造湖なのだ。人造湖（人工湖）は水力発電や灌漑、工業用水、上水道などに利用するために建設されるもので、ダムが建設されるたびにダム湖が生まれる。日本の河川のほとんどにダム湖があるといってもよいだろう。日本一大きい人造湖の朱鞠内《しゅまりない》湖（北海道）は、雨竜川の上流を堰き止めて築造されたもので、面積は23・7㎢と、箱根にある芦ノ湖の3・4倍もの大きさがある。

このほか10㎢以上ある人造湖には、夕張川にあるシューパロ湖（北海道）、只見川の上流に築造された奥只見湖（新潟）、揖斐川上流の徳山湖（岐阜）、瀬戸内海沿岸にある児島湖（岡山）がある。児島湖は河川を堰き止めてできた人造湖ではなく、児島湾の湾奥を締め切って築造された湖で、海水を淡水化した日本で初めての人造湖である。灌漑用の溜め池や貯水池なども人造湖とみなせば、全国には何十万もの人造湖があることになり、自然湖の数の比ではない。99%以上が人造湖だといえよう。

ダム湖の建設には大きな犠牲を伴う。木曽三川の揖斐川最上流部にある徳山ダムは、東海3県の水がめとして、揖斐川流域の治水を目的として計画された。だが、その後の社会状況の変化によってダム不要論が叫ばれるようになり、徳山ダムの建設の是非をめぐって激しい論争が繰り広げられた。そのため、着工から完成まで30数年の歳月を要した。ダムの建設によって徳山村のほぼ全村が水没し、522世帯、約1500人が故郷を失った。

徳山ダムの完成で出現したのが徳山湖という巨大な人造湖で、湛水面積（13㎢）は諏訪湖（13・3㎢）の大きさに匹敵し、全国第3位の大きさである。総貯水容量は浜名湖の約2倍の6億6000万㎡で、それまで日本一だった福島県にある奥只見ダム（6億100万㎥）を抜いて、貯水容量では日本一のダム湖になった。ダムの堤高（161m）は黒部ダム（186m・富山）、高瀬ダム（176m・長野）に次いで全国第3位である。

人造湖の面積
（5㎢以上）

順位	湖名	面積（㎢）	河川名	都道府県
1	朱鞠内湖	23.7	雨竜川	北海道
2	シューパロ湖	15.0	夕張川	〃
3	徳山湖	13.0	揖斐川	岐阜
4	奥只見湖	11.5	只見川	新潟
5	児島湖	10.9	児島湾締切	岡山
6	田子倉湖	9.6	只見川	福島
7	かなやま湖	9.2	空知川	北海道
8	九頭竜湖	8.9	九頭竜川	福井
9	御母衣湖	8.8	庄川	岐阜
10	池原湖	8.4	北山川	奈良
11	宝仙湖	8.3	玉川	秋田
12	糠平湖	8.2	音更川	北海道
13	早明浦湖	7.5	吉野川	高知
14	佐久間湖	7.2	天竜川	静岡・愛知
15	米良湖	6.9	一ッ瀬川	宮崎
16	滝里湖	6.8	空知川	北海道
17	高見湖	6.8	静内川	〃
18	御所湖	6.4	雫石川	岩手
19	錦秋湖	6.3	和賀川	〃
20	岩洞湖	6.2	丹藤川	〃
21	当別ふくろう湖	5.8	当別川	北海道
22	奥利根湖	5.7	利根川	群馬
23	手取湖	5.3	手取川	石川
24	有峰湖	5.1	和田川	富山
25	岩尾内湖	5.1	天塩川	北海道
25	津軽白神湖	5.1	岩木川	青森

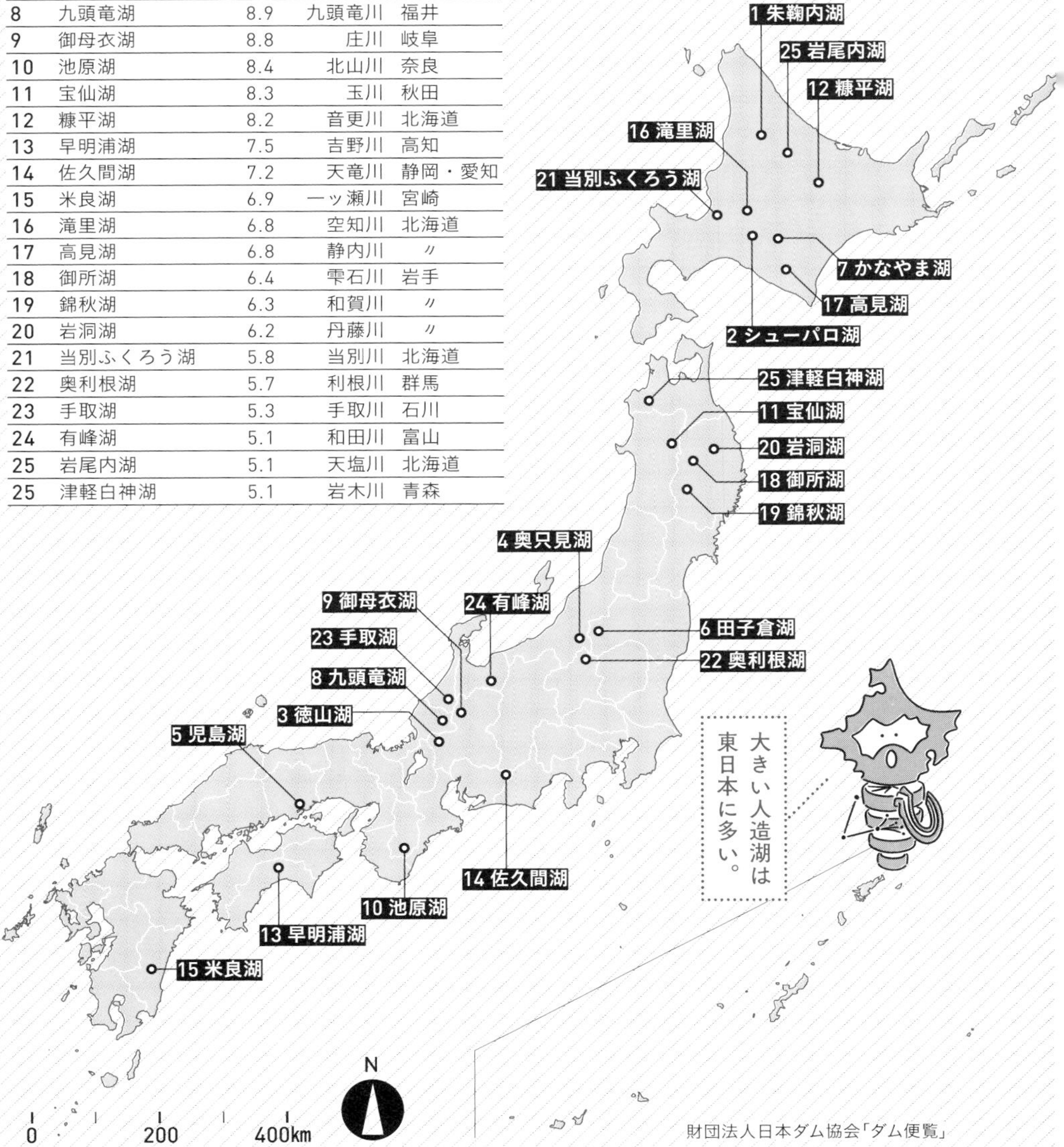

財団法人日本ダム協会「ダム便覧」

鳥取砂丘の3倍の砂丘が日本にある

風で運ばれて堆積したものが砂丘で、潮の流れで運ばれて堆積したものが砂浜である。

周りを海に囲まれている日本列島は、半島や岬、入江などが複雑に入り組み、砂丘や砂浜の多いのが日本の海岸線の特徴だといえる。砂丘と砂浜はどこがどう違うのだろうか。意外に理解していないものである。

砂丘は「砂の丘」と書くように、風で運ばれてきた砂が堆積して形成された小高い丘をいう。潮の流れで運ばれてきた砂が堆積してできた海岸が海水浴場などの砂浜だ。日本の砂丘は海岸に形成された海岸砂丘が多く、その代表的なものが鳥取砂丘である。大きな河川の中・下流部に形成された砂丘を河畔砂丘といい、埼玉県の古利根川沿いには志多見砂丘や鷲宮砂丘、高野砂丘などの河畔砂丘がある。

砂丘で最も有名な鳥取砂丘は、普通は浜坂砂丘のことを指し、面積は約5・5㎢と広大である。ところが、わが国には鳥取砂丘の3倍もある巨大な砂丘がある。日本最大の砂丘とは、下北半島の太平洋岸に広がる猿ヶ森砂丘（下北砂丘）で、面積は約15㎢。鳥取砂丘よりはるかに大きな砂丘なのに、ほとんど知られていないのは、砂丘の大部分が防衛装備庁管轄の下北試験場（弾道試験場）で、一般の人の立ち入りが禁止されているからである。

砂漠と砂丘はどう違うのだろうか。砂漠は砂丘の規模の大きなものだと思っている人が多いが、そうとばかりはいえない。砂丘には植物も生育しているし、小動物も生息している。だが、砂漠は不毛の地である。砂漠は年間の降水量が250ミリ以下で、降雨量より蒸発する水の量の方が多い、砂と岩石に覆われた荒野をいう。そのため植物は生育せず、人間が居住することも困難である。

これからも分かるように、常識的に考えれば日本に砂漠があるはずはない。ところが、国土地理院の地形図に沙漠地名が存在しているのである。三原山の東側一帯に広がる火山岩に覆われた地域だ。「世界三大流動性火山」の一つに数えられている三原山の度重なる噴火によって、植物は焼き尽くされ、一面が火山岩に覆われた黒い世界が広がっている。その砂漠的な風景から、「裏砂漠」「奥山砂漠」という沙漠地名が生まれたのだろう。

日本にあるおもな砂丘

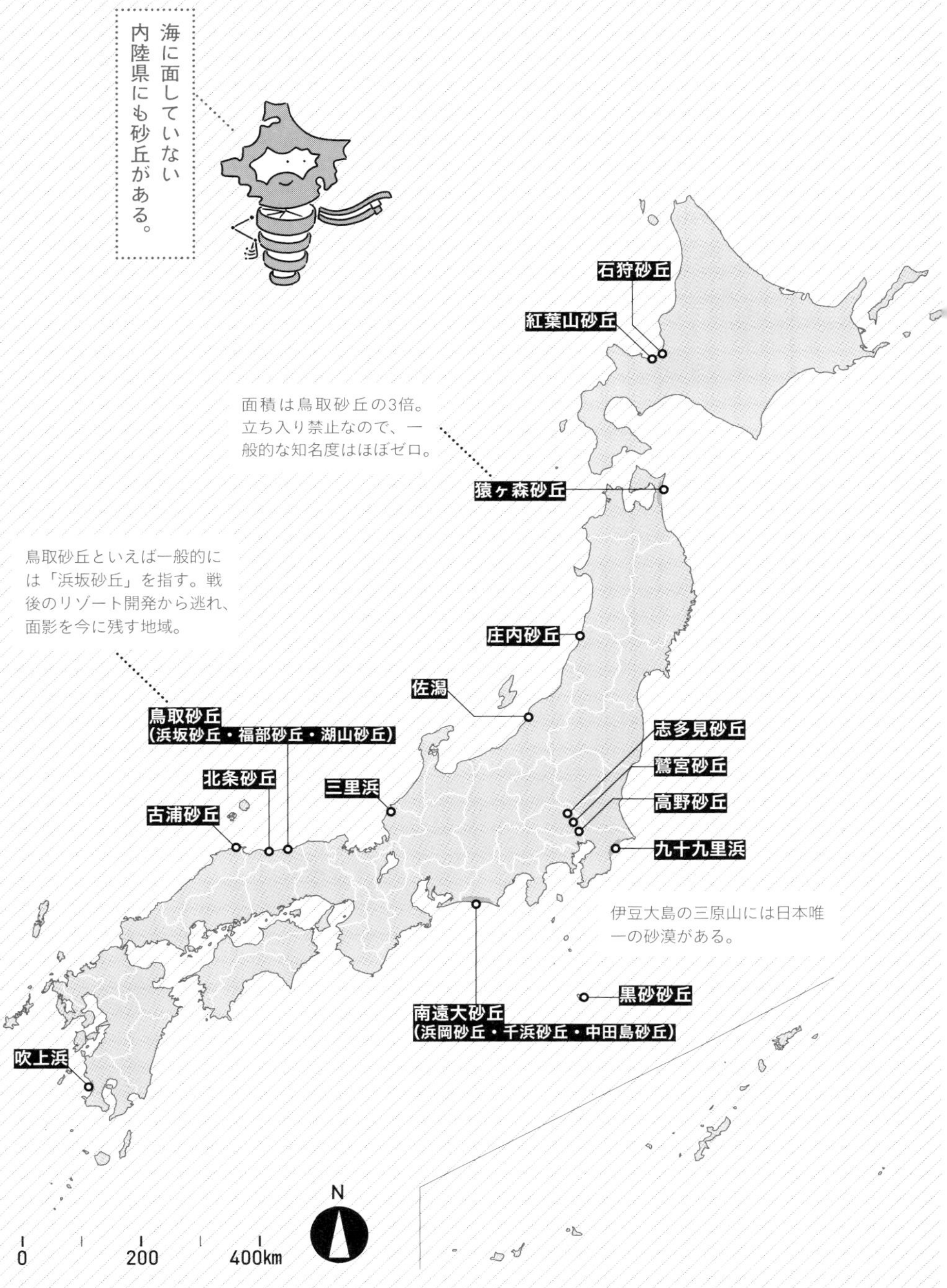
海に面していない内陸県にも砂丘がある。
石狩砂丘
紅葉山砂丘
面積は鳥取砂丘の3倍。立ち入り禁止なので、一般的な知名度はほぼゼロ。
猿ヶ森砂丘
鳥取砂丘といえば一般的には「浜坂砂丘」を指す。戦後のリゾート開発から逃れ、面影を今に残す地域。
庄内砂丘
佐潟
鳥取砂丘
(浜坂砂丘・福部砂丘・湖山砂丘)
志多見砂丘
鷲宮砂丘
北条砂丘
三里浜
高野砂丘
古浦砂丘
九十九里浜
伊豆大島の三原山には日本唯一の砂漠がある。
黒砂砂丘
南遠大砂丘
(浜岡砂丘・千浜砂丘・中田島砂丘)
吹上浜
N
0
200
400km

五畿七道の「五畿」は、律令国家の首都圏

現在の首都圏は東京、神奈川、埼玉、千葉、茨城、栃木、群馬、山梨の8都県を指す。

現在の日本の行政区分は47都道府県だが、ここに至るまでには幾多の変遷を経てきた。

わが国で最初の行政区分は、７０１（大宝元）年に制定された大宝律令により成立した「五畿七道」である。大宝律令とは、唐の律令を手本として作成され律令国家の基本法典で、「律」は現在でいう刑法、「令」は行政法などにあたる。

また、「五畿」は日本の政治の中枢を担っていた現在の首都圏にあたり、大和、山城、摂津、河内、和泉の5国、現在の奈良、京都、大阪、兵庫の4府県にまたがっていた。五畿を中心として、放射状に全国を東海道、東山道、北陸道、山陽道、山陰道、南海道、西海道の七道に区分した。五畿七道は、さらに66国2島に細分化された。66国とは武蔵、信濃、尾張などの旧国のことで、2島は対馬と壱岐である。小さな島だが、古くから大陸との交通の要地として栄え、「国」として扱われていたのである。

しかし、66国2島になったのは、律令国家が成立してから１００年余り経った８２４（天長元）年になってからのことである。驚くことに、66国2島に落ち着いてから、江戸末期までの千年以上もの間、五畿七道はまったく変更されることなく、日本の行政区分として脈々と受け継がれてきたのである。

国名には畿内からの位置関係によって、手前と背後を意味する越前と越後、備前と備後、肥前と肥後、それに畿内から見て、上《かみ》と下《しも》を意味する上総と下総、上野と下野などがある。畿内から遠いか近いかの位置関係から、近江と遠江《とおとうみ》もある。

位置関係の遠近にまつわる地名は、もう一つあった。律令国家の首都圏にあたる五畿は「畿内」ともいい、畿内に対して、その周辺地域を「畿外」といった。「畿」は「都《みやこ》」を意味する。畿内は都の内側、畿外はその外側のことである。畿外は「畿内に近い地域」であることから「近畿」と呼ばれるようになった。京都や大阪は、本来は近畿ではなく、畿内そのものであったのである。

日本で最初の行政区分は「五畿七道」

**七道は重要度によって
大路、中路、小路に区分されていた。**

- **大路…山陽道**
- **中路…東海道、東山道**
- **小路…北陸道、山陰道、南海道、西海道**

＊古代の山陽道は畿内と大宰府を結ぶ
幹線道として最も重要視されていた。

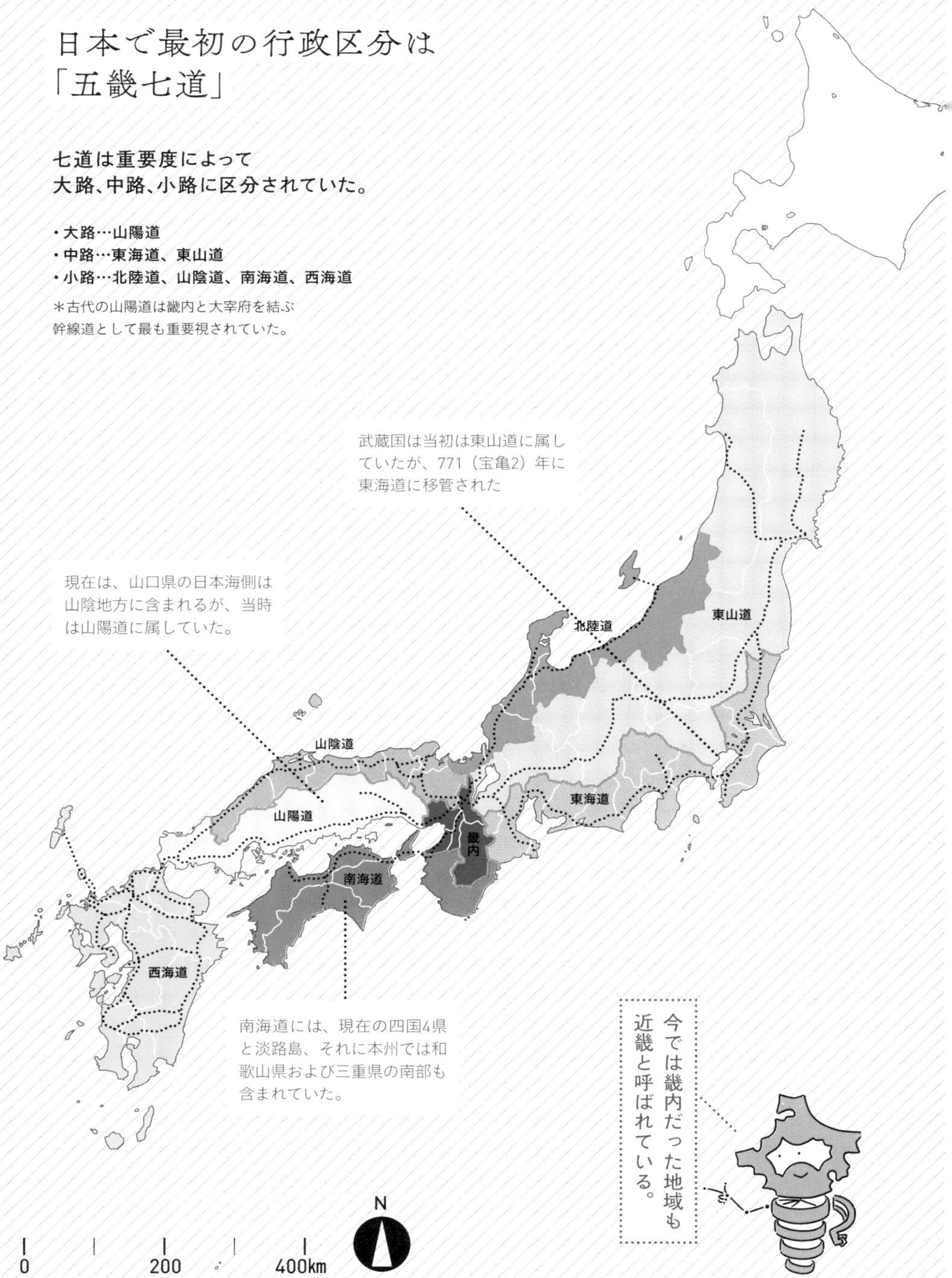
武蔵国は当初は東山道に属していたが、771（宝亀2）年に東海道に移管された
現在は、山口県の日本海側は山陰地方に含まれるが、当時は山陽道に属していた。
北陸道
東山道
山陰道
山陽道
東海道
畿内
南海道
西海道
南海道には、現在の四国4県と淡路島、それに本州では和歌山県および三重県の南部も含まれていた。
N
0
200
400km
今では畿内だった地域も近畿と呼ばれている。

わずか3年足らずで消滅した旧国がある

陸奥と出羽の2国が陸奥、陸中、陸前、磐城、岩代、羽前、羽後の7国に分割される。

律令国家の成立で発足した五畿七道の行政区分は、江戸末期まで千年以上続いたが、江戸幕府が崩壊し明治新政府が樹立されたことで、行政区分としての役割は終えたものと思われた。しかし、明治に入ってからも旧国は依然として機能していた。それどころか、新たに誕生した国もあったのである。

66国2島に区分されていた当時の地図を見てみると、陸奥国と出羽国がヤケに大きいことがわかる。両国を合わせた面積は、山城国や河内国の60倍以上もの大きさがある。余りにも面積が広大なため、やがて開発が進んでいくと、行政に支障をきすようになると考えられたのだろう。他国とのバランスを保つ必要性から、明治新政府は1868（明治元）年、行政組織の再編作業に乗り出した。太平洋側に位置する陸奥国を5ヵ国に分割したのである。

分割して新しく生まれたのが、陸前（宮城県中北部および岩手県南東部）、陸中（岩手県の大部分と秋田県の一部）、陸奥（青森県および岩手県の西北部）、磐城（福島県東部及び宮城県南部）、岩代（福島県中西部）の5ヵ国である。

日本海側の出羽国も、羽前（山形県の大部分）と羽後（秋田県の大部分と山形県の北西部）に分割された。ところが、1971（明治4）年の廃藩置県で、これらの旧国は消滅し、わずか2年7ヵ月で行政区分としての役割を終えることになった。とはいえ、現在でも地域名として受け継がれ、地元の人たちに親しまれている。

陸前、陸中、陸奥の3国を総称して「三陸地方」というが、三陸はおもに太平洋沿岸の地域名として使われている。景勝地として知られているリアス式海岸を三陸海岸という。東日本大震災を契機に2013（平成25）年5月には、陸中海岸国立公園の範囲を広げて「三陸復興国立公園」に改名された。三陸海岸沿いには三陸鉄道リアス線や三陸自動車道が走っている。かつて、岩手県南部の太平洋岸に三陸町という自治体もあった。明治三陸地震とか、三陸沖地震などというように、自然災害の名称にも使われている。しかし、「三陸」は明治初期まで存在しなかった地名である。

陸奥と出羽が7カ国に分別される

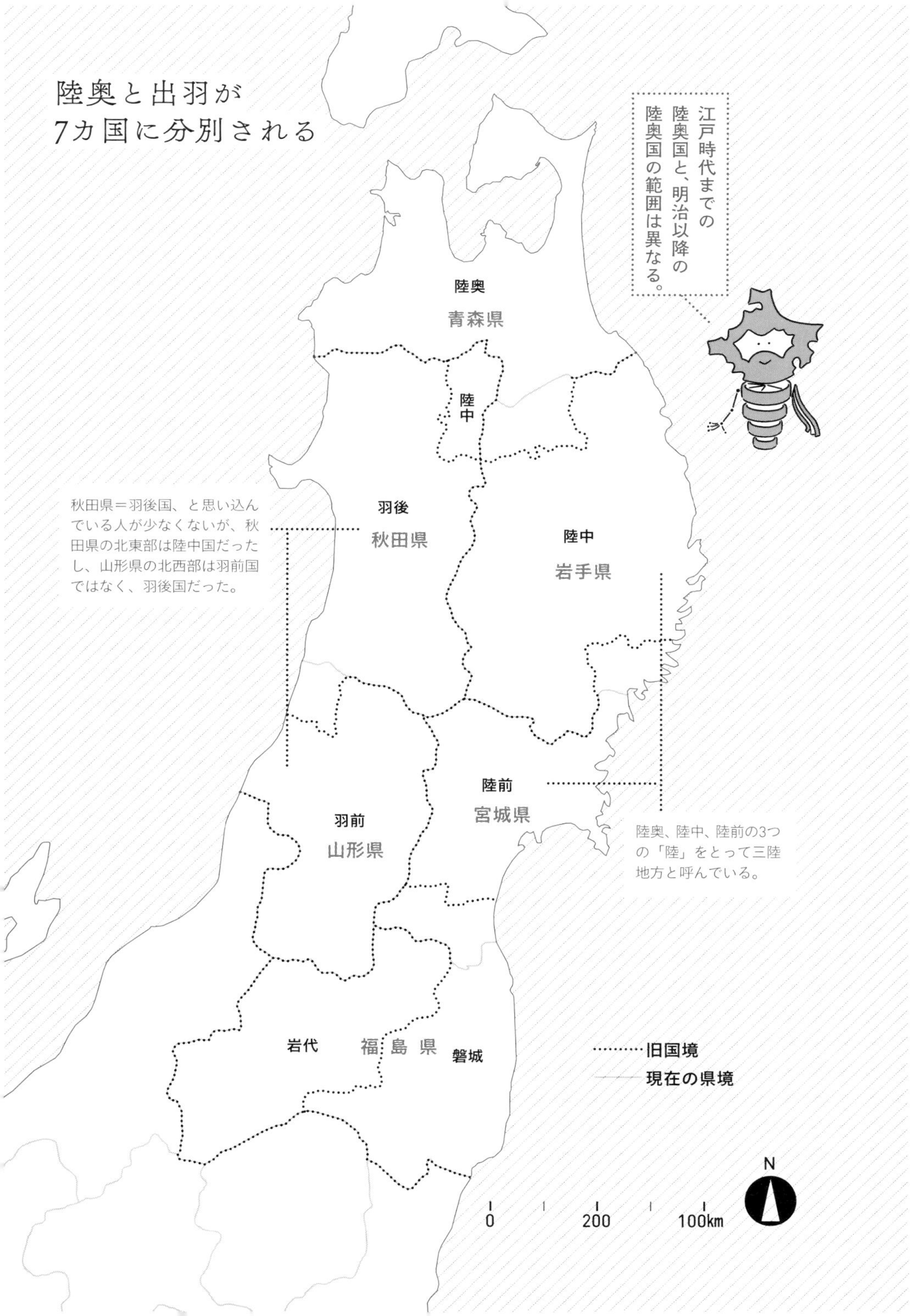

江戸時代までの陸奥国と、明治以降の陸奥国の範囲は異なる。
陸奥
青森県
陸中
羽後
秋田県
陸中
岩手県
秋田県＝羽後国、と思い込んでいる人が少なくないが、秋田県の北東部は陸中国だったし、山形県の北西部は羽前国ではなく、羽後国だった。
陸前
宮城県
羽前
山形県
陸奥、陸中、陸前の3つの「陸」をとって三陸地方と呼んでいる。
岩代
福島県
磐城
旧国境
現在の県境
0
200
100km
N

4 | 3

廃藩置県の前から「県」は存在していた

廃藩置県が断行される前に、旧幕府の直轄地に3つの「府」と41の「県」を置いた。

江戸幕府の崩壊で政権の座についた明治新政府が最初に手掛けたのが、地方制度の一大改革である。それが、藩を廃し県を置くという「廃藩置県」であった。だが、廃藩置県で初めて県が誕生したわけではなかった。実は廃藩置県が断行される前から、すでに県が成立していたのである。

新政府は、天皇を中心とした中央集権国家の建設を目指していたが、それを実現させるためには、藩主が絶対的な権限を有し、軍事的にも経済的にも独立していた諸藩をまず解体する必要があった。しかし、全国には依然として多くの藩が割拠していたため、それを一気に解体することは生易しいことではない。新政府には、それだけの権力も財力もまだ備えていなかったからである。そのため、明治政府の命令は強制力に乏しく、政府の方針に従わない藩も少なくなかった。

そこで明治政府は1868（慶応4）年4月、まず旧幕府の領地を没収して政府の直轄地とし、そこに3つの「府」（東京、京都、大阪）と41の「県」を置いた。諸藩は従来通り大名の統治に任せた。これがいわゆる「府藩県三治制」といわれる地方統治制度である。だが、3府41県は国土のごく一部に過ぎない。欧米列強に対抗しうる中央集権国家を建設するためには、すべての藩を解体しなければならなかった。

それを早期に実現するため、翌1869（明治2）年6月、薩長土肥4藩が主導して、各藩が版（土地）と籍（領民）を朝廷に返上するという「版籍奉還」を行ったのである。藩主は知藩事になり、中央政府から任命された地方官となって藩を治めることになった。これによって、形式的には中央集権体制が確立したのだが、実質的には、租税や軍事など藩主の封建的な特権は従来どおり認められたため、中央集権体制は思い通りに進展しなかった。中央集権体制を実現させるためには、封建的な諸藩の体質を根底から刷新する必要があった。それが、藩を廃し県を置くという「廃藩置県」である。

府藩県三治制で成立した3府41県

現在も県名として残っているのは、山形、福島、神奈川、新潟、長野、兵庫、奈良、長崎の8県だけである。

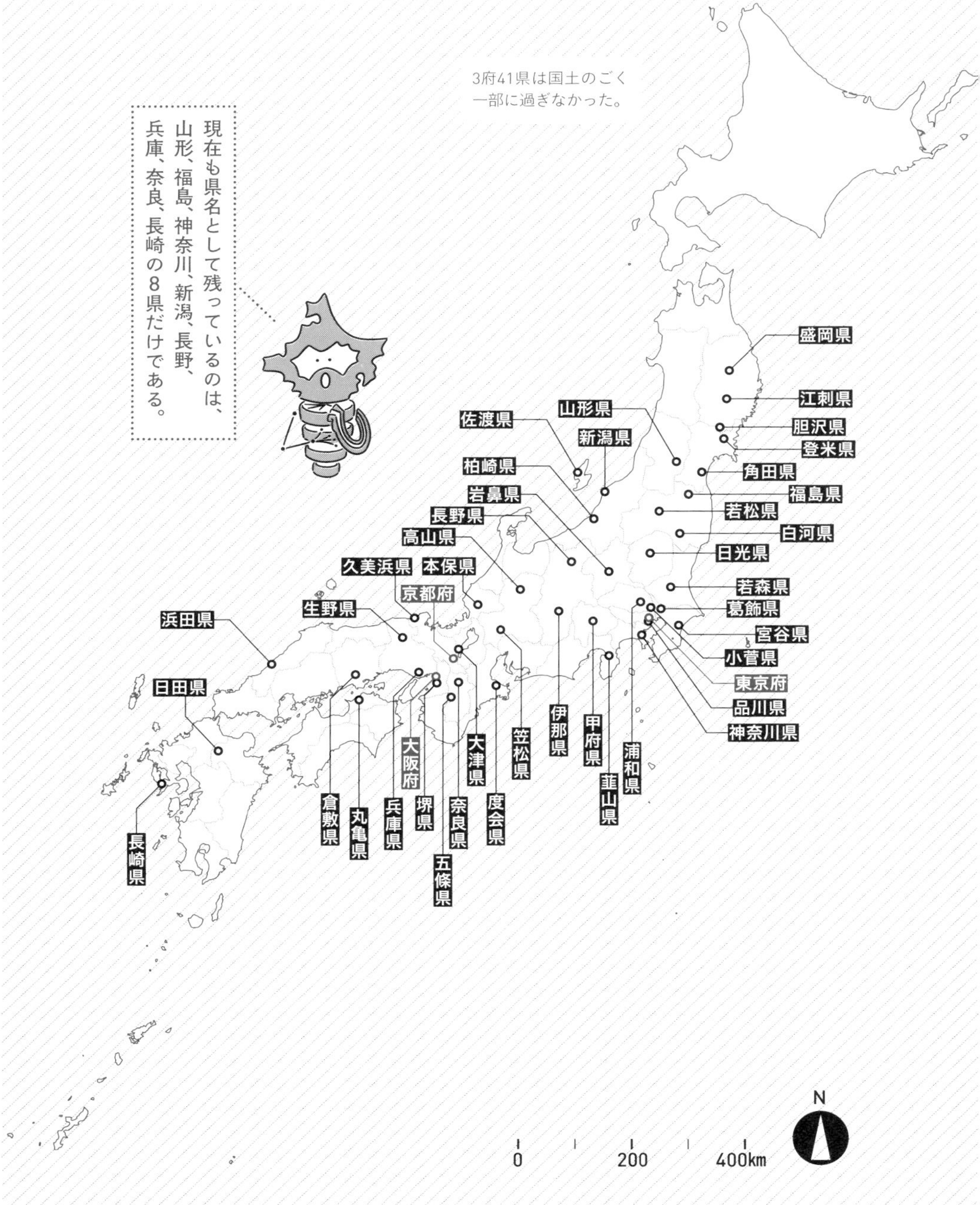

めまぐるしく変わった行政区分

3府72県から3府35県に統合され、再び分県を認めて現在の47都道府県になる。

廃藩置県を断行したとはいっても、藩を県に置き換えただけというのが実情で、各県の人口や面積、財政規模などには著しい格差があった。まずそれを是正しなければならない。一県あたりの人口を増やし、財政力を強化する必要もあった。政府は試行錯誤を繰り返しながら、府県の統廃合を急ピッチで進め、廃藩置県から4ヵ月後の1871（明治4）年11月、3府302県を3府72県に統合した。府県の数が一気に4分の1に激減したのである。

が、余りにも早急な再編作業であったため、文化的経済的なつながりの強い地域が分断されたり、これまでまったく交流のなかった地域と同じ枠組みになったりするケースも出てきて、それが後々になって地域紛争の火種になった。

3府72県に統合しても、まだ財政基盤の整っていない県もあった。それら脆弱な県の財政力を強化し、健全な地方行政ができる体制を確立させなければ、政府が目指す中央集権国家の建設は夢物語に終わりかねない。そこで、さらなる統廃合が行われ財政力の乏しい県を、隣県に併合した。そして、5年後の1876（明治9）年までに、3府72県がその半分の3府35県になったのである。

現在の47都道府県と比べてみると、行政区分がまったく同じなのは東北地方だけである。この大胆ともいえる県の統廃合は、各地域の事情を無視して行われたため、各地で住民の不満が噴出した。住民感情を無視すれば、政治を混乱させて地方制度が崩壊しかねない。それは中央集権体制の弱体化を招き、国にとっても大きな損失になる。この動きに危機感を持った政府は、各地域の事情によっては分県も認めるという方針転換を打ち出した。

これによって、いったん消滅した県が次々に復活を果たし、1888（明治21）年に香川県が復活したことで再編作業に終止符が打たれた。しかし、東京府が東京都になったのは1943（昭和18）年、北海道に府県と同等の自治権が与えられたのは戦後の1947（昭和22）年、現在の47都道府県になったのは、沖縄が日本に復帰した1972（昭和47）年のことである。

3府72県⇒3府35県⇒47都道府県

3府302県が現在の47都道府県になるまでには各地で紛糾も発生している。

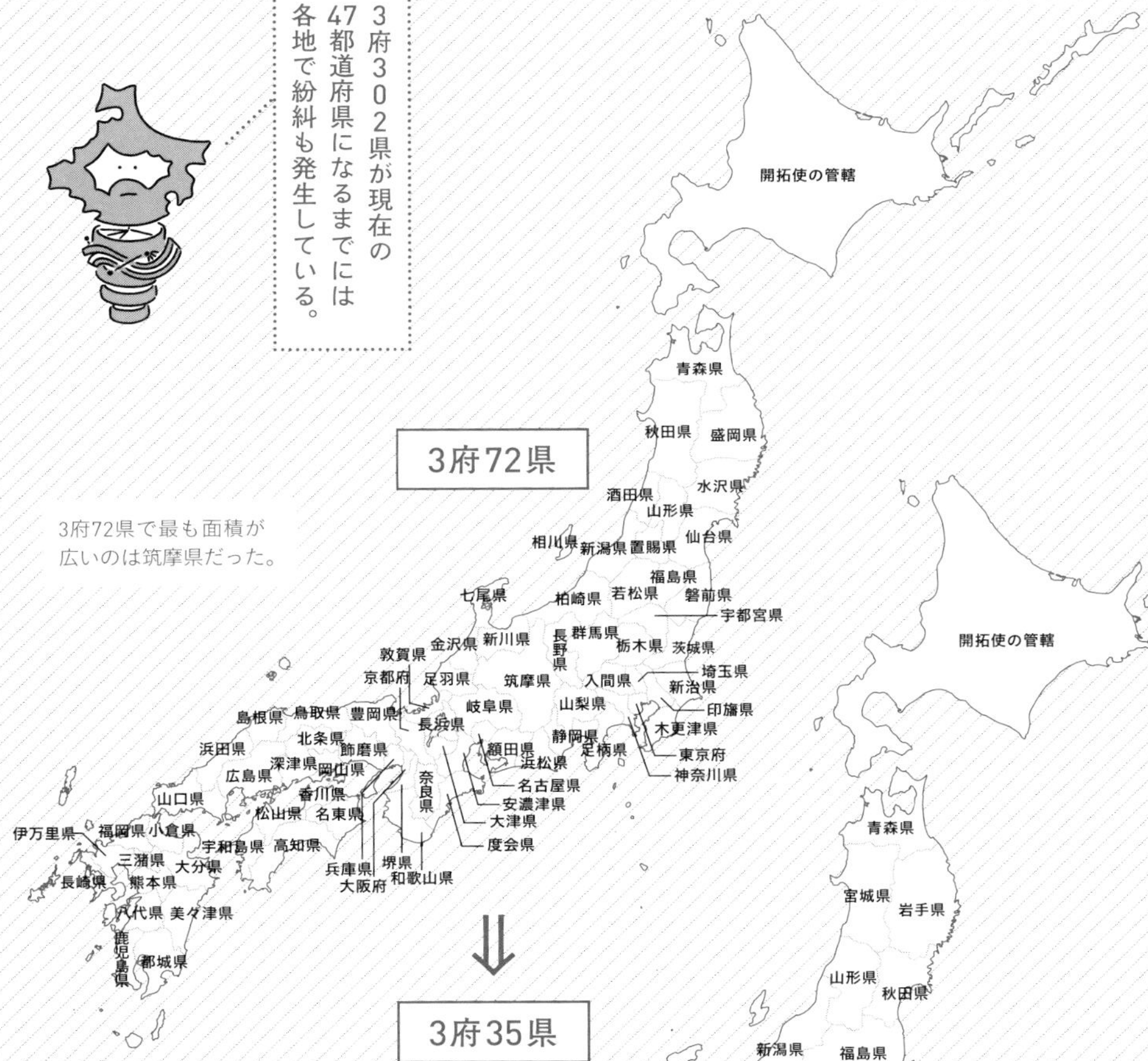

3府72県

3府72県で最も面積が広いのは筑摩県だった。

⇓

3府35県

富山、福井、奈良、鳥取、香川、徳島、佐賀、宮崎の8県は、併合されて消滅した。

⇓

地域別にみると、現在の行政区域とまったく変わっていないのは東北地方だけである。

そして現在の47都道府県へ

各地で発生した分県運動

四国が愛媛県と高知県の2県だけの時代があった。

政府は地域の事情を無視して、強引に府県の統廃合を行ったため、分県を求める運動が各地で沸き起こった。そのため、いったん統合された県が、再び袂を分かつという事態が生じた。富山、福井、奈良、鳥取、香川、徳島、佐賀、宮崎の8県は地図上から姿を消してしまった事があるが、住民たちの分県運動が実を結んで復活を果たしている。

四国は徳島、香川、愛媛、高知の4県から構成されている。旧国の阿波、讃岐、伊予、土佐の4国がそのまま県に置き替えられた形だが、現在の県域に落ち着くまでには、ひと波乱もふた波乱もあったのである。かつて、四国には愛媛と高知の2県だけの時代があったのである。

廃藩置県後の統廃合で、四国に香川、名東《みょうどう》、松山、宇和島、高知の5県が誕生した。名東県は現在の徳島県で、旧伊予国だけが松山と宇和島の2県に分割された。

だが、各県の財政力を強化するという政府の方針のもとに、1873（明治6）年2月、香川県は名東県に併合され、松山県と宇和島県が合体して愛媛県として誕生した。これで四国は名東、愛媛、高知の3県になった。しかし、香川（讃岐）と名東（阿波）の両県は、古くからライバル関係、いや犬猿の仲にあったため、県会では讃岐出身の議員と阿波出身の議員が事あるごとに対立し、県政を混乱させた。それを察した政府は、香川県の分県を容認して、翌年の9月、名東県から香川県を独立させた。

ところが香川県では、中央から派遣された県令と、県の役人とのそりが合わず、またしても県会は混乱した。県令はその責任を取らされて罷免、その代償として香川県は愛媛県に併合させられた。わずか1年足らずで、またしても香川県は消滅してしまったのである。名東県も高知県に併合されてしまい、四国は愛媛と高知の2県になった。

4年後の1880（明治13）年3月には、名東県は分県を認められて徳島県として発足した。しかし、香川県は分県を一向に認められず、独立を果たしたのは愛媛県に併合されてから12年後の1888（明治21）年12月のことである。

四国の行政区分の移り変わり

1871（明治4）年11月

四国にあった12の県が、香川、松山、宇和島、名東、高知の5県に統合された。

1873（明治6）年2月

松山県と宇和島県が合併して愛媛県が誕生し、香川県が名東県に併合される。

1875（明治8）年9月

香川県が名東県から独立して再び四国は4県になる。

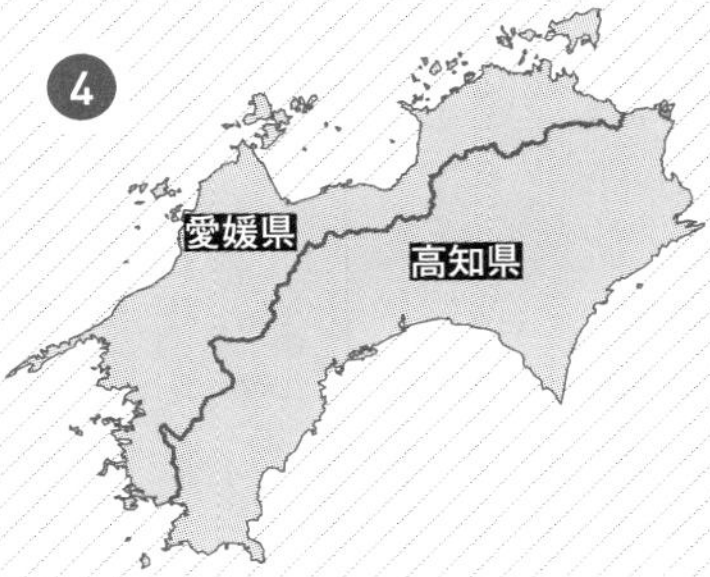

1876（明治9）年8月

香川県が愛媛県に併合され、名東県は高知県に併合される。

1880（明治13）年3月

名東県が高知県から独立して徳島県として発足するが、香川県の分県は認められず。

1888（明治21）年12月

香川県が愛媛県から独立して現在の四国4県になる。

北海道にも「府」と「県」があった

東京、京都、大阪のほかにも、「府」は北海道にも九州にも置かれていたことがある。

北海道も現在の形になるまで目まぐるしく行政区分が移り変わってきた。江戸末期まで、北海道は「蝦夷地」と呼ばれていた。渡島半島の南部は開発が進み、松前藩が支配していたが、その他の地域は先住民族のアイヌが住む未開の原野だった。明治新政府が最初に手掛けたのが北海道の開発で、未開の大地の開拓に国の命運をかけていたのである。

新政府は1869（明治2）年7月、開拓使を設置して蝦夷地の開発に乗り出した。蝦夷地は「北海道」と命名された。開拓使が設置される前まで、蝦夷地の行政は箱館府が行っていた。北海道にも「府」と呼ばれる地域があったのである。府がおかれていたのは北海道ばかりではなかった。版籍奉還までのわずかの期間ではあったが、東京、京都、大阪の3府のほか、箱館府、新潟府、神奈川府、長崎府、奈良府、度会《わたらい》府、甲府府の合計10の府が置かれていた。いずれの府も、新政府が最も重要視していた開港場などである。箱館府は箱館県とも呼ばれていた。

1871（明治4）年7月に行われた廃藩置県で、北海道にも県が設置されたということはあまり知られていない。館藩（旧松前藩）を前身とする館県である。館県は渡島半島の南西部を占める地域で、面積は約1980㎢と、香川県よりも広い地域を県域とした。だが、同年9月、館県は本州側の弘前、七戸、八戸、黒石、斗南の5県と合併して弘前県になり、その半月後には、県庁を弘前から青森に移し青森県に改称された。

しかし、津軽海峡をまたいで両地域を管轄するのは並大抵のことではなかった。当時は電話も電信もなかったため、伝達手段は直接手渡しするしか方法がなかった。したがって、海が荒れて公文書が到着までに時間がかかりすぎることも少なくなかった。これでは健全な行政を運営できるはずはなかった。翌年の9月には、青森県から旧館県の区域が切り離されて、開拓使に移管された。それにしても、わずか1年余りという短い期間ではあったが、青森県が北海道にも存在していたのである。

明治初期に置かれていた「府」

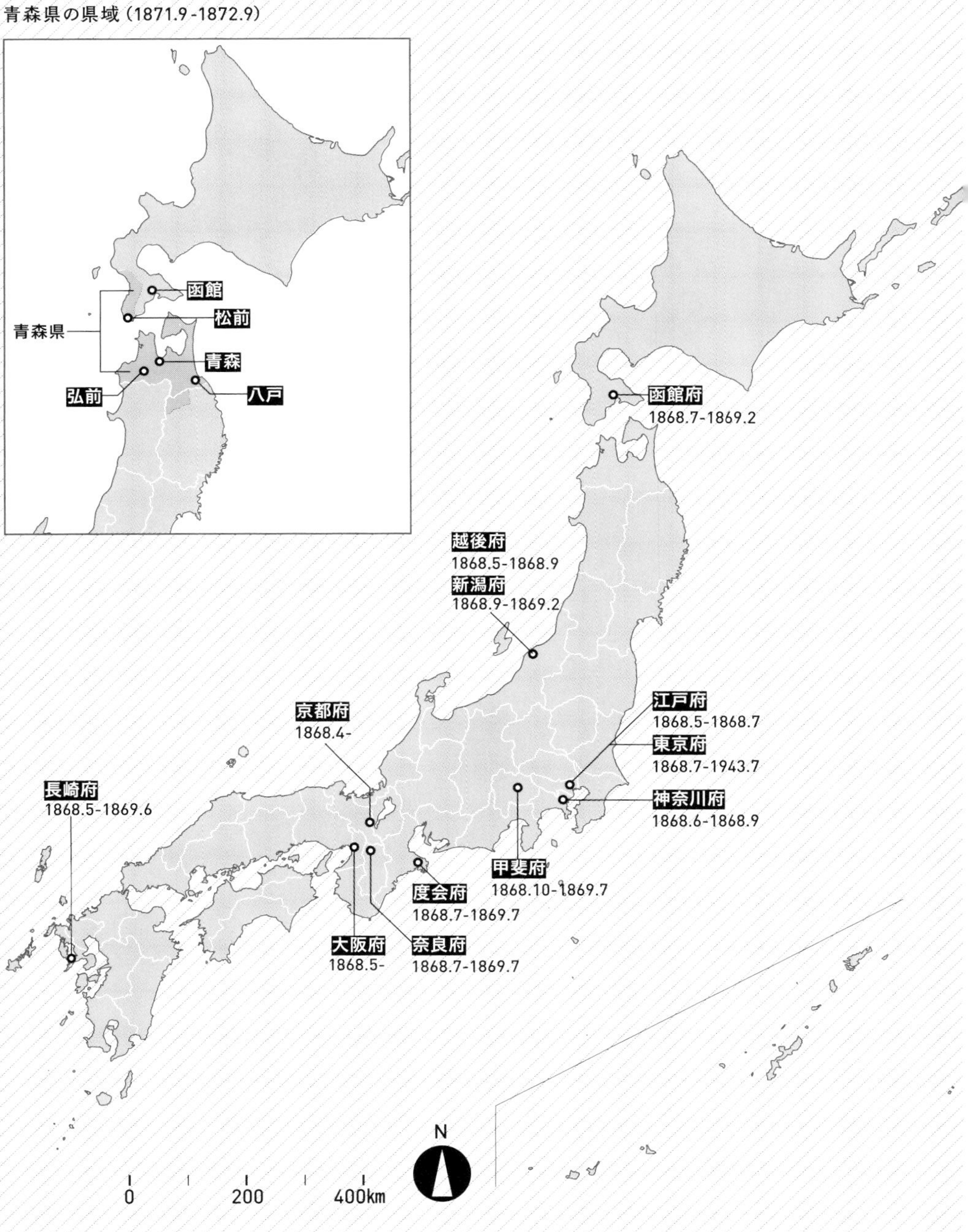
青森県の県域（1871.9-1872.9）
函館
松前
青森県
青森
弘前
八戸
函館府
1868.7-1869.2
越後府
1868.5-1868.9
新潟府
1868.9-1869.2
京都府
1868.4-
江戸府
1868.5-1868.7
東京府
1868.7-1943.7
神奈川府
1868.6-1868.9
長崎府
1868.5-1869.6
甲斐府
1868.10-1869.7
度会府
1868.7-1869.7
大阪府
1868.5-
奈良府
1868.7-1869.7
N
0
200
400km

4 | 7

「廃使置県」から「廃県置庁」へ

わずか4年間だったが、北海道が函館、札幌、根室の3県に分割されていた時代がある。

開拓次官の黒田清隆は「北海道経営10ヵ年計画」を打ち出し、北海道の開発に心血を注いだ。10ヵ年計画が満了になった1882（明治15）年、開拓使の制度は廃止され、それに代わって函館、札幌、根室の3県が置かれた。廃藩置県ならぬ「廃使置県」である。さらに翌年には、3県を統括する北海道事業管理局が設置された（3県1局時代）。北海道の面積は広いが人口は希薄で、3県を合わせても20数万人にすぎない。だが、ゆくゆくは本州並みの財政基盤を備えた県に発展させるという、強い意気込みであった。

しかし、厳寒の地での開発は思うように進展せず、3県と北海道事業管理局の方針が噛み合わなかったことも発展の足かせとなった。このまま3県を存続させても無意味だとして、4年後の1886（明治19）年1月、3県制度は廃止され、それに代わって北海道全域を管轄する北海道庁が設置された。「廃県置庁」である。

広大な地域を北海道庁ですべて管轄するのは困難をきわめ、1897（明治30）年、全道をいくつもの地域に分ける「支庁制」が導入された。当初は19の支庁が置かれたが、その後の統廃合で、1910（明治43）年までに14支庁（渡島、檜山、後志、胆振、石狩、空知、上川、留萌、宗谷、網走、日高、十勝、釧路、根室）に区分された。

それから半世紀余りが経過し、支庁制度の見直しが議論されるようになった。さらなる行政改革を推進するため、14支庁の再編が不可欠であるとして、2008（平成20）年の道議会で「北海道総合振興局及び振興局の設置に関する条例」が可決された。しかし、格下げになる5支庁（檜山、石狩、日高、根室、留萌）からの反発で、翌年に一部が改正され、2010（平成22）年4月からこの法律が施行された。一大行政改革案だったが、総合振興局も振興局も道庁の下部組織として、ほぼ同格の権限が与えられた。そのため、実質的には「支庁」が「振興局」に名称を変更しただけというという印象だが、広域的な行政事務については、総合振興局が振興局の分もまとめて担当している。

3県1局から14振興局へ

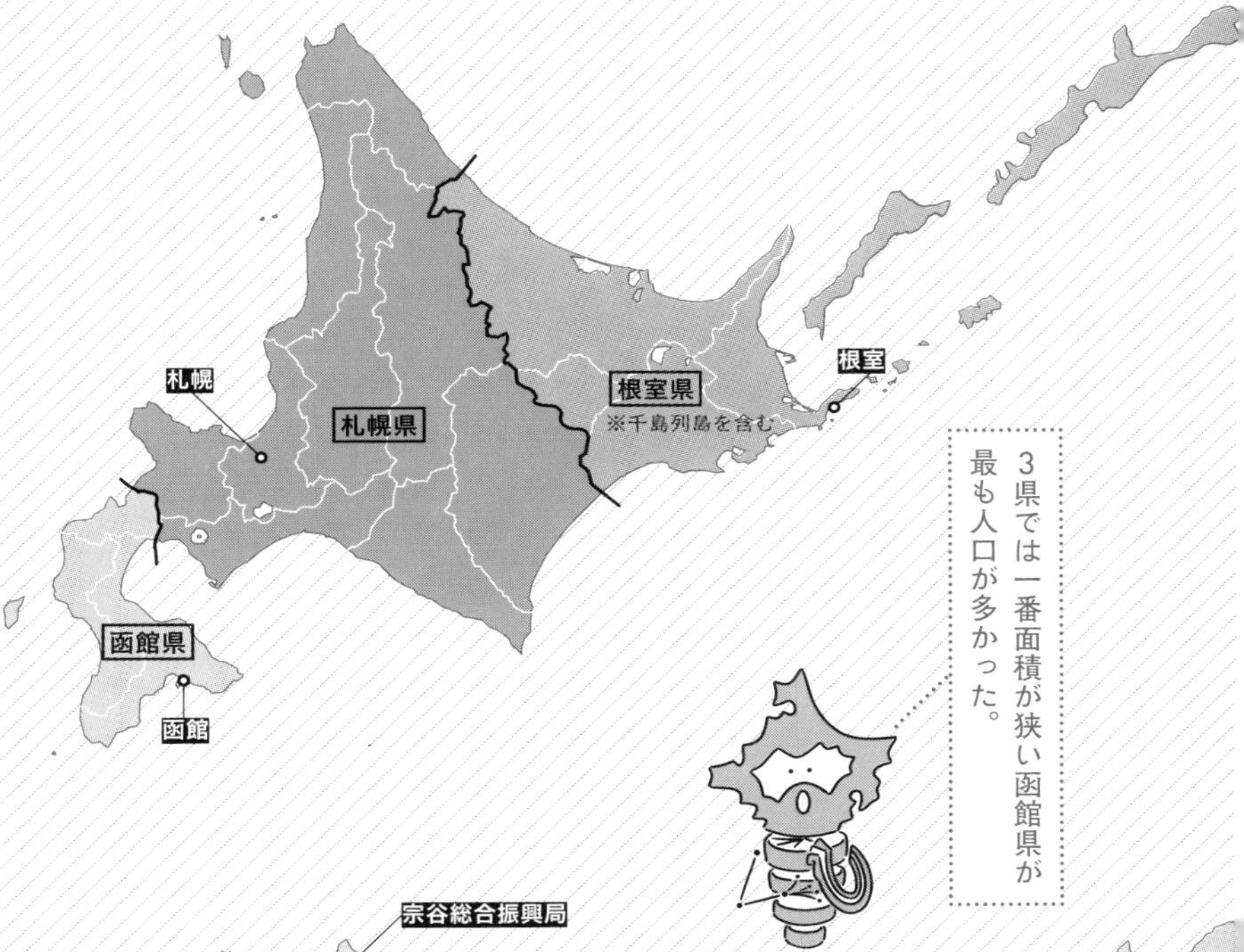
札幌
札幌県
根室県
※千島列島を含む
根室
函館県
函館
3県では一番面積が狭い函館県が最も人口が多かった。

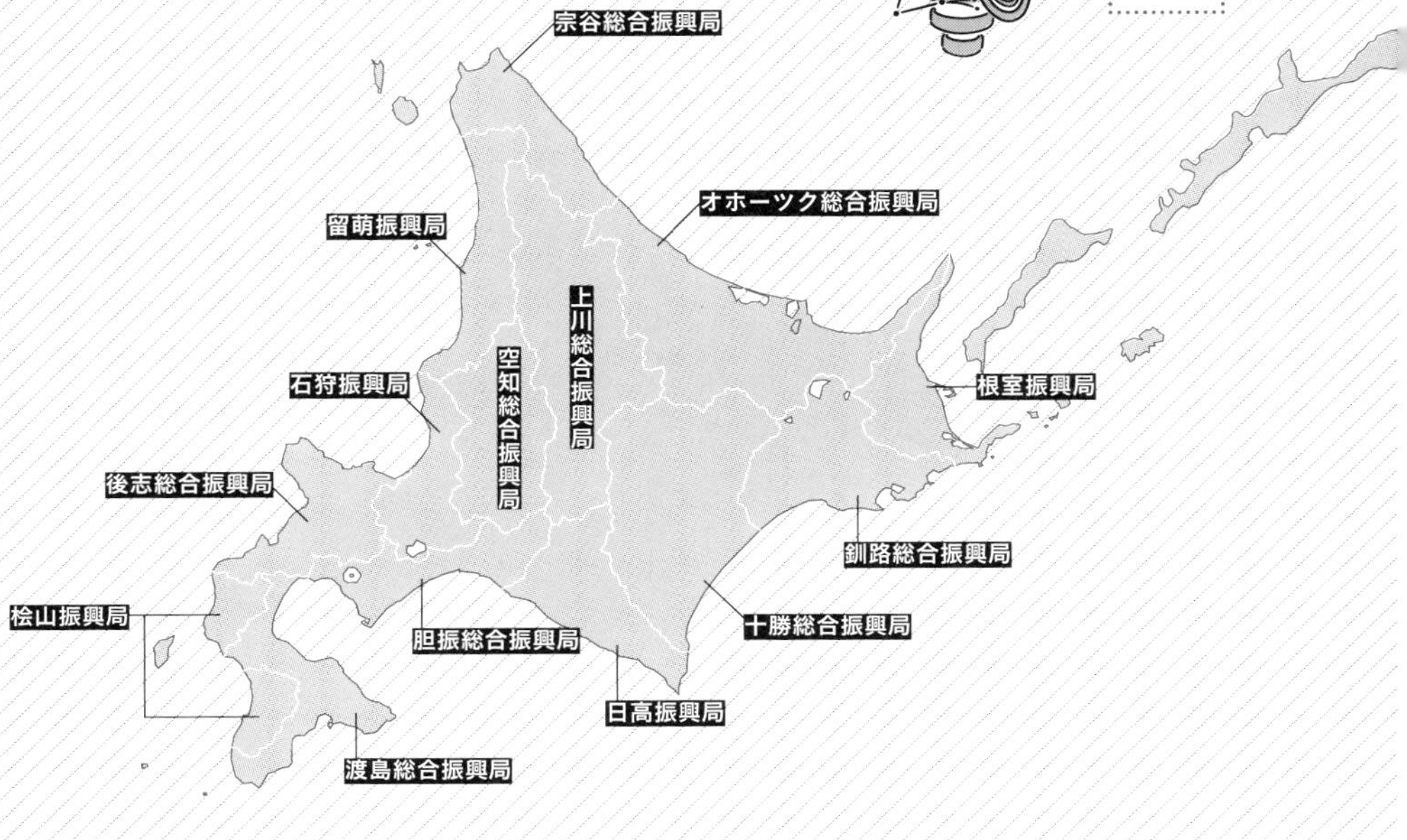
宗谷総合振興局
オホーツク総合振興局
留萌振興局
上川総合振興局
空知総合振興局
石狩振興局
根室振興局
後志総合振興局
釧路総合振興局
檜山振興局
胆振総合振興局
十勝総合振興局
日高振興局
渡島総合振興局

道州制は実現するのか

道州制には9道州案、11道州案、13道州案があるが、いずれも一長一短がある。

現在の行政区分は47都道府県だが、近い将来、この行政区分が大きく変わるかもしれない。平成の大合併では市町村の統廃合が全国規模で行われたが、今度は都道府県の枠組みを見直す「道州制」構想が持ち上がっている。都道府県を廃止して、全国を9~13の道州に再編しようというもので、廃藩置県以来の一大行政改革である。現在の都道府県より広域な行政区分に再編して、行政の効率化と財政の立て直しを図るとともに、国の権限を道州に委譲し、地方分権を目指すなど、さまざまな目論見がある。だが、果たして道州制への移行は必要なのか。賛否両論が入り乱れ、一向に進展していないというのが実情である。

47都道府県が9~13の行政単位に統合されれば、地方公務員や地方議員の数を削減でき、財政負担が軽減される。財政力も強化されるので、大規模な事業、開発が可能になる。しかし、東京への一極集中が地方の過疎化を促進したように、道州制の導入によって過疎と過密の格差がさらに拡大するのではないかという懸念もある。州都に人と金が集まり、州都から離れた地域の過疎化はますます深刻化し、行政サービスも低下するのではないかというのである。

日本の行政制度が変革期に来ていることは確かで、人口の歪みも甚だしい。たとえば、人口が最も少ない鳥取県と東京都とでは24倍以上の人口格差がある。もし道州制を導入すれば、北海道と沖縄を別にすれば、9道州案では最も人口が多い南関東と最も少ない東北との格差は4・2倍、11道州案では南関東と四国との格差は7・9倍、13道州案だと南関東と北東北は8・5倍の格差になる。現在の都道府県人口格差に比べれば大幅に縮小されるが、それでもまだ依然として大きな開きがある。9道州案、11道州案、13道州案、いずれも完ぺきな区割りとはいえない。地域的なつながりが、道州制によって断ち切られてしまう恐れもある。州都をどこに置くかも問題だろう。

それよりも、国民の道州制への関心の低さも気になるところで、日常の生活に大きく影響してくる問題だけに、もっと真剣に考えなければならないだろう。

9道州制地図

道州名	行政区域	人口（万人）	面積（k㎡）
北海道	北海道	532	7万8520
東北	青森、岩手、宮城、秋田、山形、福島	884	6万6890
北関東信越	茨城、栃木、群馬、新潟、長野	1115	4万5013
南関東	埼玉、千葉、東京、神奈川、山梨	3726	1万8023
中部	岐阜、静岡、愛知、三重、富山、石川	1721	3万7776
近畿	福井、滋賀、京都、大阪、兵庫、奈良、和歌山	2141	3万1531
中国四国	鳥取、島根、岡山、広島、山口、徳島、香川、愛媛、高知	1116	5万0727
九州	福岡、佐賀、長崎、熊本、大分、宮崎、鹿児島	1292	4万2190
沖縄	沖縄	144	2276

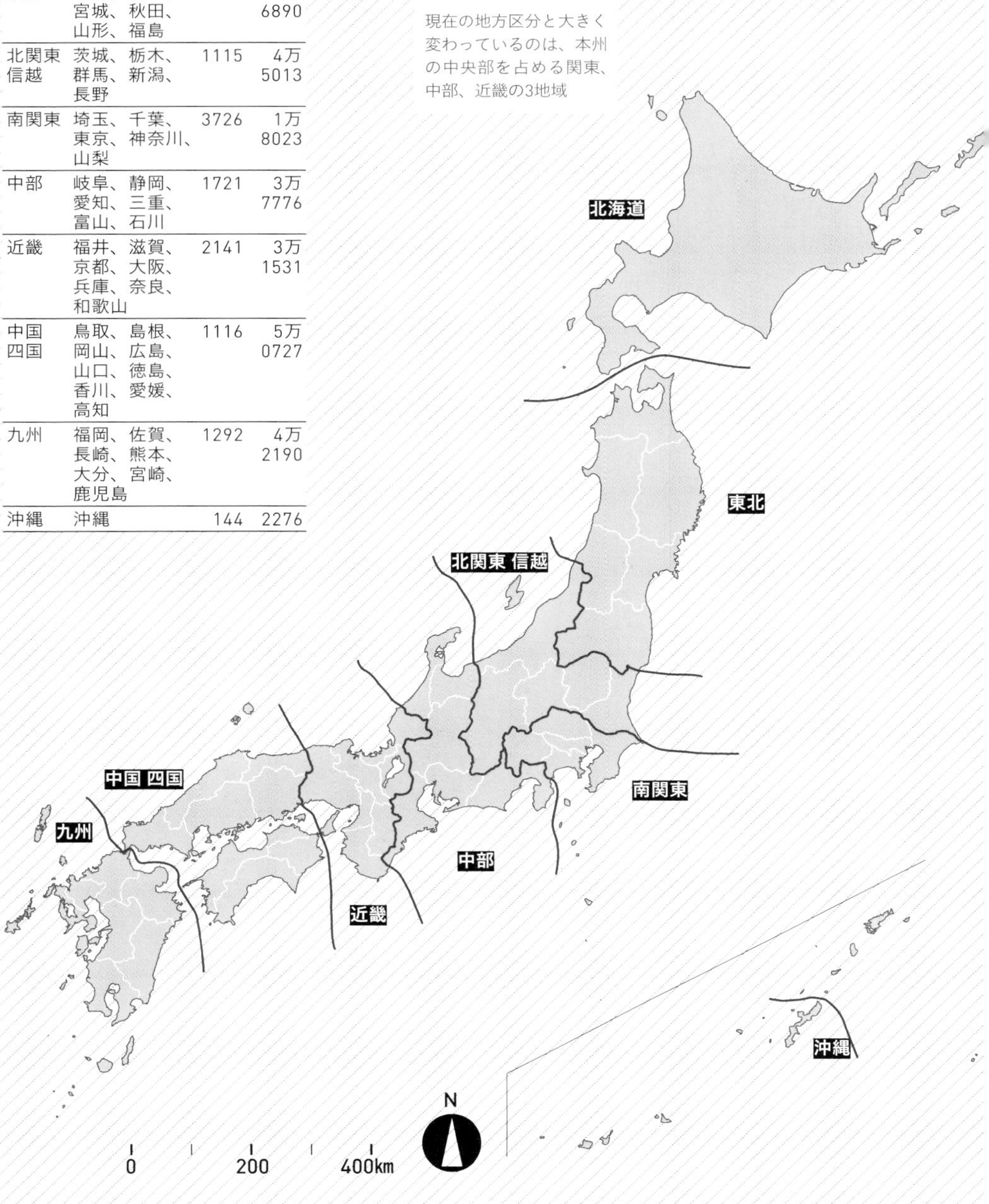

現在の地方区分と大きく変わっているのは、本州の中央部を占める関東、中部、近畿の3地域

11道州制地図

道州名	行政区域	人口（万人）	面積（k㎡）
北海道	北海道	532	7万8520
東北	青森、岩手、宮城、秋田、山形、福島	884	6万6890
北関東	茨城、栃木、群馬、埼玉、長野	1620	3万6227
南関東	千葉、東京、神奈川、山梨	2995	1万4225
北陸	新潟、富山、石川、福井	525	2万5206
東海	岐阜、静岡、愛知、三重、	1501	2万9343
近畿	滋賀、京都、大阪、兵庫、奈良、和歌山	2063	2万7341
中国	鳥取、島根、岡山、広島、山口	737	3万1921
四国	徳島、香川、愛媛、高知	379	1万8806
九州	福岡、佐賀、長崎、熊本、大分、宮崎、鹿児島	1291	4万2190
沖縄	沖縄	144	2276

「北関東・信越」から新潟県、「中部」から、富山県と石川県、近畿から福井県が加わって「北陸」が設けられる。「中部」から「東海」に名を改め、「中国・四国」は「中国」と「四国」に分割される。

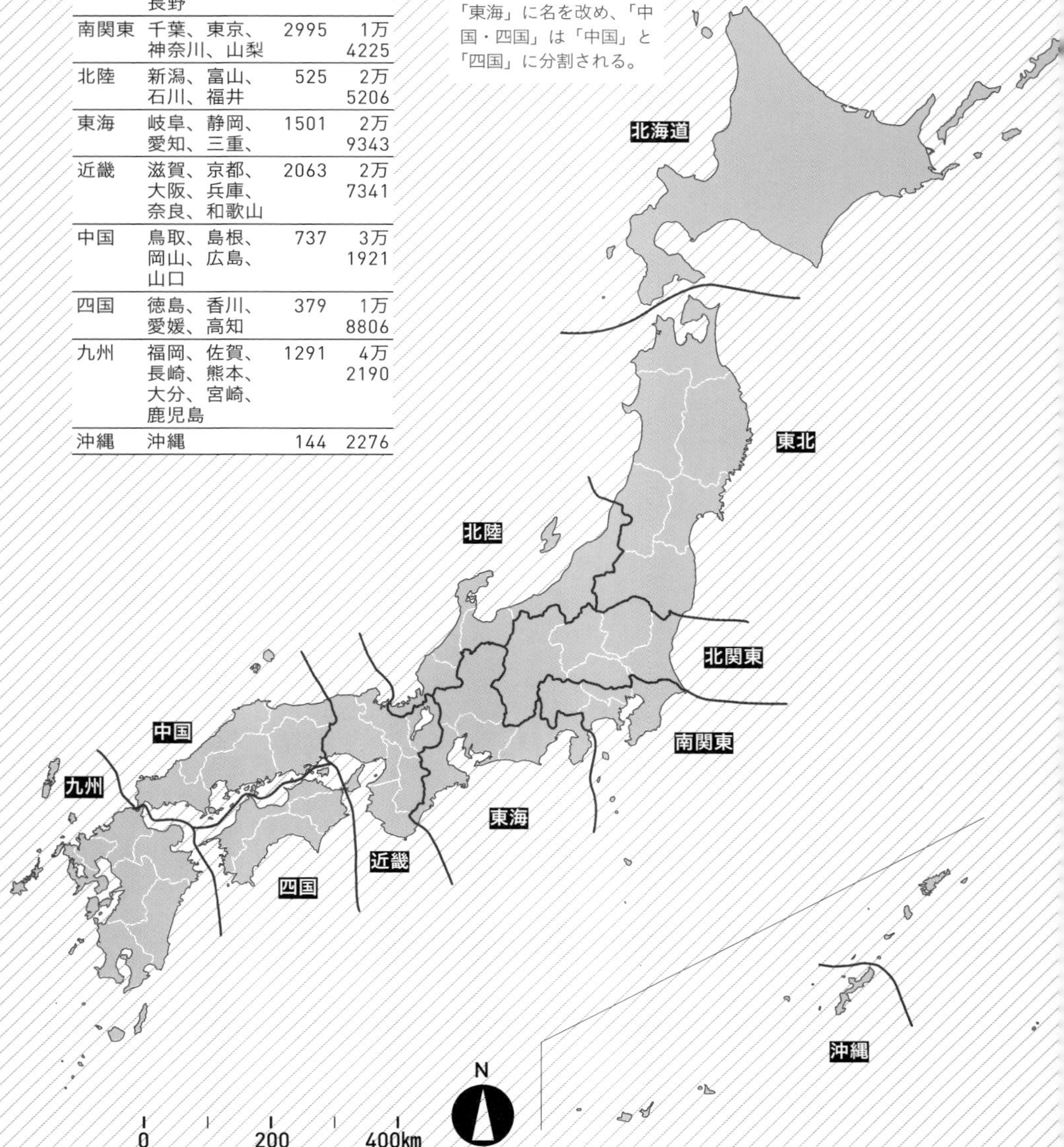

13道州制地図

「東北」と「九州」が南北の2つの道州に分割される。3つの道州制案で、範囲が同じなのは「北海道」だけ。

道州名	行政区域	人口（万人）	面積（k㎡）
北海道	北海道	532	7万8520
北東北	青森、岩手、秋田	353	3万6498
南東北	宮城、山形、福島	531	3万0392
北関東	茨城、栃木、群馬、埼玉、長野	1620	3万6227
南関東	千葉、東京、神奈川、山梨	2995	1万4225
北陸	新潟、富山、石川、福井	525	2万5206
東海	岐阜、静岡、愛知、三重	1501	2万9343
近畿	滋賀、京都、大阪、兵庫、奈良、和歌山	2063	2万7341
中国	鳥取、島根、岡山、広島、山口	737	3万1921
四国	徳島、香川、愛媛、高知	379	1万8806
北九州	福岡、佐賀、長崎、大分	844	1万7861
南九州	熊本、宮崎、鹿児島	448	2万4329
沖縄	沖縄	144	2276

（人口は総務省統計局 平成29年推計人口）

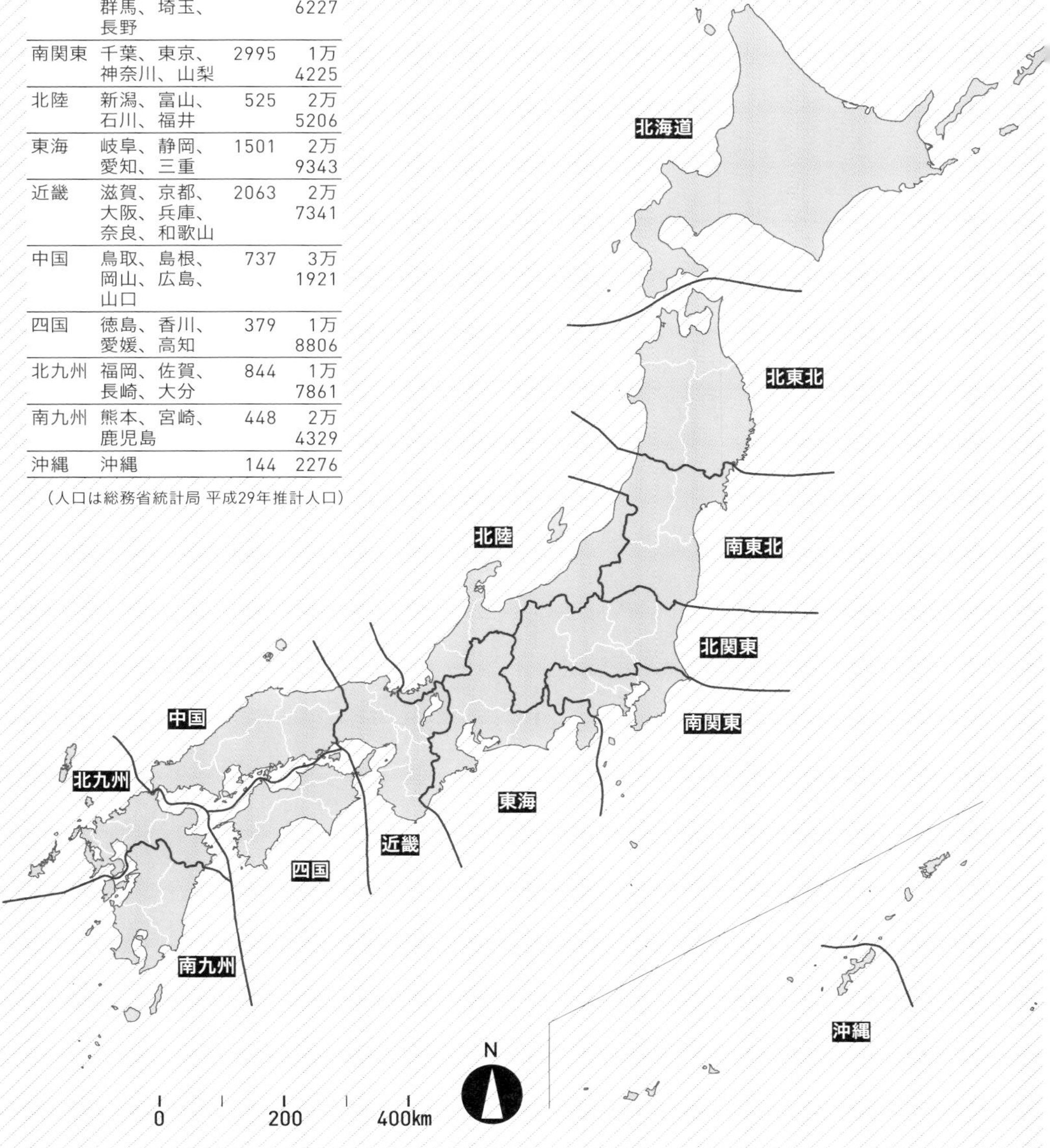

人口日本一は石川県、2位は新潟、3位は愛媛

明治時代、まだ農業国だった日本は、農村でより多くの労働力を必要としていた。

府県別の人口順位のデータを見ると大抵の人は驚く。現在の人口順位とは余りにも違い過ぎるのだ。1位は石川県、2位新潟県、3位愛媛県というように、現在は決して人口が多いとはいえない県が、上位にランクされているからである。

このデータを見て「おやっ!」と思うかもしれない。最下位の北海道が40位だからだ。現在の行政区分は47都道府県なので、47位であってもよさそうなものだが、富山、福井、奈良、鳥取、香川、徳島、佐賀、宮崎の8県が載っていない。堺県という現在では存在しない県がある。この人口統計が行われた当時、日本の行政区分は沖縄を加えて3府36県、北海道は開拓使が管轄していた時代だったのだ。

行政区分が当時と現在では大きく異なっていたということとは別にして、明治時代の日本は純然たる農業国で、農村で人手を必要としていたのである。したがって、都市部に比べ農村部の人口が比較的多かった。当時、石川県は現在の富山県と福井県(若狭を除く)も管轄していたが、それを割り引いたとしても、石川県が日本で一番人口が多かったというのは意外だろう。北陸は日本有数の米どころ、農業が盛んな地域だったというのが人口の多かった最大の理由である。2位の新潟県も米の一大生産地だった。

それに対して、東京府はわずか95・7万人で17位、大阪府はそれよりも少ない58・3万人で34位と下位にランクされている。当時の東京府は現在の特別区(23区)を領域とする非常に面積の狭い地域だったのだ。現在は日本の政治経済文化の中心地として人口が密集する東京だが、当時は都心部を除けば、のどかな田園風景が広がっていた。東京23区の人口は、現在では900万人を突破しているので、当時と比べれば10倍近い増加率である。大阪府の人口が少なかったのも、東京府と事情はよく似ている。

このように、農業を主産業としていたわが国は、農村地帯に比べ都市部の人口がそれほど多くはなかった。わが国の産業が次第に発展していくのにともない、人が農村から都市へ、地方から大都市圏へ移動していったのである。

1880(明治13)年の人口順位

1880(明治13)年の日本の人口

順位	府県名	人口(万人)
1	石川	183.4
2	新潟	154.6
3	愛媛	143.9
4	兵庫	139.2
5	愛知	130.3
6	鹿児島	127.0
7	広島	121.3
8	長崎	119.0
9	高知	117.9
10	千葉	110.3
11	福岡	109.7
12	島根	103.7
13	岡山	100.1
14	長野	100.0
15	熊本	98.7
16	静岡	97.0
17	東京	95.7
18	堺	95.7
19	埼玉	93.4
20	茨城	89.4
21	山口	87.8
22	三重	84.2
23	岐阜	84.0
24	京都	82.2
25	福島	80.9
26	神奈川	75.7
27	滋賀	73.8
28	大分	73.2
29	山形	68.3
30	宮城	61.9
31	秋田	61.9
32	和歌山	59.8
33	岩手	59.2
34	大阪	58.3
35	群馬	58.2
36	栃木	58.1
37	青森	47.5
38	山梨	39.5
39	沖縄	31.1
40	開拓使	16.3
	全国	3592.5

(第1回日本帝国統計年鑑1882年)

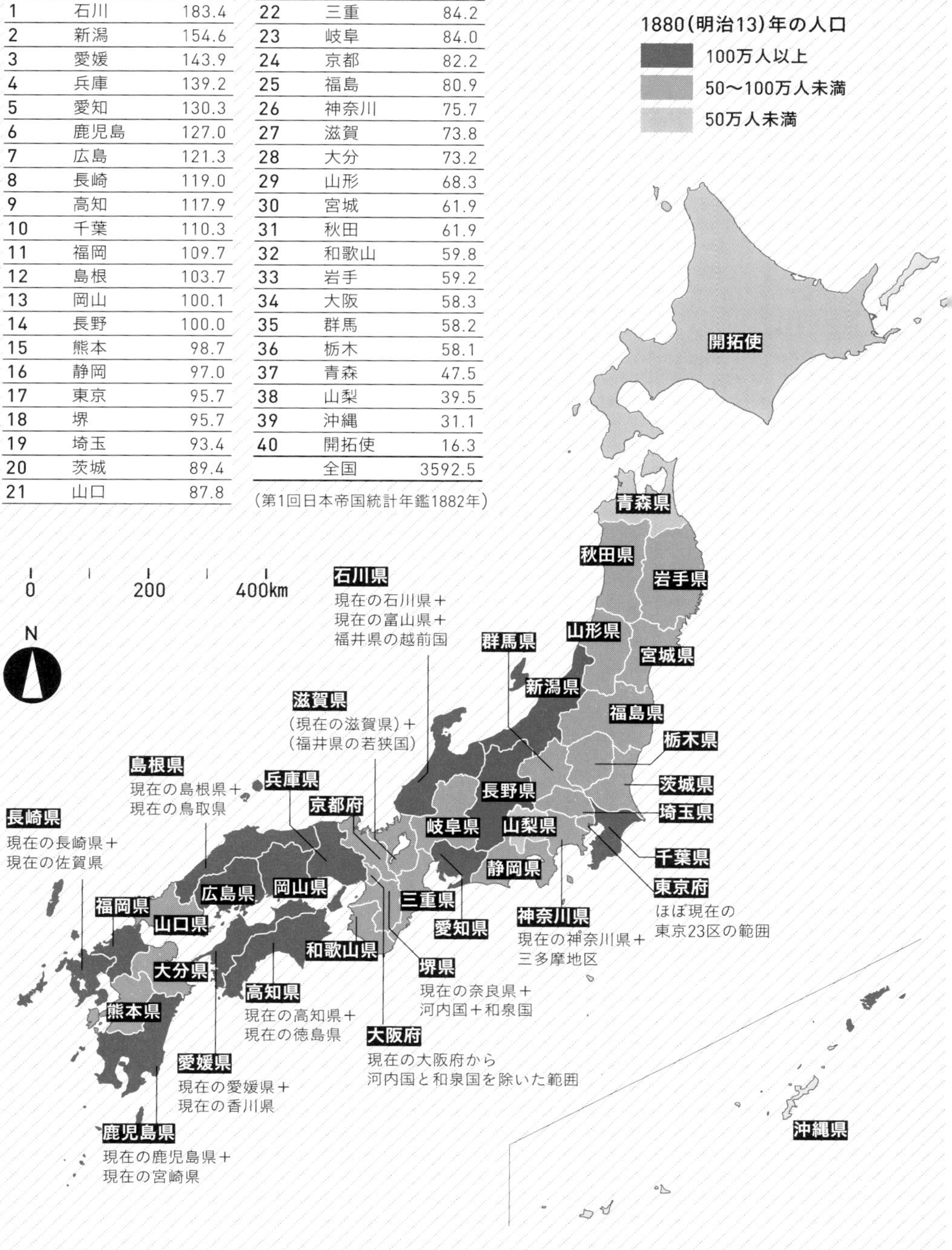

大きく変わった都道府県の人口順位

高度成長期以降、大都市圏へ人口が集中し、大都市圏と地方の人口格差が拡大している。

総務省統計局では5年ごとに国勢調査を行っている。その第1回が1920（大正9）年に実施された。それによると日本の総人口は5596・3万人。現在はその約2・3倍に増加しているが、県別の人口順位が大きく変わっている。第1位の東京から6位の愛知県までは、さほど順位に大きな変化はないが、1920年には7位だった新潟県が15位に、長野は8位から16位へ、鹿児島は11位から24位へ、島根は36位から46位へと大きく順位を落としている。いずれも農業県である。それに対し、15位の神奈川県が東京に次いで全国第2位へと大きく躍進したのをはじめ、千葉が14位から6位へ、埼玉が16位から5位へ、滋賀が42位から26位へと大きく順位を上げている。これは何を意味しているのかといえば、農業国だった日本が工業国に変貌を遂げた証しである。高度成長期の1960年代に入ると、大都市圏への人口集中が一段と加速した。

1920年と2015年を比較してみると、神奈川県は6・9倍、埼玉、千葉、東京の4都県は3倍以上に増加している。このほか大阪と愛知も3倍以上を記録している。増加した人口の約56％を東京、神奈川、埼玉、千葉、愛知、大阪の6都県で占めているのだ。全国で唯一、島根県だけが1920年の人口より減っている（0・97倍）。

日本の人口は2008（平成20）年をピークに減少に転じたが、地方の県ではすでに1990年頃から人口の減少が始まっていた。現在はそのスピードがさらに加速している。2010年の国勢調査と比べ、2015年の人口は94・7万人減少した。5年ごとに実施される国勢調査で、日本の人口が減少したのは初めての経験である。

しかし、日本の人口が減少に転じたといっても、すべての自治体で減少しているわけではなく、首都圏、中京圏、近畿圏の三大都市圏では依然として人口の増加が続いている自治体もあり、大都市圏と地方との人口格差は一層拡大しつつある。しかし、近い将来には首都圏でも人口の減少が始まるだろうといわれており、日本の少子高齢化による人口減少は年を追うごとに深刻さを増している。

都道府県の人口増加率

1920 年の都道府県人口（第1 回国勢調査）

順位	都道府県	人口（万人）
1	東京	370
2	大阪	259
3	北海道	236
4	兵庫	230
5	福岡	219
6	愛知	209
7	新潟	178
8	長野	156
9	静岡	155
10	広島	154
11	鹿児島	142
12	福島	136
13	茨城	135
14	千葉	134
15	神奈川	132
16	埼玉	132
17	京都	129
18	熊本	123
19	岡山	122
20	長崎	114
21	岐阜	107
22	三重	107
23	群馬	105
24	愛媛	105
25	栃木	105
26	山口	104
27	山形	97
28	宮城	96
29	秋田	90
30	大分	86
31	岩手	85
32	青森	76
33	和歌山	75
34	石川	75
35	富山	72
36	島根	71
37	香川	68
38	佐賀	67
39	徳島	67
40	高知	67
41	宮崎	65
42	滋賀	65
43	福井	60
44	山梨	58
45	沖縄	57
46	奈良	56
47	鳥取	45
	全国	5596

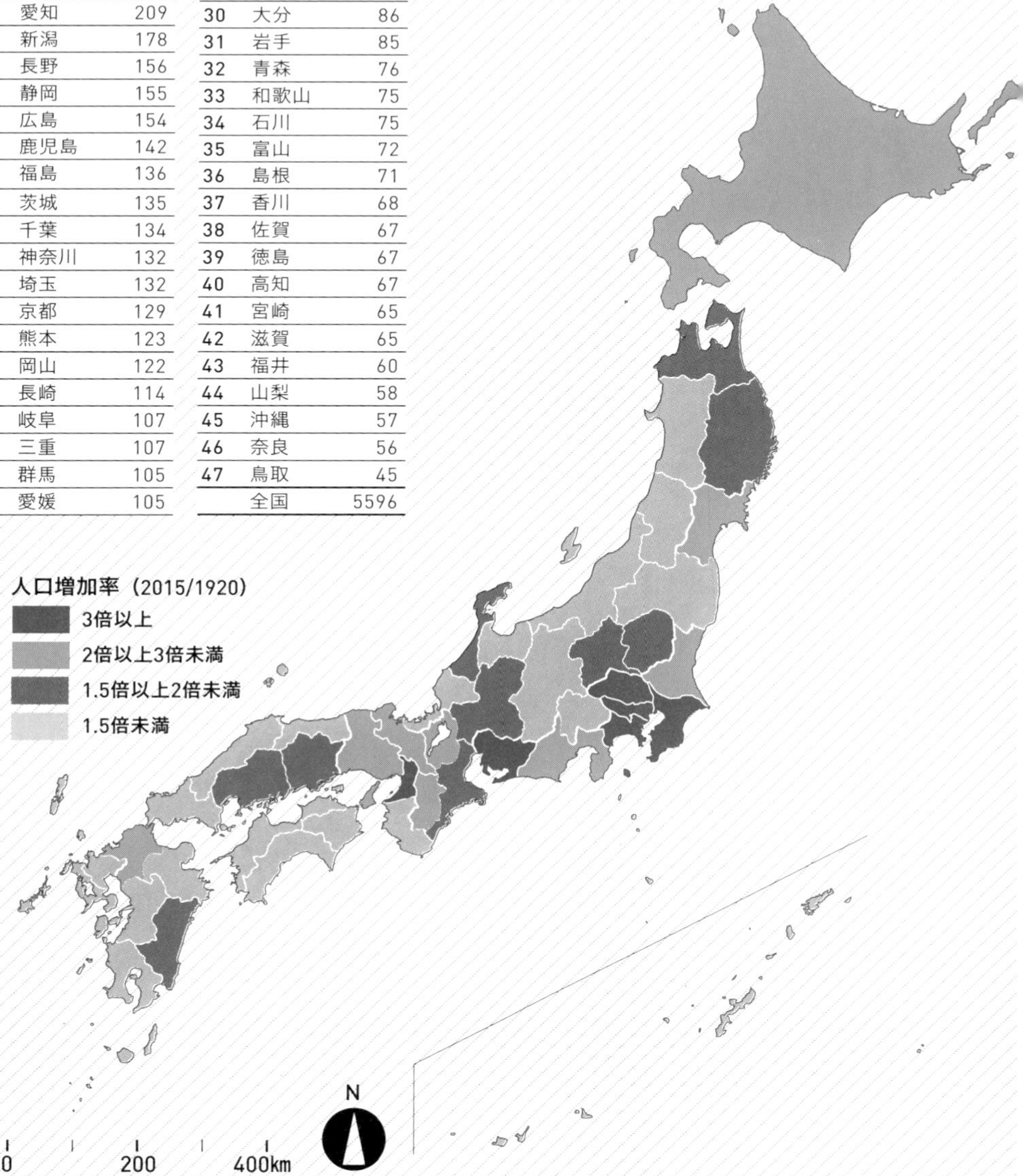

日本で最初に誕生した市はどこだったか

東京は意外にも、日本で最初に市制を施行した31市の中には入っていなかった。

1889（明治22）年4月1日に施行された市制町村制で、7万以上あった村や町が、1万5千余りに統合され、この時に初めて「市」という自治体が誕生した。その第一陣が弘前、盛岡、仙台、秋田、山形、米沢、水戸、横浜、新潟、富山、高岡、金沢、福井、静岡、津、京都、大阪、堺、神戸、姫路、和歌山、松江、広島、赤間関（下関）、高知、福岡、久留米、佐賀、長崎、熊本、鹿児島の31市である。東京は1カ月遅れて、翌月の5月1日に市制を施行し、それに続いて岡山、名古屋、徳島、松山、岐阜、甲府、鳥取の7市が名乗りを上げた。そして翌年2月に高松市が加わって、合計40の都市が市制を施行した。

明治末期までに全国で64の町が市制を施行しているが、関東地方には全国で最も少ない3市しかなかった。埼玉県と千葉県には一つも市がなく、千葉県では1921（大正10）年の千葉市が、埼玉県では1922（大正11）年の川越市が最初の市である。現在では、関東地方が全国で最も多い180市（全体の22・8％）を数えるまでになった。

現在、市の数が最も多いのは埼玉県の40市、次いで愛知（38市）、千葉（37市）、北海道（35市）、大阪（33市）、茨城（32市）の順で、鳥取県が4市で最も少ない。現在、全国には1718の自治体があるが、「市」が792で最も多く、次いで「町」が743、「村」はわずか183を残すばかりだ。市制町村制が施行された当時は90％以上が村だったが、現在は全体の10％そこそこしかない。

市は大都市の周辺に圧倒的に多く、市が占める面積比率も地方より都市部の方が高い。埼玉県は県の総面積の74・3％、神奈川は74・9％、千葉は85・4％、愛知は83・3％が、大阪府は84・1％が市の面積である。だが、必ずしもその常識が当てはまらなくなっている。山口県は県の総面積の約94％、大分県も約90％が市の面積である。かつては、「市」と聞けば、都市化された地域を連想したものだが、今では人家もまばらな地方の山村や、小さな漁村も市だという地域が少なくないのである。やがて村はすべて消滅し、「村」という言葉も死語になるかもしれない。

都道府県別の市町村数（2020年1月）

都道府県	市	町	村	合計
北海道	35	129	15	179
青森	10	22	8	40
岩手	14	15	4	33
宮城	14	20	1	35
秋田	13	9	3	25
山形	13	19	3	35
福島	13	31	15	59
茨城	32	10	2	44
栃木	14	11	0	25
群馬	12	15	8	35
埼玉	40	22	1	63
千葉	37	16	1	54
東京	26	5	8	39
神奈川	19	13	1	33
新潟	20	6	4	30
富山	10	4	1	15
石川	11	8	0	19
福井	9	8	0	17
山梨	13	8	6	27
長野	19	23	35	77
岐阜	21	19	2	42
静岡	23	12	0	35
愛知	38	14	2	54
三重	14	15	0	29
滋賀	13	6	0	19
京都	15	10	1	26
大阪	33	9	1	43
兵庫	29	12	0	41
奈良	12	15	12	39
和歌山	9	20	1	30
鳥取	4	14	1	19
島根	8	10	1	19
岡山	15	10	2	27
広島	14	9	0	23
山口	13	6	0	19
徳島	8	15	1	24
香川	8	9	0	17
愛媛	11	9	0	20
高知	11	17	6	34
福岡	29	29	2	60
佐賀	10	10	0	20
長崎	13	8	0	21
熊本	14	23	8	45
大分	14	3	1	18
宮崎	9	14	3	26
鹿児島	19	20	4	43
沖縄	11	11	19	41
全国	792	743	183	1718

（2020年1月現在）

全国には村が1つもない自治体が13県もあるが、人口が最も多い関東地方で村が1つもないのは栃木県だけである。

最初に誕生した40市

2010（平成22）年に、市の数は町の数を追い抜いた。

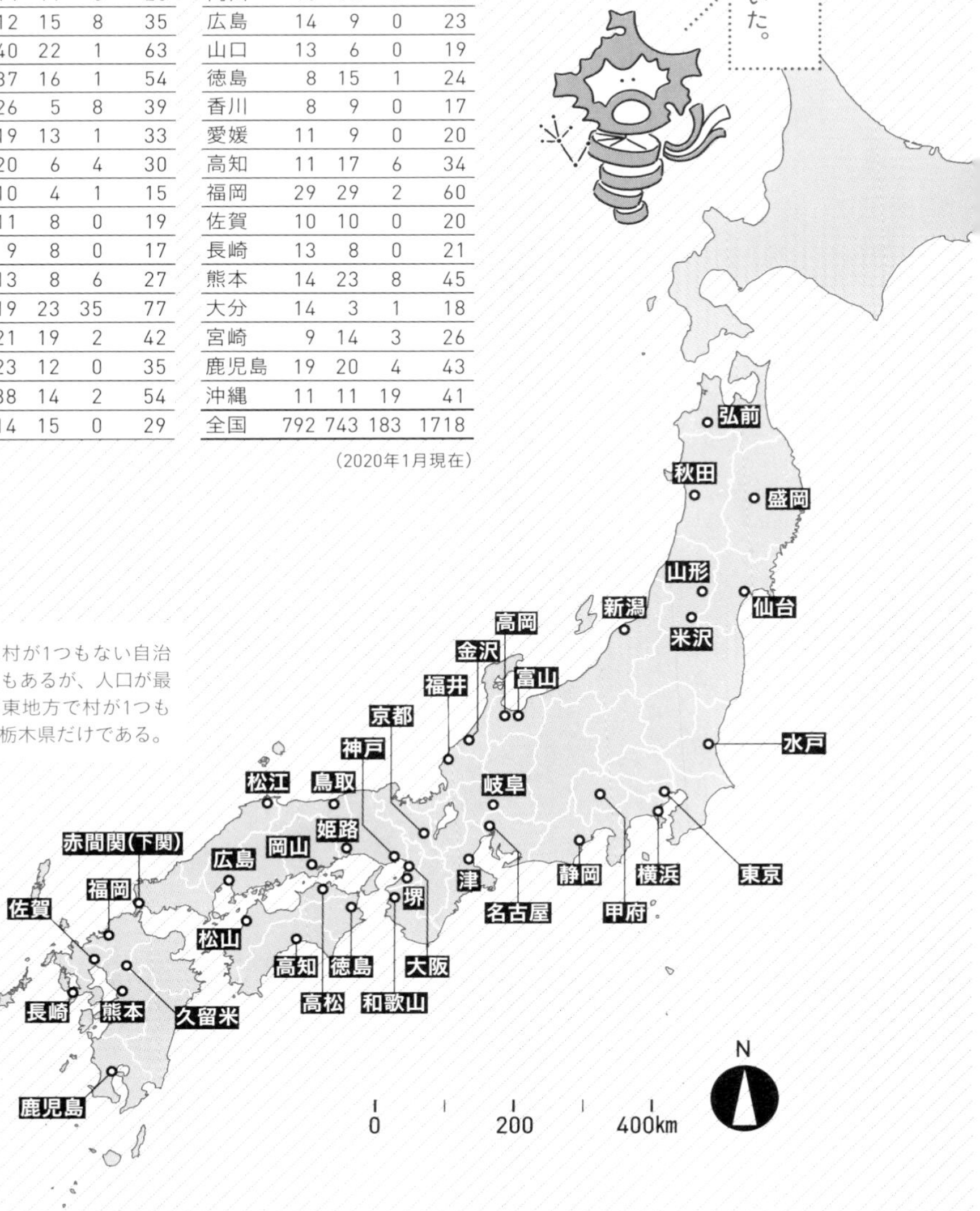

市町村の広域化――「県」より大きい「市」が出現

合併により市町村の面積は次第に広くなってきたが、広大な市町村は東日本に多い。

明治初期まで、全国には7万1497の町村があった。1町村あたりの面積は5・3㎢。千代田区の半分ほどしかない。しかし、1889（明治22）年4月に施行された「市制・町村制」で大規模な合併が行われ、それまでの約5分の1の1万5859にまで激減。1市町村あたりの面積は23・8㎢にまで拡大した。

市町村合併はその後もしばしば行われたが、そのペースは遅く、50年経っても1万の大台を割れなかった。そこで政府は、末端組織の財政力の強化と行政の効率化を図るため、1953（昭和28）年には「町村合併促進法」を、3年後には「新市町村建設促進法」を施行。これにより、市町村数は約3分の1（3470）に激減した。そして、1999年から始まった「平成の大合併」で、市町村数は約半分の1718に減少（2019年1月）。1市町村あたりの面積は220㎢と、明治初期の41・5倍もの広さになったのである。

平成の大合併により、面積が1000㎢を越える自治体が各地に生まれた。1000㎢というと東京23区の1・6倍以上にもなる。そのほとんどが中部地方より東側の地域で誕生し、その半数が北海道にある。近畿以西には田辺市、庄原市、山口市の3市のみで、26市町が東日本にあるのだ。完全に東高西低である。

なかでも岐阜県の高山市は、周辺の9町村を編入したことにより面積が2177・6㎢と、大阪府や香川県の面積より広い市になった。高山市は富山、石川、福井、長野の4県と隣接し、とても一つの市とは思えない広大さである。それなのに人口は9万人足らずで、市域のほとんどが過疎地域である。しかし、依然として面積が狭小な自治体も多く、高山市の200分の1以下、つまり面積10㎢未満の市町村が47も存在している。大都市の周辺には、10㎢未満の「市」が東京都の国立、狛江、羽村の3市、埼玉県の蕨と志木、京都府の向日、大阪府の藤井寺の合計7市ある。日本一小さいのは埼玉県の蕨市で、面積はわずか5・11㎢。日本一面積が広い高山市の426分の1しかない。

面積1000㎢以上の市町村

面積10㎢未満の市

市名	面積(㎢)	都道府県名
蕨市	5.10	埼玉
狛江市	6.39	東京
向日市	7.67	京都
国立市	8.15	東京
藤井寺市	8.89	大阪
志木市	9.06	埼玉
羽村市	9.91	東京

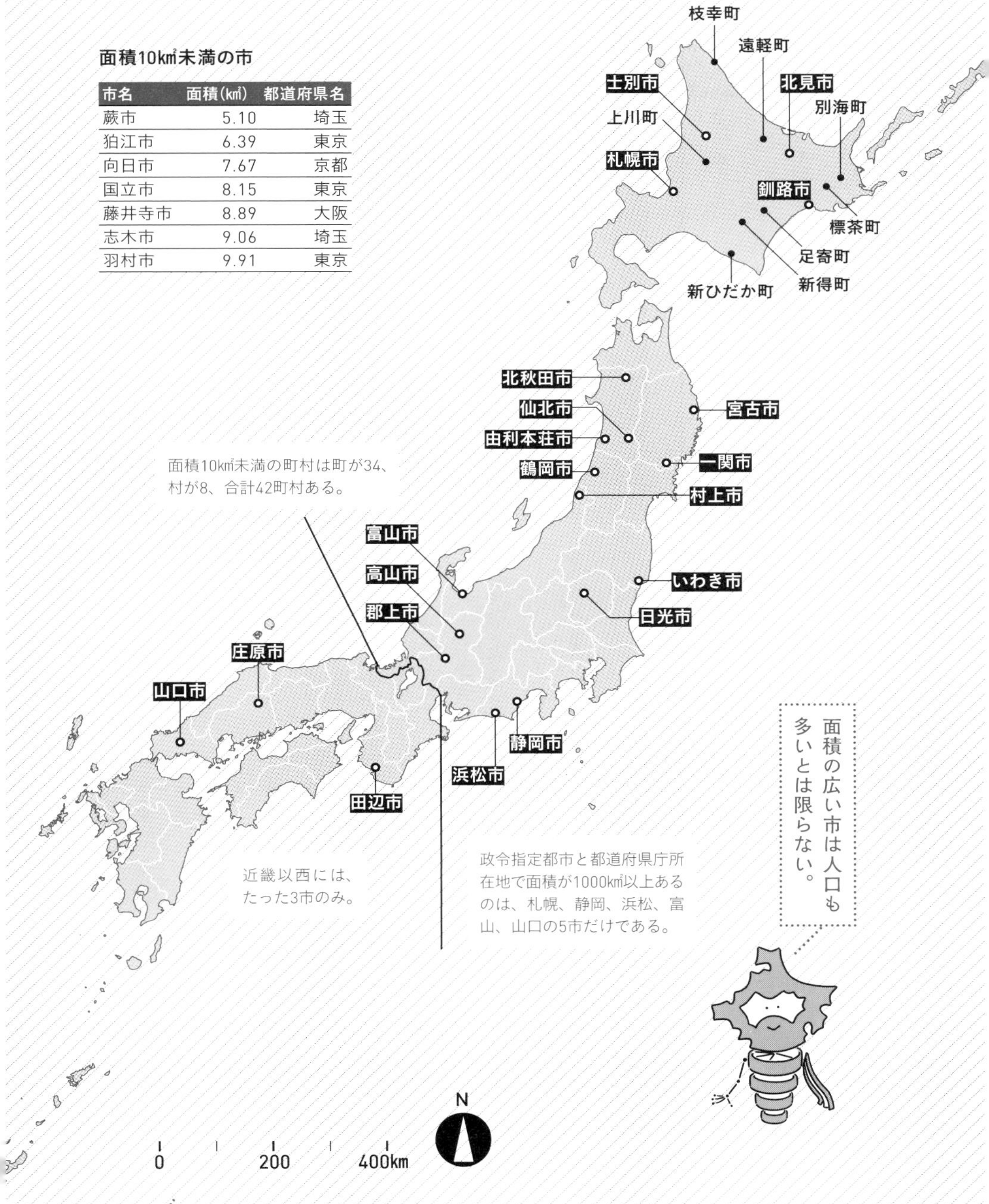

市の30%以上が「市」の要件を満たしていない

過疎化の影響で地方では町より市の方が、人口が少なくなってしまった例がみられる。

かつて「市」とは、人口の密集地で都市機能を備えた地域に与えられる称号のようなものだった。しかし、現在は都市としての体裁をなしていない市が余りに多い。旅行などで地方へ出かけたとき、「えっ！これでも市なの？」と驚いた経験を持っている人は少なくないはずだ。地方自治法には市になる要件として、次のような規定がある。

・人口5万人以上を有すること
・中心市街地の戸数が全戸数の6割以上であること
・商工業など都市的業態に従事する世帯人口が全人口の6割以上であること
・その他、都道府県の条例で定める都市的施設などの要件を備えていること

これらの要件を具備していなければ市には昇格できない。しかし、現状はどうなのかというと、約3分の1が人口5万人未満の市である。なぜ、5万人にも満たない市がこれほど多く存在しているのか。その原因の一つに、昭和30年頃まで市になる要件が「人口3万人以上」になっていたことだろう。その後、「人口5万人以上」に改正されたが、平成の大合併では市になる要件が大幅に緩和されたため、3万人そこそこの市が続々と誕生した。

人口3万人未満の市が全国には87もある（2015年国勢調査）。そのうち23市が2万人にも満たない。平成の大合併で誕生したばかりの市が、すでに3万人を割り込んでいる。3万人未満の市がある一方で、3万人以上の町や村も多く、市・町・村の違いがわかりにくくなってしまった。

3万人未満の市は、過疎化が進んでいる地域に多い。人口がどれだけ減少しても、市から町や村に降格しなければならないという規定がないため、歌志内市（3585人）や夕張市（8843人）、三笠市（9076人）などのように、町村より人口がはるかに少ない市が存在することになる。

一方、3万人以上の町は大都市圏および県庁所在地の周辺に多い。埼玉県は22ある町のうち9町が人口3万人以上を有しているし、愛知県は14町のうち半分の7町が3万人以上の町である。

人口2万人未満の「市」と、人口4万人以上の「町」

人口2万人未満の市

市名	人口(人)	都道府県名
歌志内市	3583	北海道
夕張市	8843	〃
三笠市	9076	〃
赤平市	1万1105	〃
室戸市	1万3524	高知
土佐清水市	1万3778	〃
珠洲市	1万4625	石川
芦別市	1万4676	北海道
垂水市	1万5520	鹿児島
西之表市	1万5967	〃
尾花沢市	1万6953	山形
熊野市	1万7322	三重
安芸市	1万7577	高知
砂川市	1万7694	北海道
津久見市	1万7969	大分
尾鷲市	1万8009	三重
宮津市	1万8426	京都
串間市	1万8779	宮崎
勝浦市	1万9248	千葉
鳥羽市	1万9448	三重
多久市	1万9749	佐賀
陸前高田市	1万9758	岩手
士別市	1万9914	北海道

人口4万人以上の町

町名	人口(人)	都道府県名
府中町	5万1053	広島
東浦町	4万9230	愛知
寒川町	4万7936	神奈川
阿見町	4万7535	茨城
杉戸町	4万5495	埼玉
粕屋町	4万5360	福岡
志免町	4万5256	〃
音更町	4万4807	北海道
伊奈町	4万4442	埼玉
熊取町	4万4435	大阪
東郷町	4万2858	愛知
長与町	4万2548	長崎
武豊町	4万2473	愛知
長泉町	4万2331	静岡
大泉町	4万1202	群馬
菊陽町	4万0984	熊本
愛川町	4万0343	神奈川
菰野町	4万0210	三重

（2015年国勢調査）

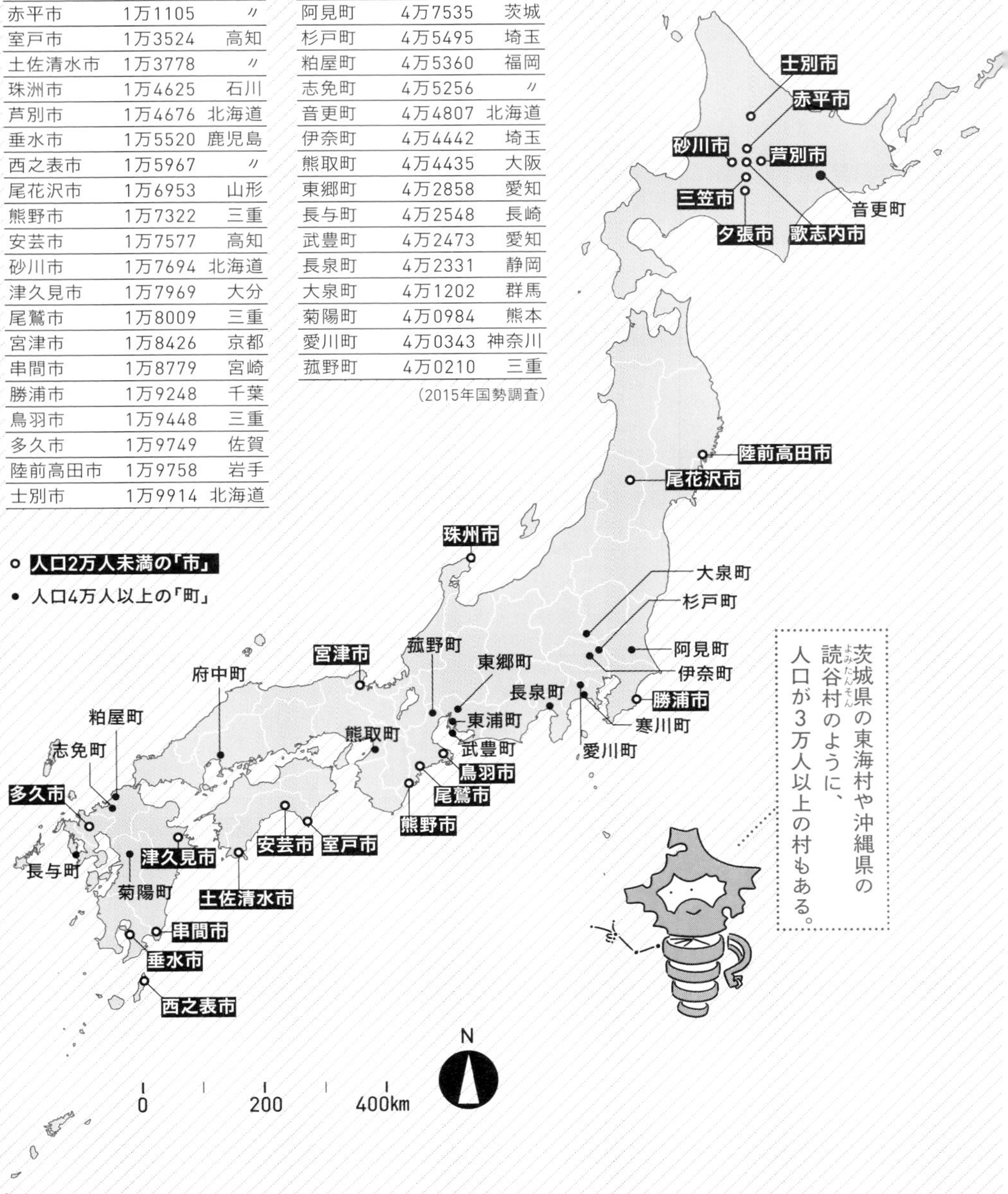

茨城県の東海村や沖縄県の読谷村《よみたんそん》のように、人口が3万人以上の村もある。

離島にはいくつの市があるか

全国には人が住んでいる島が400島余りあるが、そのうち14の島に市がある。

日本列島の周囲には多くの島が点在しているが、その島にも市が形成されている。日本海上に浮かぶ佐渡島には佐渡市があるし、瀬戸内海に浮かぶ淡路島には淡路市と洲本市、南淡路市の3市がある。瀬戸内海沿岸には、地続きになっている江田島、西能美島、東能美島の3島を市域とする江田島市が広島湾内にある。長崎県には平戸市と対馬市、壱岐市、それに五島列島の福江島などを市域とする五島市がある。熊本県には天草市と上天草市が、鹿児島県には種子島の西之表市と奄美大島の奄美市がある。

沖縄県の沖縄本島には、県庁所在地の那覇市のほか豊見《とみ》城《ぐすく》市、糸満市、南城市、浦添市、宜野湾市、沖縄市、うるま市、名護市の9市があり、先島諸島の石垣島にある石垣市、宮古島にある宮古島市を合わせて沖縄県には11市、全国には合計24もの市が島に形成されている。

沖縄本島のように、いくつもの市町村がある島もあれば、島がまるごと一つの市になっている島もある。そういう島を「1島1市」という。一つの島で一つの自治体を構成している方が、行政もスムーズに運営できるし、住民の連帯感も生まれる。観光や福祉など、一つのテーマに対して住民が一丸となって取り組むことができるだろう。

全国には1島1市と呼ばれる島がいくつもある。新潟県の佐渡島は、平成の大合併前までは両津市と相川町、小木町など9町村で構成されていたが、2004（平成16）年に合併して佐渡市という一つの大きな自治体になった。広島県にある江田島市も、2004年に4町が合併して誕生した市である。江田島、西能美島、東能美島の3島は地続きになっているので、1島1市の自治体だといえるだろう。

九州本土と朝鮮半島の間に浮かぶ対馬にある対馬市も、玄界灘に浮かぶ壱岐市も、五島列島の五島市も、2004年の合併で1島1市の自治体になった。沖縄県には、宮古島の平良《ひらら》市ほか4町村が合併して成立した宮古島市と、石垣島の石垣市が1島1市の自治体である。どの島も過疎化が進んでおり、沖縄以外の島で今後、市が誕生する可能性は低い。

島にある24市

宮古島市は平成の大合併で発足したが、新市名を「宮古市」とする案もあった。だが、岩手県にも宮古市があるため、最終的には「宮古島市」が採用された。

東日本で島にある市は唯一、佐渡島の佐渡市だけ。

島に複数の市があるのは、沖縄本島（9市）と淡路島（3市）の2島だけである。天草は上島と下島に分かれているので、1つの島に複数の市があるとはいえない。

どの島も過疎化が進んでおり、沖縄本島以外の島で市が誕生する可能性は低い。

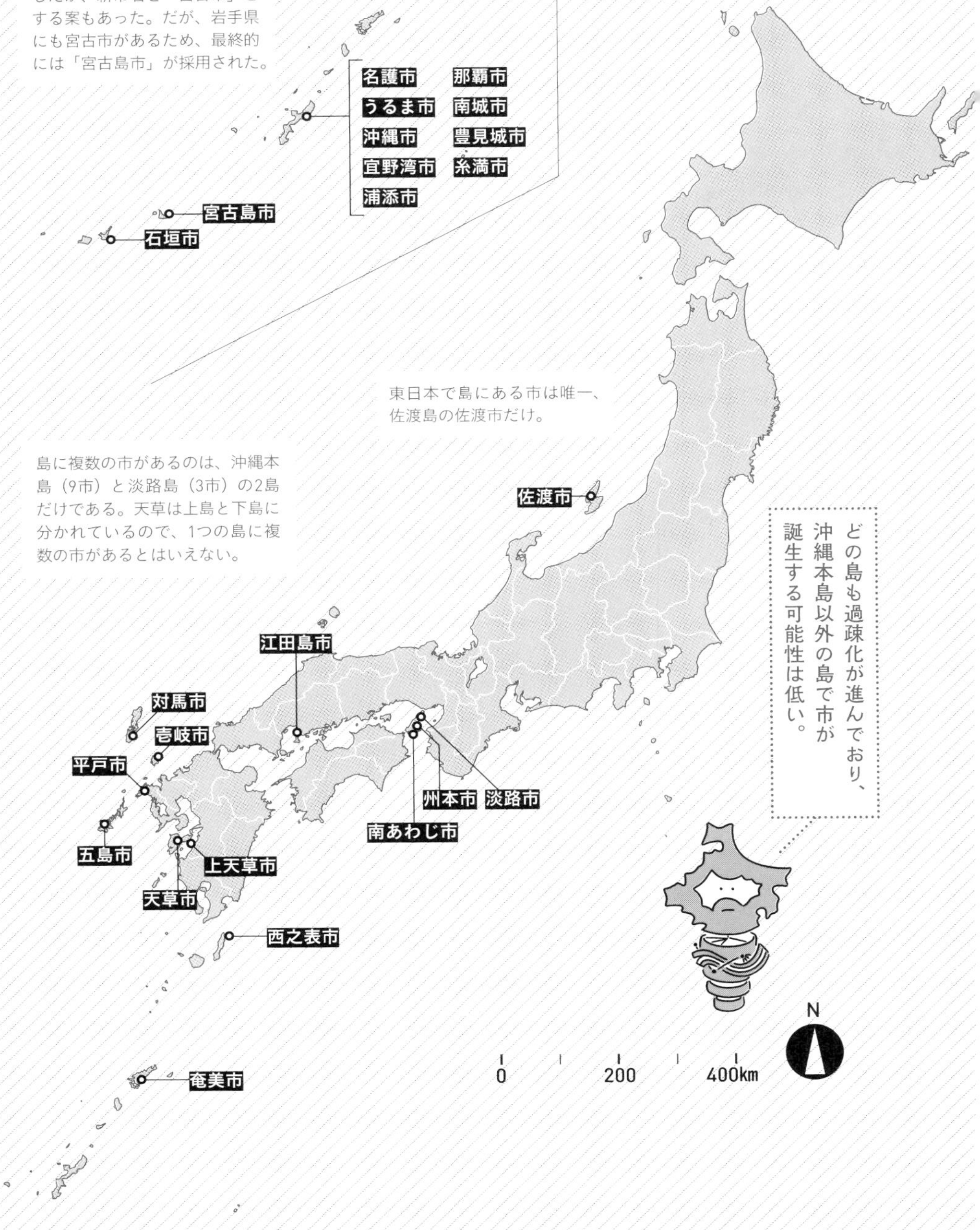

単独で市に昇格する都市、合併して市に昇格する都市

大都市への通勤圏にある町や村は、ベッドタウンとして人口が増加し市に昇格する。

町や村から市に昇格するには、一定の要件を満たす必要があるが、平成の大合併では町村合併を促進するため、市に昇格できる要件を大幅に緩和した。合併しない場合は、「人口5万人以上」という要件を満たす必要があるが、他の町村と合併すれば「人口が3万人以上」で、たとえ他の要件を満たしていなくても市に昇格できるという優遇策を打ち出したのである。そのため、充分な都市的機能を備えていない市が続々と誕生することになった。極端な例をあげると、人口5000人の小さな6つの村が合併すれば市になれるというわけである。平成の大合併で誕生した市のほとんどは、複数の町や村が合併して市制を施行した市である。

だが、どこも合併することなく、単独で市制を敷いた市がなかったわけではない。1991年から2016年までの25年間に、単独で市制を施行した都市が29市ある。全国的に人口が減少している現在、都市化が進んで人口が増加する町村はごく限られている。

それでも2010年以降に、8町村が単独で市制を施行している。合併せずとも、人口が5万人を突破して要件を満たしたのである。2010（平成22）年には、愛知県の三好町が「みよし市」として誕生しているし、2011年には石川県野々市町が、2012年には愛知県長久手町と埼玉県白岡町が、2013年には千葉県大網白里町がそれぞれ単独で市制を施行した。2014年には、岩手県の滝沢村が村からいきなり市に昇格している。2016年には宮城県の富谷町が、2018年には福岡県の那珂川町が市制施行した。

いずれも大都市に隣接している町だ。みよし市と長久手市は名古屋市のベッドタウンとして、野々市市は金沢市、白岡市はさいたま市、大網白里市は千葉市、滝沢市は盛岡市、富谷市は仙台市、那珂川市は福岡市のベッドタウンとして人口が急増した自治体である。だが、日本の人口減少が深刻化しつつある現在、これからは単独で市に昇格する自治体はそう多く現れるとも思えない。

大都市の周辺に多い単独で市に昇格した都市

単独で市制施行した市（1991～2018）

市名	市制施行日	都道府県名
袖ケ浦市	1991・4	千葉
鶴ヶ島市	1991・9	埼玉
日高市	1991・10	埼玉
阪南市	1991・10	大阪
香芝市	1991・10	奈良
羽村市	1991・11	東京
八街市	1992・4	千葉
前原市	1992・10	福岡
日進市	1994・10	愛知
吉川市	1996・4	埼玉
印西市	1996・4	千葉
北広島市	1996・9	北海道
石狩市	1996・9	〃
京田辺市	1997・4	京都
古賀市	1997・10	福岡
白井市	2001・4	千葉
栗東市	2001・10	滋賀
守谷市	2002・2	茨城
富里市	2002・4	千葉
豊見城市	2002・4	沖縄
岩出市	2006・4	和歌山
みよし市	2010・1	愛知
野々市市	2011・11	石川
長久手市	2012・1	愛知
白岡市	2012・10	埼玉
大網白里市	2013・1	千葉
滝沢市	2014・1	岩手
富谷市	2016・10	宮城
那珂川市	2018・10	福岡

（2019年1月現在）

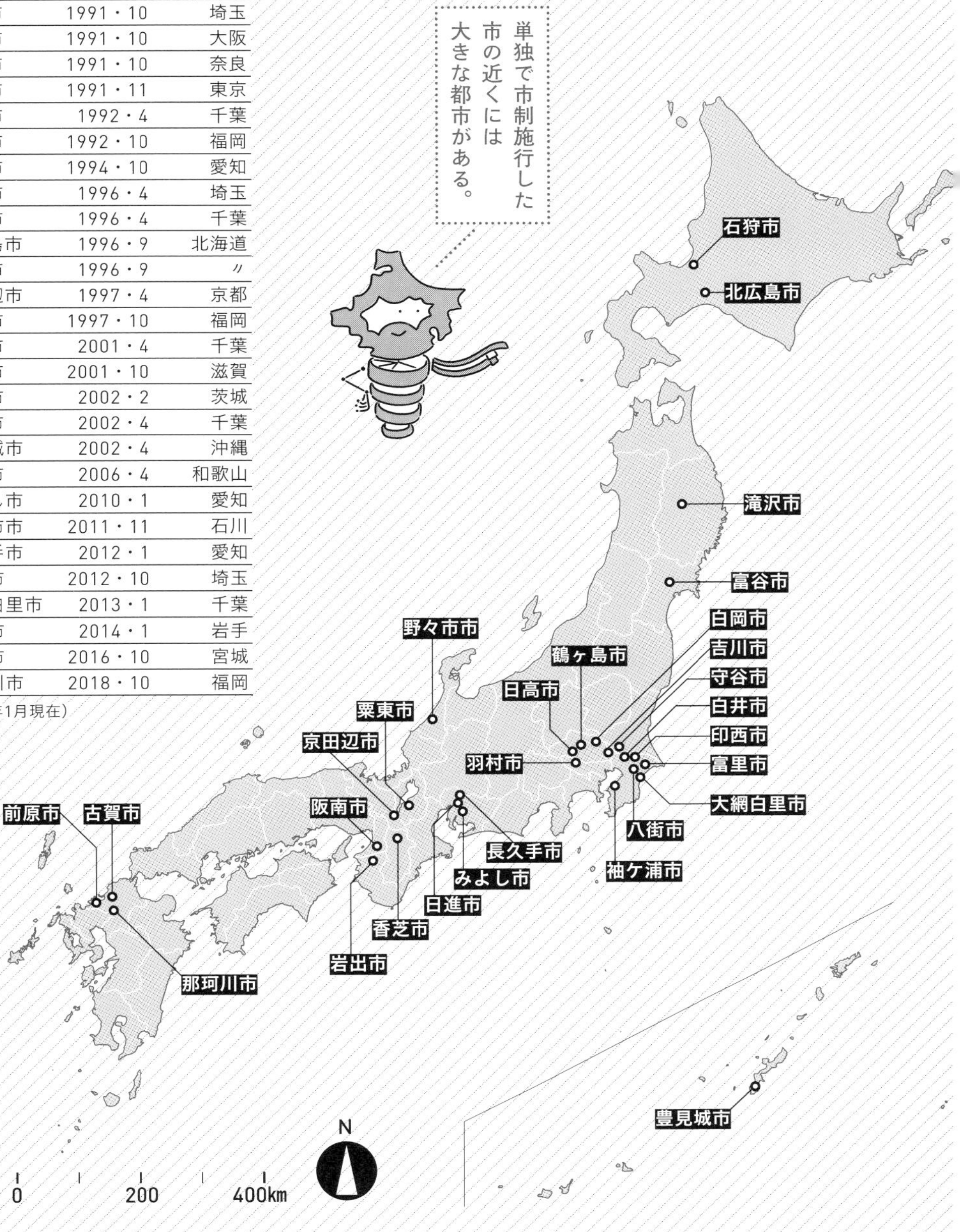

九州で最大の都市は長崎市だった

大きく発展した都市がある一方で、時代の波に乗れずに低迷した都市もある。

1920（大正9）年に実施された第1回国勢調査と、2015年の都市の人口を比較してみると、人口順位に大きな変動がある。著しく成長した都市がある一方で、発展から取り残された都市も少なくない。たとえば、福岡市は全国で第6位の大都市だが、1920年の人口は9・5万人で第17位に過ぎなかった。当時、九州最大の都市は長崎市だったのだ。当時の長崎市の人口は17・7万人で、全国で第7位にランクされていた。福岡市は長崎市、八幡市（現北九州市）に次いで、九州で3番目の都市に過ぎなかった。だが、10年後の1930（昭和5）年には、第9位の長崎市（20・5万人）を抜いて第8位（22・8万人）になり、その後は九州の中心都市として不動の地位を築いている。

人口順位が大きく下げた都市もある。軍港として発展していた広島県の呉市は、全国で第10位から102位へと大きく順位を下げている。同じ軍港の長崎県佐世保市も、21位から90位に、下関市は26位から82位へ、29位の徳島市が88位に、福岡県大牟田市は32位から223位に、甲府市は39位から121位へと順位を大きく下げている。

北海道の札幌市は、今でこそ日本で第5位の大都会に成長しているが、かつては札幌市が北海道最大の都市ではなかった。1920年時点の北海道で最大の都市は、幕末の開港場として繁栄した函館だった。人口は14・5万人で全国第9位。しかし、その後は大きく発展することもなく、現在でも人口は26・6万人で85位にまで順位を落としている。

札幌市に隣接する小樽も、1920年には札幌市をしのぐ全国で13位の都市だったが、その後は大きく発展することなく、210位まで順位を下げた。だが、函館市も小樽市も当時の繁栄の遺構が大きな観光資源になっており、北海道屈指の観光都市として人気がある。なお、札幌、小樽、函館が区から市になったのは1922年のことである。50年後、100年後、都市の人口順位がどう変わっているのか、誰にも予測はつけられないだろう。

第1回国勢調査(1920年)と第20回国勢調査(2015年)の主要都市の人口比較

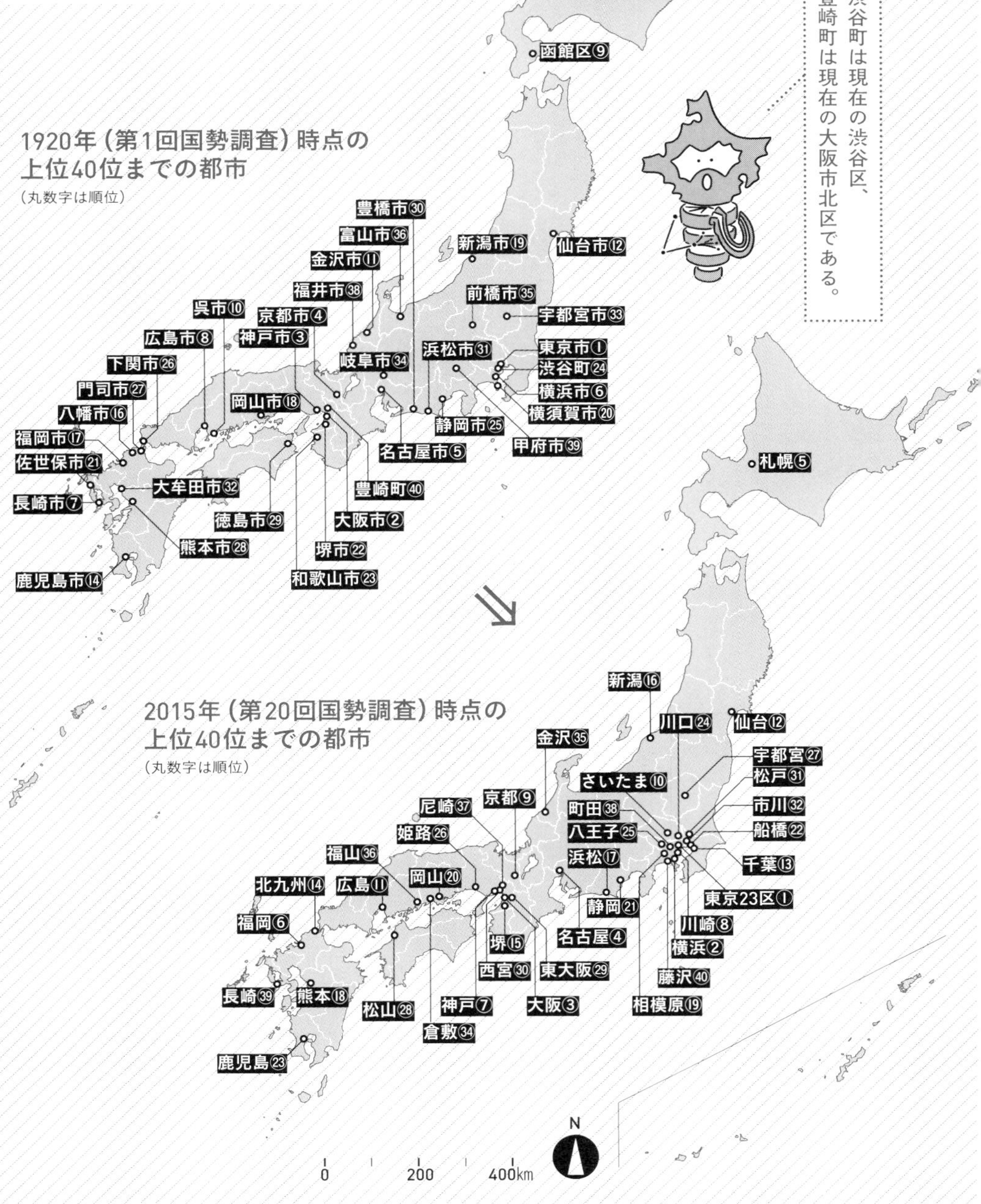
㉔の渋谷町は現在の渋谷区、㊵の豊崎町は現在の大阪市北区である。
1920年(第1回国勢調査)時点の上位40位までの都市
(丸数字は順位)
小樽区⑬
旭川区㊲
札幌区⑮
函館区⑨
豊橋市㉚
富山市㊱
金沢市⑪
福井市㊳
新潟市⑲
仙台市⑫
前橋市㉟
宇都宮市㉝
呉市⑩
京都市④
広島市⑧
神戸市③
浜松市㉛
東京市①
渋谷町㉔
横浜市⑥
横須賀市⑳
下関市㉖
岐阜市㉞
門司市㉗
八幡市⑯
岡山市⑱
静岡市㉕
甲府市㊴
福岡市⑰
名古屋市⑤
佐世保市㉑
大牟田市㉜
豊崎町㊵
長崎市⑦
徳島市㉙
大阪市②
熊本市㉘
堺市㉒
鹿児島市⑭
和歌山市㉓
札幌⑤
2015年(第20回国勢調査)時点の上位40位までの都市
(丸数字は順位)
新潟⑯
川口㉔
仙台⑫
金沢㉟
宇都宮㉗
松戸㉛
さいたま⑩
京都⑨
市川㉜
尼崎㊲
町田㊳
船橋㉒
姫路㉖
八王子㉕
福山㊱
浜松⑰
千葉⑬
北九州⑭
広島⑪
岡山⑳
東京23区①
福岡⑥
静岡㉑
川崎⑧
名古屋④
横浜②
堺⑮
西宮㉚
東大阪㉙
藤沢㊵
長崎㊴
熊本⑱
松山㉘
神戸⑦
大阪③
相模原⑲
倉敷㉞
鹿児島㉓
N
0
200
400km

政令指定都市のルーツは六大都市

政令指定都市は、行政区を設置しなければならないことが条例で定められている。

江戸時代は京都、江戸、大坂の三大都市を「三都」と呼んでいた。だが、明治の終わり頃になると、三大都市と他の都市との人口差も縮まり、三大都市という格付けの意味がなくなってきた。1922年には「六大都市行政監督に関する法律」が施行され、東京、大阪、京都の三大都市に、神戸、名古屋、横浜の3市を加えて「六大都市」と呼ぶようになり、一般市より高い権限が与えられた。この六大都市が政令指定都市のルーツである。1943（昭和18）年に東京が都制を施行して、東京市の区は「特別区」になったため、東京を除いた5市を「五大都市」ともいったが、普通は東京特別区を加えて六大都市と呼んだ。

1956（昭和31）年に地方自治法が改正され、大阪、名古屋、京都、横浜、神戸の五大都市が、日本で最初の政令指定都市として誕生した。当時は五大都市と他の主要都市との間には、都市規模に圧倒的な差があったが、日本が高度成長期に入ると地方の主要都市が急成長し、政令指定都市との差が急速に縮まっていった。1963（昭和38）年には、北九州市が九州で初めての政令指定都市として誕生した。1972（昭和47）年には札幌、福岡、川崎の3市が政令指定都市に仲間入りし、それ以降も広島、仙台、千葉というように、各地の主要都市が名乗りを上げた。

政令指定都市が増産されるきっかけになったのが、2001（平成13）年に政府が打ち出した「市町村合併支援プラン」である。政令指定都市になるには高いハードルを越えなければならなかったが、支援プランで要件が大幅に緩和され、合併することを条件に、将来百万都市になる見込みがなくても政令指定都市になれるようになった。この優遇策の恩恵を最初に受けて政令指定都市になったのが静岡市だ。静岡市が政令指定都市になったことで、政令指定都市のブランド力が大幅に低下したことは否めないが、地方の主要都市を大いに元気づけることになった。現在、政令指定都市は全国で20市を数える。では、21番目の政令指定都市はどこがなるのか興味深いが、首都圏および近畿圏にある都市が、その最短距離にあるといえそうだ。

東海道、山陽道沿いに集中する政令指定都市

政令指定都市（指定年度順）

都市名	指定年月日	人口(万人)	区数	人口順位
大阪	1956.9.1	269.2	24	2
名古屋	1956.9.1	229.6	16	3
京都	1956.9.1	147.5	11	8
横浜	1956.9.1	372.6	18	1
神戸	1956.9.1	153.8	9	6
北九州	1963.4.1	96.2	7	13
札幌	1972.4.1	195.4	10	4
川崎	1972.4.1	147.5	7	7
福岡	1972.4.1	153.9	7	5
広島	1980.4.1	119.5	8	10
仙台	1989.4.1	108.2	5	11
千葉	1992.4.1	97.3	6	12
さいたま	2003.4.1	126.4	10	9
静岡	2005.4.1	70.5	3	20
堺	2006.4.1	84.0	7	14
新潟	2007.4.1	81.1	8	15
浜松	2007.4.1	79.8	7	16
岡山	2009.4.1	72.0	4	19
相模原	2010.4.1	72.1	3	18
熊本	2012.4.1	74.1	5	17

（人口は2015年10月の国勢調査速報値）

※地域別では関東が5市で最も多く、近畿4市、中部4市、九州3市、中国2市、北海道と東北が1市、四国はまだ1市もない。

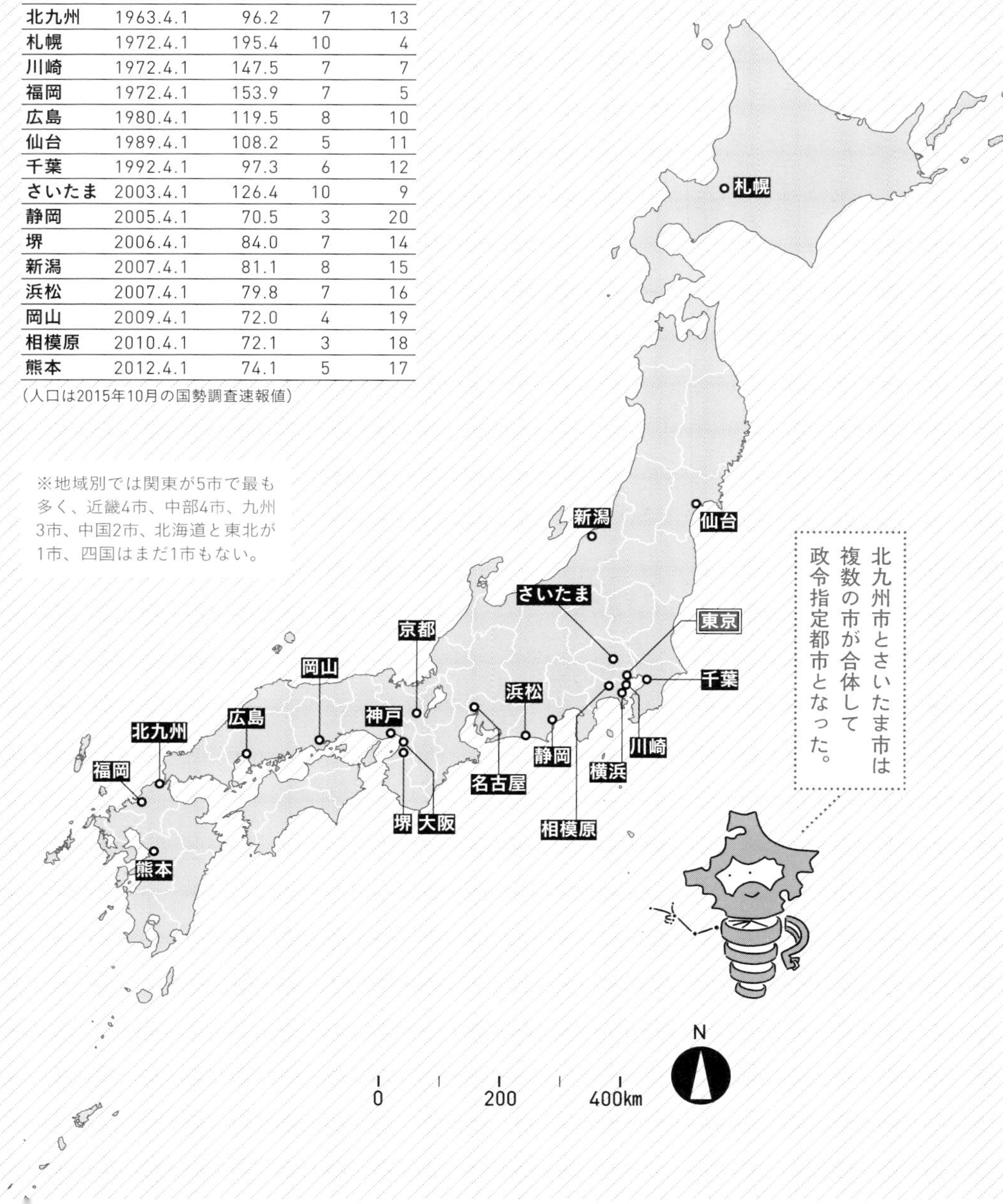

北九州市とさいたま市は複数の市が合体して政令指定都市となった。

いまだに認知されていない中核市

都道府県庁所在地なのに、政令指定都市にも中核市にも指定されない都市がある。

大都市制度の一つに「中核市」がある。ある程度の規模がある都市に都道府県の事務権限の一部を移譲し、行政の効率化と住民サービスの向上を図ることを目的に、1996（平成8）年に発足した都市制度だが、政令指定都市ほどのブランド力がないからなのか、いまだ認知度は低い。中核市の制度が発足した当時の要件は、人口30万人以上の都市であること、面積が100㎢以上の都市であること、人口が50万人未満の場合は昼間人口が夜間人口より多いこと（昼夜間人口比率）、などである。

これらの要件を具備している都市はそれほど多くはなかったが、中核市の第一陣として宇都宮、新潟、富山、金沢、静岡、浜松、岐阜、堺、姫路、岡山、熊本、鹿児島の12市が指定された。だが、地方分権を推進していくには、もっとハードルを低くして中核市を増やす必要があった。そのため、次第に中核市の要件が緩和されていった。

1999（平成11）年、要件の一つの昼夜間人口比率の項目が取り除かれ、2002年には、中核市の要件が人口30万人以上と、面積100㎢以上の2点だけになった。さらに2006年には、面積に関する項目も廃止され、要件が「人口30万人以上」の1点のみになった。大都市制度には「特例市」という制度もあった。特例市は中核市に準じる都市制度として2000年に発足したものだが、2015年には特例市の制度を廃止して中核市に一本化され、要件も「人口20万人以上」に緩和された。

要件が緩和されたことで中核市は全国で62市にまで増加し、中核市と政令指定都市の空白県は三重、徳島、佐賀の3県だけになった。かつて中核市だった新潟、静岡、浜松、堺、岡山、熊本、相模原の7市は政令指定都市に昇格している。近い将来には、すべての都道府県所在地が中核市および政令指定都市になるものとみられる。だが、都道府県から委譲される事務権限が増えれば、行政に携わる職員を増員しなければならなくなるので、財政負担も重くのしかかってくる。そのため要件を備えていながら、中核市の指定をためらっている自治体もある。

全国の中核市

中核市（60市）

都道府県	中核市	人口(万人)
北海道	旭川	34.0
	函館	26.6
青森	青森	28.8
	八戸	23.1
岩手	盛岡	29.8
秋田	秋田	31.6
山形	山形	25.4
福島	郡山	33.5
	いわき	35.0
	福島	29.4
茨城	水戸	27.1
栃木	宇都宮	51.9
群馬	前橋	33.6
	高崎	37.1
埼玉	川越	35.1
	越谷	33.7
	川口	57.8
千葉	船橋	62.3
	柏	41.4
東京	八王子	57.8
神奈川	横須賀	40.7
富山	富山	41.9
石川	金沢	46.6
福井	福井	26.6
山梨	甲府	19.3
長野	長野	37.8
	松本	24.0
岐阜	岐阜	40.7
愛知	豊田	42.3
	豊橋	37.5
	岡崎	38.1
	一宮	37.9
滋賀	大津	34.1
大阪	高槻	35.2
	東大阪	50.3
	豊中	39.5
	枚方	40.4
	八尾	26.9
	寝屋川	23.8
	吹田	37.4
兵庫	姫路	53.6
	西宮	48.8
	尼崎	45.3
	明石	29.3
奈良	奈良	36.0
和歌山	和歌山	36.4
鳥取	鳥取	19.4
島根	松江	20.6
岡山	倉敷	47.7
広島	福山	46.5
	呉	22.9
山口	下関	26.9
香川	高松	42.1
愛媛	松山	51.5
高知	高知	33.7
福岡	久留米	30.5
長崎	長崎	43.0
	佐世保	25.5
大分	大分	47.8
宮崎	宮崎	40.1
鹿児島	鹿児島	60.0
沖縄	那覇	31.9

2021年4月（人口は2015年国勢調査）

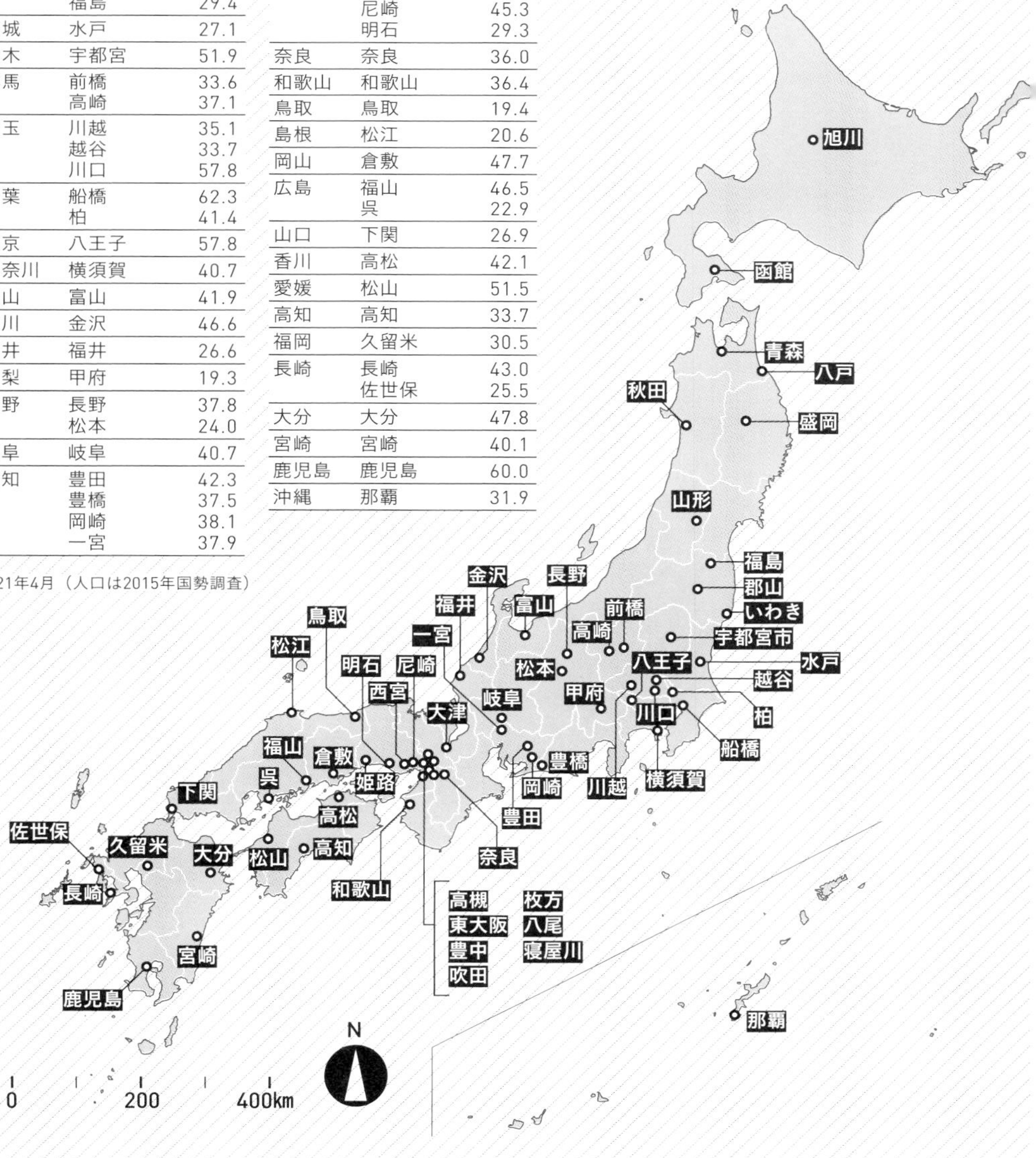

5 | 1

地域差が大きい日本の気候

降水量は各月によって差が大きいが、全国的にみて台風シーズンの9月頃に最も多い。

日本は世界でも有数の多雨地帯である。1年間の降水量はおよそ1700㎜で、世界平均（880㎜）の約2倍の雨が降る。

月平均の降水量に換算すると142㎜になるが、最近頻発している集中豪雨では、1ヵ月分の雨が半日足らずで降ることも珍しいことではない。日本列島は南北に細長く、しかも地形が複雑なため、各地域によって降水量には著しい差がある。

しいていえば南西諸島、伊豆諸島、西日本の太平洋側、北陸地方などが多雨地帯で、北海道から東北地方にかけての太平洋側、中央高地、瀬戸内海沿岸などが降水量の少ない地域である。降水量の多い地域と少ない地域とでは、平均しても3倍以上の開きがある。

なお、降水量とは地表に降った雨や雪、霰《あられ》、雹《ひょう》などを水に換算し、それをミリメートル（㎜）で表わしたものをいう。雨だけの場合は雨量、雪だけは降雪量という。三重県の尾鷲市は降水量の多い都市として有名だが（3848・8㎜、1981〜2010年の平均）、都道府県庁所在地では高知市が2547・5㎜で日本一降水量の多い都市である。以下、宮崎、金沢、静岡などが降水量の多い都市で、逆に最も降水量が少ない都道府県庁所在地は長野市で、932・7㎜である。

月別の降水量をみても、多雨月と少雨月とには著しい開きがある。たとえば東京をみると、最も雨が降る9月の降水量は209・9㎜もあるが、最も少ない12月の降水量は51・0㎜に過ぎない。多雨月と少雨月との間には、4倍以上の開きがある。東京より開きが大きい都市もある。鹿児島市の6月は12月の6・3倍、宮崎市はさらにその差が大きく、6月は12月の7・2倍もの降水量がある。多雨月と少雨月の差が最も大きいのは、関東平野の北西端に位置する群馬県の前橋市で、9月の降水量（220・6㎜）は、鹿児島市や宮崎市ほど多くはないが、12月の降水量（23・1㎜）が極端に少ないため、両月の間には実に9・5倍の差がある。

東京・前橋・長野・高知の月別降雨量

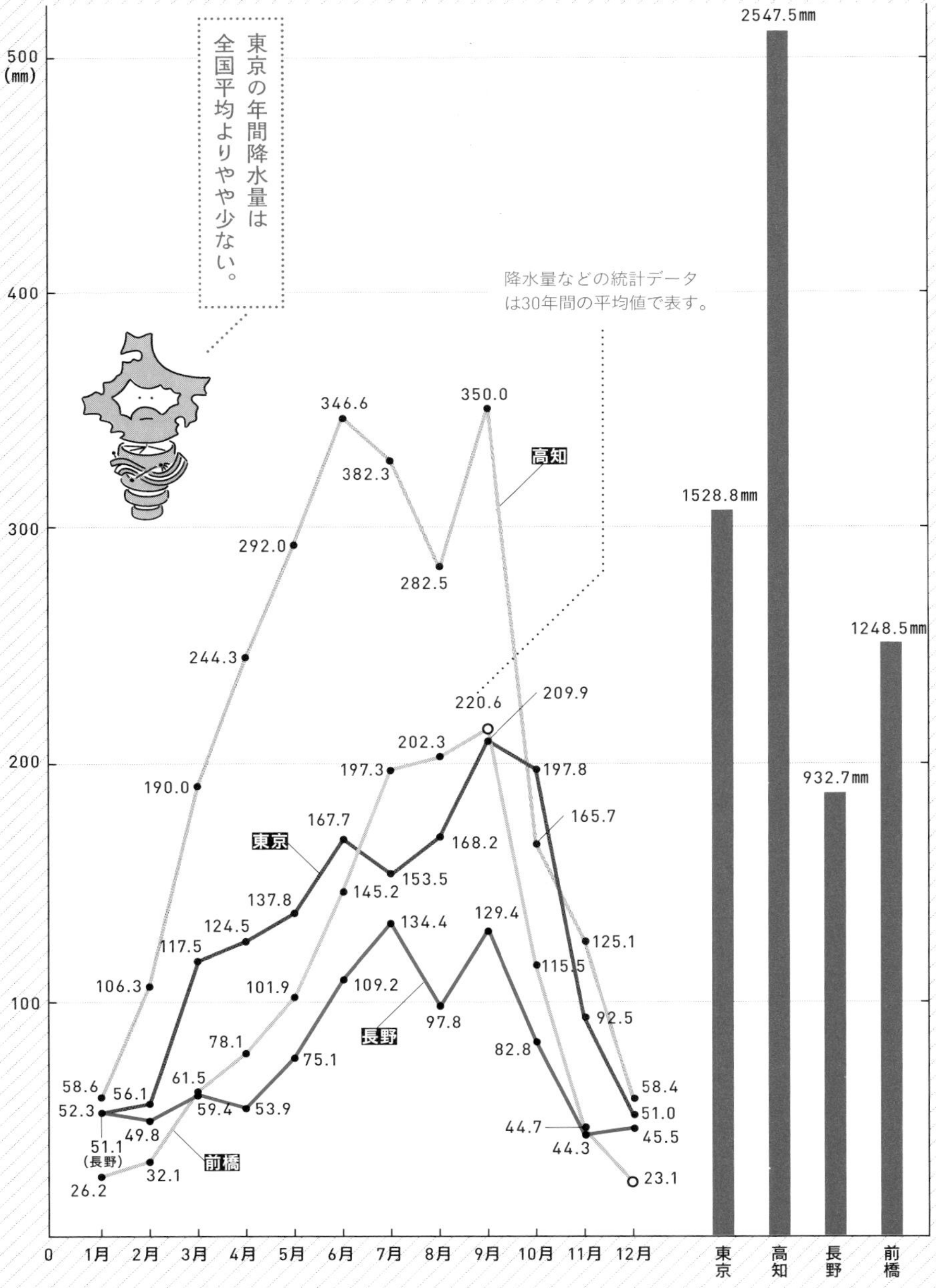

降水量と降水日数は比例せず

1日当たりの降水量は、日本海側より太平洋側の地域に多い傾向にある。

降水日数が多ければ、それだけ降水量は多いはずだが、降水日数と降水量は必ずしも比例していない。降水日数が最も多いのは金沢市で、1年間に平均176・8日の降水日数がある（1日の降水量が1㎜以上の日数）。およそ半年は雨や雪に見舞われているのだ。金沢には「弁当忘れても傘忘れるな」という格言がある。

しかし、都道府県庁所在地で最も降水量が多い高知市の降水日数は108・8日と、金沢市の60％ほどしかない。それなのに1年間の降水量は、金沢市より高知市の方が多いのだ。これは1日あたりの降水量が、金沢市より高知市の方が圧倒的に多いことを意味している。降水日数1日あたりの降水量は、金沢市が13・6㎜であるのに対し高知市は23・4㎜と、金沢市の1・7倍以上の降水量がある。長野市は年降水量が932・7㎜と少ないのに、高知市とほぼ同じ108・4日の降水日数がある。

降水日数は日本海側の都市に多く、太平洋側の都市は少ない傾向にある。年間の降水日数が170日以上を記録しているのは、すべて日本海側の都市である。

同じ日であれば1時間の降水量が、1日の降水量を上回ることはあり得ない。ところが、「日降水量」より「日最大1時間降水量」の方が多いことはあり得るのである。日降水量とは、0時00分から24時00分までの間に降った雨の量をいい、日最大1時間降水量は、1分ごとの1時間降水量のうちの最大値をいう。少し分かりづらいが、13日の23時30分から24時00分まで30㎜の雨が降り、翌14日の0時00分から0時30分まで30㎜の雨が降ったとすると、13日の日降水量は30㎜、14日の日降水量も30㎜にある。だが日最大1時間降水量は、13日の23時30分から14日の0時30分までの連続した1時間の降水量をいうので60㎜になる。

なぜ日最大1時間降水量で表わすのかというと、降水量を1日ずつで区切ってしまうと、大雨の状況がわかりにくくなる。そのため、大雨警報を発しなければならない場合でも、警報を出すほどではない降水量だと判断する恐れもあり、防災上よくないからである。

各地の年間の降水日数と年間降水量

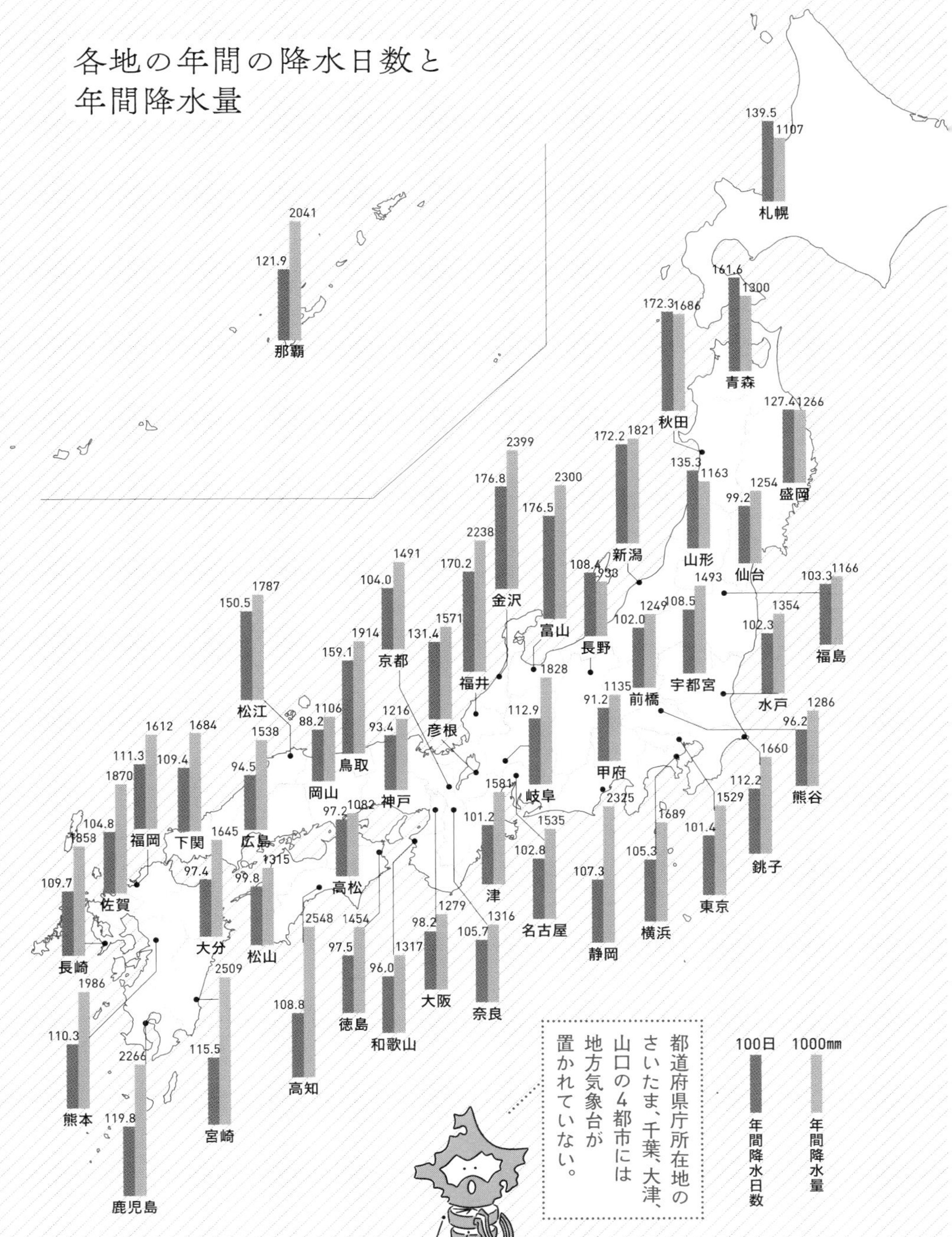

札幌 139.5 1107
青森 161.6 1300
秋田 172.3 1686
盛岡 127.4 1266
山形 135.3 1163
仙台 99.2 1254
新潟 172.2 1821
福島 103.3 1166
金沢 176.8 2399
富山 176.5 2300
長野 108.4 933
福井 170.2 2238
宇都宮 108.5 1493
前橋 102.0 1249
水戸 102.3 1354
那覇 121.9 2041
京都 104.0 1491
彦根 131.4 1571
鳥取 159.1 1914
松江 150.5 1787
岡山 88.2 1106
神戸 93.4 1216
岐阜 112.9 1828
甲府 91.2 1135
熊谷 96.2 1286
銚子 112.2 1660
東京 101.4 1529
横浜 105.3 1689
静岡 107.3 2325
名古屋 102.8 1535
津 101.2 1581
奈良 105.7 1316
大阪 98.2 1279
和歌山 96.0 1317
徳島 97.5 1454
高松 97.2 1082
高知 108.8 2548
松山 99.8 1315
大分 97.4 1645
広島 94.5 1538
下関 109.4 1684
福岡 111.3 1612
佐賀 104.8 1870
長崎 109.7 1858
熊本 110.3 1986
宮崎 115.5 2509
鹿児島 119.8 2266
都道府県庁所在地のさいたま、千葉、大津、山口の4都市には地方気象台が置かれていない。
100日 1000mm
年間降水日数
年間降水量

(1981～2010年の平均値)気象庁

日照時間と降水量の関係

北国より南国の方が全般的に日照時間は長いが、必ずしもそうとは限らない。

雨がよく降る地域は、全般的に日照時間も短い。アメダスの日照時間は年約1850時間で、1日平均約5時間。世界平均（6・8時間）と比べるとかなり短い。日本が多雨地帯だからなのだが、よく雨が降る地域は日照時間も短いとは限らない。都道府県庁所在地で最も降水量の多い高知市は、日照時間でも全国有数の長さだ。降水量と日照時間は必ずしも反比例していない証拠である。

日照時間に最も大きな影響をおよぼしているのが、降水量よりむしろ雲の発生率だ。空に雲が立ち込めていれば、たとえ昼間でも日光は遮断されてしまう。雲の発生率が日照時間を大きく左右することは間違いない。気象官署が置かれている地点で最も日照時間が短いのは、意外にも亜熱帯植物が茂り、南国ムード漂う南西諸島の奄美大島なのである。奄美市の年降水量は確かに高知市より10％ほど多いが、日照時間は高知市の60％ほどしかないのだ。冬型の気圧配置になると、奄美大島では雨もよく降るが、雲の立ち込める時間が長いのである。

日照時間とは、直射日光が地表を照らす時間をいう。常識的に考えれば、昼間の時間が短い冬より夏の方が日照時間は長い。奄美大島の夏季3ヵ月間の日照時間は、冬季の2・6倍以上ある。北陸の金沢市は8月の日照時間が221・5時間あるが、1月は63・5時間しかない。北海道の日本海側にある寿都《すっつ》は、5月の日照時間が192・5時間あるのに、12月はわずか29・4時間しかなく、両月の間には、6・5倍以上の差がある。

このように夏は冬より日照時間が長い。だが、すべての地域がそうではない。たとえば、東京で日照時間が一番長いのは、昼間の時間が最も短い1月（187・9時間）で、6月の日照時間は123・2時間しかない。7月も143・9時間と短い。6月上旬から7月中旬にかけて、東京は梅雨の時期に入るため雨がよく降り、どんよりと曇った日が多くなる。結果として、夏季3ヵ月（6〜8月）の日照時間（442・4時間）より、冬季3ヵ月間（12〜2月）の日照時間（530・2時間）の方が長いのである。

夏季(6~8月)より冬季(12~2月)のほうが、日照時間の長い気象官署が置かれている都市

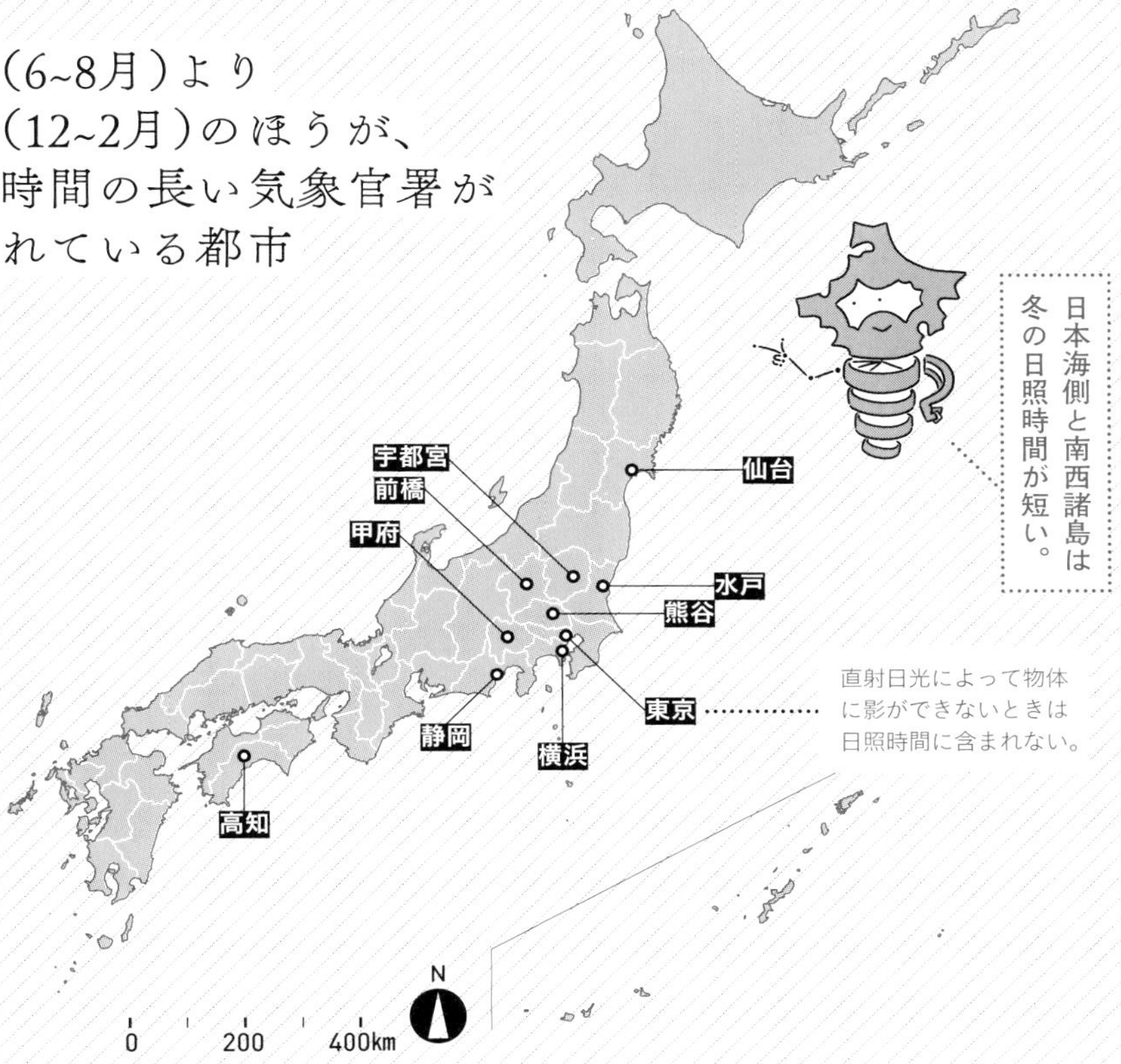

各地域の降水量と日照時間

気象官署所在地	年降水量(mm)	年間の日照時間(時間)
札幌	1106.5	1740.4
青森	1300.1	1602.7
盛岡	1266.0	1684.1
仙台	1254.1	1796.1
秋田	1686.2	1526.0
山形	1163.0	1613.3
福島	1166.0	1738.8
水戸	1353.8	1921.7
宇都宮	1493.1	1911.3
前橋	1248.5	2110.9
熊谷	1286.3	2042.1
銚子	1659.8	1959.9
東京	1528.8	1881.3
横浜	1688.6	1964.4
新潟	1821.0	1642.5
富山	2300.0	1612.1
金沢	2398.9	1680.8
福井	2237.6	1619.4
甲府	1135.2	2183.0
長野	932.7	1939.6
岐阜	1827.5	2085.1
静岡	2324.9	2099.0
名古屋	1535.3	2091.6
津	1581.4	2065.6
彦根	1570.9	1825.8
京都	1491.3	1775.1
大阪	1279.0	1996.4
神戸	1216.2	1995.1
奈良	1316.0	1823.0
和歌山	1316.9	2088.8
鳥取	1914.0	1663.2
松江	1787.2	1696.2
岡山	1105.9	2030.7
広島	1537.6	2042.3
下関	1684.3	1880.5
徳島	1453.8	2092.9
高松	1082.3	2053.9
松山	1314.9	2017.1
高知	2547.5	2154.2
福岡	1612.3	1867.0
佐賀	1870.1	1969.0
長崎	1857.7	1866.1
熊本	1985.8	2001.6
大分	1644.6	2001.8
宮崎	2508.5	2116.1
鹿児島	2265.7	1935.6
那覇	2040.8	1774.0

(1981〜2010年の平均値)

*アメダスとは「地域気象観測システム」の略称で、全国に約1300ヵ所設置されている気象庁の自動気象観測所のことをいう。

5 | 4

沖縄より暑い北海道

緯度が高い地域（内陸部を除く）は寒暖差が大きく、緯度が低い地域は寒暖差が小さい。

日本列島のほとんどが温帯に属しているが、北海道は亜寒帯（冷帯）、南西諸島は亜熱帯に分類される。亜寒帯の北海道は、冬になると深い雪に閉ざされ、寒さは厳しい。それに対して亜熱帯の南西諸島は、真冬でも10℃を下ることはほとんどなく、亜熱帯植物が茂る南国ムードあふれた地域である。しかし、亜寒帯の北海道が、亜熱帯の沖縄の気温を上回ることがしばしばあるのだ。

２０１６年５月の気温もそうだった。北海道の各地で、5月としては観測史上初の5日連続の真夏日（日最高気温が30℃以上）を記録した。そのとき、沖縄は26℃前後という涼しさだった。北海道の人が「沖縄に避暑に行きたい」と、冗談とも本音ともつかないようなことを言っていた。日本列島が高気圧に覆われ、そこへ南から暖かい空気が流れ込んできたための気象現象だったが、北海道では猛暑日（日最高気温が35℃以上）もしばしばある。２０１４年６月には、帯広市近郊の音更町で37・8℃を記録している。

ちなみに、都道府県庁所在地で最高気温記録が最も低いのは雪国の札幌市ではなく、実は沖縄県の那覇市である。沖縄は亜熱帯性の気候のため、年平均気温が23・1℃もあり、冬でも10℃を下回るようなことはほとんどない。真夏には連日のように30℃を超える。だが、周囲を海に囲まれた海洋性気候のため寒暖の差が小さく、海風の影響で陸地の気温上昇が抑えられ、猛暑日はほとんどない。２００１（平成13）年8月に観測した35・6℃が那覇市の最高気温記録だ。これは、都道府県庁所在地の中で最も低い記録である。同じように、海洋の影響を強く受ける室戸岬や足摺岬、潮岬、千葉県の銚子市なども、札幌市の最高気温記録（36・2℃）を超えたことは過去に一度もない。

また、年平均気温が20℃を超えているのは、都道府県庁所在地では唯一那覇市だけだが、1年中で最も暑い8月の平均気温が日本一高いのは那覇市（28・7℃）ではなく、大阪市（28・8℃）なのである。だが、那覇市は8月より7月の方が気温は高い。8月の気温より7月の気温の方が高いのは、全国で唯一那覇市だけである。

日本歴代最高気温ベスト3

＊2021年３月現在

各地域の平均気温と最高気温記録

地方官署所在地	年平均気温(℃)	8月の平均気温(℃)	最高気温記録(℃)
札幌	8.9	22.3	36.2
青森	10.4	23.3	36.7
盛岡	10.2	23.4	37.2
仙台	12.4	24.2	37.2
秋田	11.7	24.9	38.2
山形	11.7	24.9	40.8
福島	13.0	25.4	39.1
水戸	13.6	25.2	38.4
宇都宮	13.8	25.6	38.7
前橋	14.6	26.4	40.0
熊谷	15.0	26.8	41.0
銚子	15.4	25.2	35.3
東京	16.3	27.4	39.5
横浜	15.8	26.7	37.0
新潟	13.9	26.6	39.1
富山	14.1	26.6	39.5
金沢	14.6	27.0	38.5
福井	14.5	27.2	38.5
甲府	14.7	26.6	40.4
長野	11.9	25.2	38.7
岐阜	15.8	28.0	39.8
静岡	16.5	27.0	38.7
名古屋	15.8	27.8	39.9
津	15.9	27.5	39.5
彦根	14.7	27.1	37.5
京都	15.9	28.2	39.8
大阪	16.9	28.8	39.1
神戸	16.7	28.3	38.8
奈良	14.9	26.9	39.3
和歌山	16.7	28.1	38.1
鳥取	14.9	27.0	39.1
松江	14.9	26.8	38.5
岡山	16.2	28.3	39.3
広島	16.3	28.2	38.7
下関	9.4	27.6	37.0
徳島	16.6	27.8	38.4
高松	16.3	28.1	38.2
松山	16.5	27.8	37.0
高知	17.0	27.5	38.4
福岡	17.0	28.1	37.7
佐賀	16.5	27.8	39.6
長崎	17.2	27.9	37.7
熊本	16.9	28.2	38.8
大分	16.4	27.3	37.6
宮崎	17.4	27.2	38.0
鹿児島	18.6	28.5	37.0
那覇	23.1	28.7	35.6

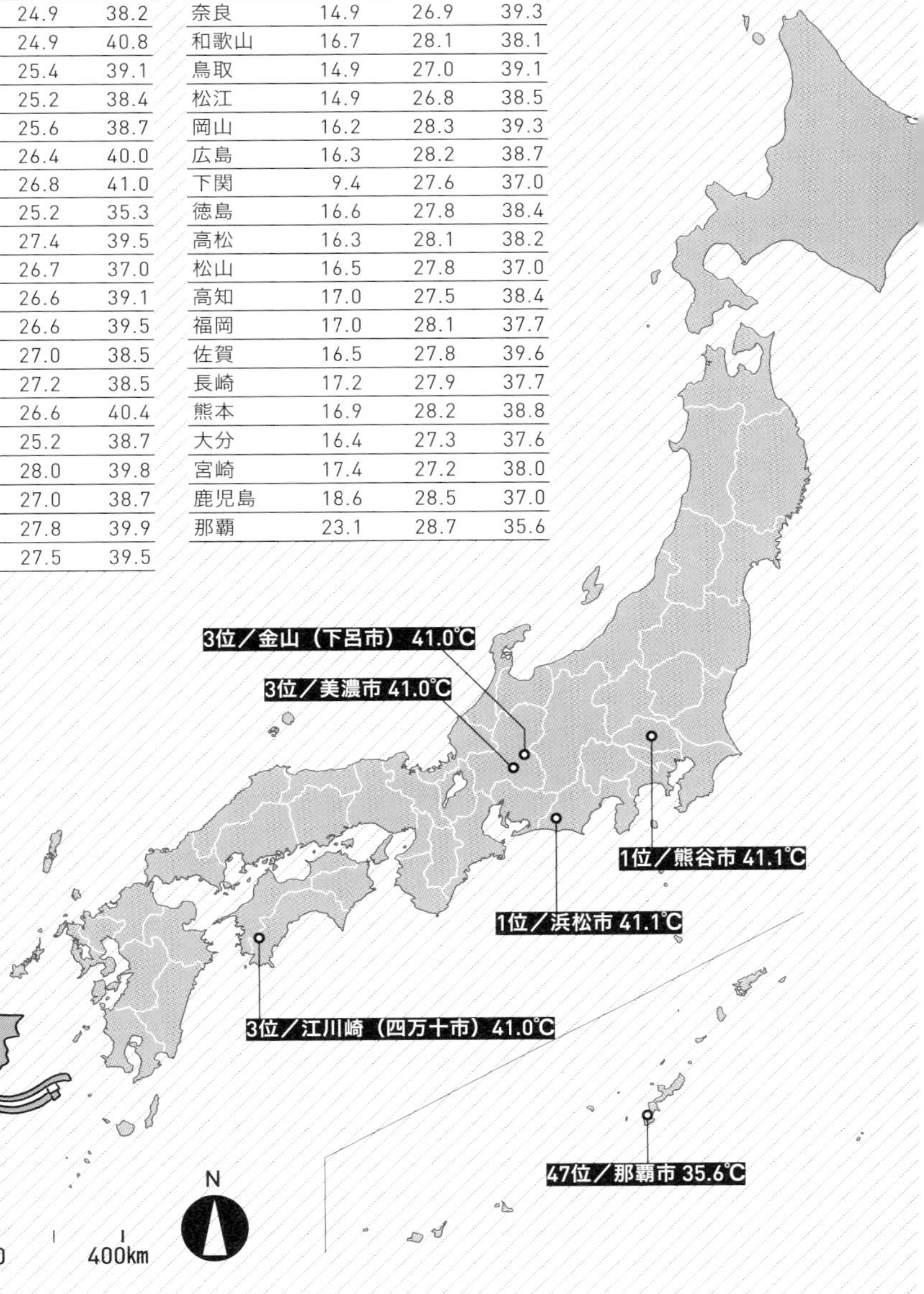

内陸の熊谷、美濃などのほうが気温が高くなる傾向に。

日本列島の半分は豪雪地帯

日本海側でよく雪が降るのは、冬に冷たく湿った北西の季節風が吹いてくるから。

積雪量が多い地方のことを雪国と呼んでいるが、特に大量の積雪がある地域を豪雪地帯という。豪雪地帯というと冬の間、日常生活にも影響をおよぼすほどの深い雪に覆われた地域を想像するが、どれだけの雪が積もれば豪雪地帯というのか。法的には、「豪雪地帯対策特別措置法」に基づいて指定された地域を「豪雪地帯」と定義している。同法の第1条では「積雪が特にはなはだしいため、産業の発展が停滞的で、かつ、住民の生活水準の向上が阻害されている地域」を豪雪地帯とし、第2条では「豪雪地帯のうち積雪の度が特に高く、かつ、積雪により長期間自動車の交通が途絶する等により住民の生活に著しい支障を生ずる地域」が「特別豪雪地帯」に指定されている。

豪雪地帯および特別豪雪地帯に指定されている地域は、国土のごく一部だと思うかもしれないが、約半分にあたる約19万km²が豪雪地帯に指定されている。また、そのうちのおよそ40%にあたる約7・5万km²が特別豪雪地帯である。

豪雪地帯に指定された地域がある都道府県は24道府県にも上り、そのうちの10道県は全域が豪雪地帯に指定されている。豪雪地帯がまったくないのは四国と九州および沖縄だけである。日本は想像以上に積雪が多い国なのだ。だが、豪雪地帯というハンディを克服して、めざましい発展を遂げた都市も少なくない。たとえば札幌市は豪雪地帯でありながら、人口190万人以上を有する日本で第5位の大都市に成長している。

北九州市や広島市に都市高速道路が走っているのに、それより大都市の札幌市にはなぜ都市高速が走っていないのか。疑問を抱いている人もいるだろうが、それは札幌市が豪雪地帯だということを忘れるわけにはいかない。札幌市は20センチ以上の積雪日数が、年間100日以上もある。もし、多額の費用を投入して都市高速道路を建設したとしても、積雪や凍結予防など、他の都市とは比較にならないほどの維持管理費が必要なのである。そういったハンディを乗り越えて発展してきたわけだから、札幌はバイタリティーのある凄い都市だといえるだろう。

豪雪地帯および特別豪雪地帯の指定地域

各地域の積雪日数と最深積雪

気象官署所在地	積雪日数(日)	最深積雪(cm)
札幌	125.9	169
青森	108.6	209
盛岡	103.8	81
仙台	66.5	41
秋田	98.9	117
山形	90.6	113
福島	69.9	80
水戸	12.0	32
宇都宮	17.9	30
前橋	18.2	37
熊谷	11.0	45
銚子	6.1	17
東京	9.7	46
横浜	9.7	45
新潟	70.8	120
富山	56.0	208
金沢	54.8	181
福井	52.5	213
甲府	11.8	49
長野	75.3	80
岐阜	24.6	58
静岡	2.6	10
名古屋	16.6	49
津	17.7	26
彦根	35.6	93
京都	30.0	41
大阪	15.5	18
神戸	18.6	17
奈良	22.5	21
和歌山	13.9	40
鳥取	44.7	129
松江	39.6	100
岡山	15.4	26
広島	23.3	31
下関	20.0	39
徳島	13.4	42
高松	14.3	19
松山	12.9	34
高知	6.4	10
福岡	17.1	30
佐賀	15.3	21
長崎	13.5	15
熊本	12.5	13
大分	9.8	15
宮崎	1.3	3
鹿児島	5.5	29
那覇	0.0	0

(積雪日数は1981～2010年の平均値)

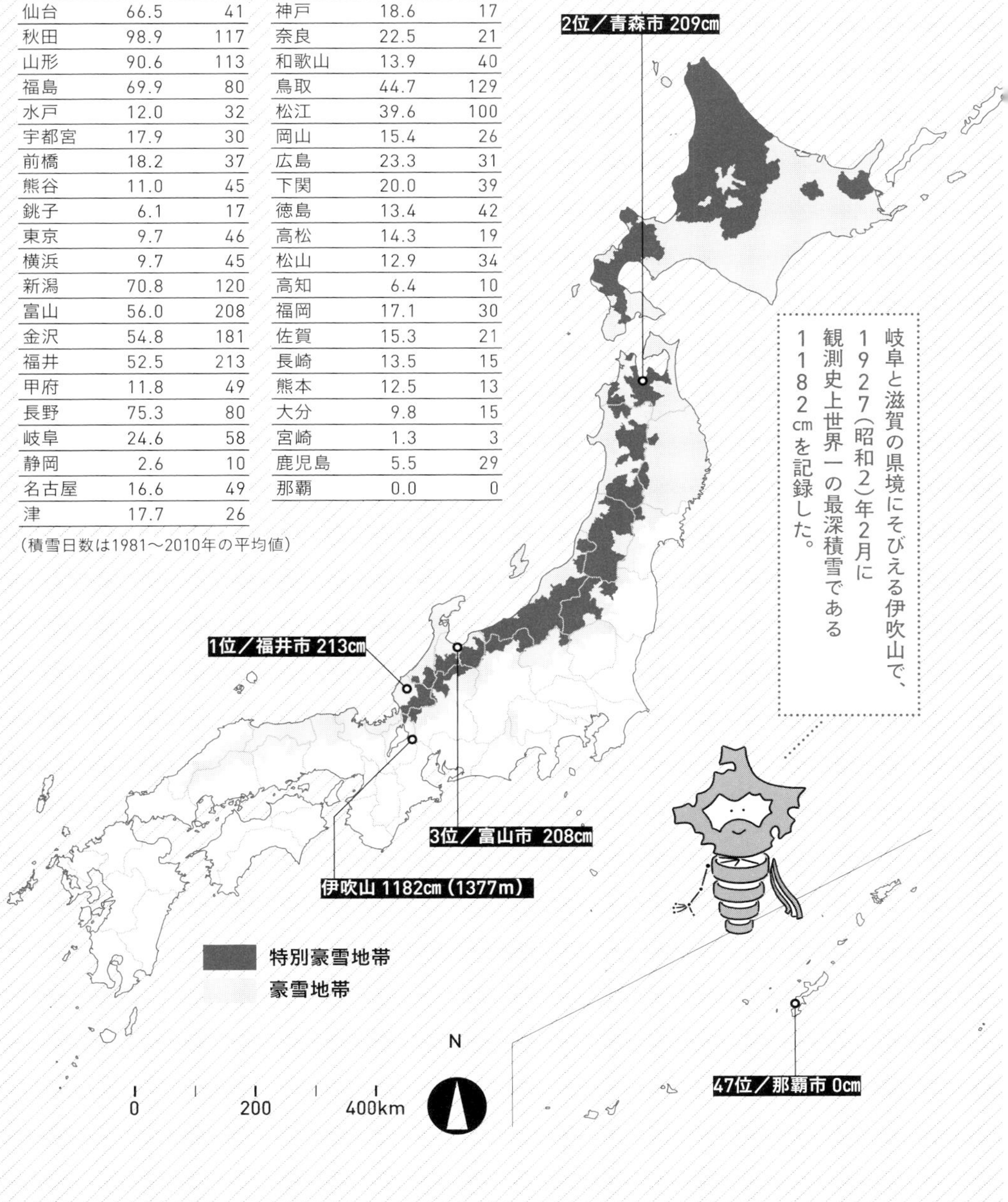

世界の地震の10分の1が日本で起こる

地震は震度(揺れの大きさ)とマグニチュード(地震の規模・M)で表す。

日本人が最も恐怖心を抱いている自然災害は、地震ではないだろうか。世界で起こっている地震の約10分の1が日本とその近海で発生している。地球の表面は「プレート」と呼ばれる十数枚の岩盤に覆われているが、日本列島は太平洋プレート、フィリピン海プレート、ユーラシアプレート、北米プレートの4枚のプレートの境界付近に乗っかっている。

地球の表面を覆っている岩盤には無数の割れ目があるが、この割れ目に大きな力が加わって耐えきれなくなると岩盤にヒビが入って破壊され、割れ目がずれる。これを断層運動というが、その衝撃が振動として地面に伝わってきたものが地震である。過去数十万年前以降にずれたことがあり、将来も活動する可能性がある断層を「活断層」という。日本列島には無数の活断層が走っている。

日本列島に走っている最大規模の断層線が、諏訪湖の南から紀伊半島、四国の北部を通り、九州にいたる中央構造線である。熊本県も大分県も中央構造線上に位置している。熊本を震源とする大地震が2016(平成28)年4月に発生し、熊本城が大きな被害を受けたことは記憶に新しい。震度7を2度観測するのは初めてのことである。

陸地で発生した地震の震源が、熊本県から大分県にいたる100km以上にも広がったケースは稀である。中央構造線の周辺には多くの活断層が走っているので、地震の連鎖が起こることが懸念されている。今回の熊本地震は、近い将来発生する可能性がある南海トラフ地震の前兆ではないかといわれている。南海トラフとは、フィリピン海プレートがユーラシアプレートの下に沈み込んでいる大きな溝状の地形をいう。海上保安庁は南海トラフの周辺で、海底の大きな動きを観測したからだ。過去に起きた巨大地震の安政東海地震や東南海地震、南海道地震は南海トラフ周辺が震源になっている。南海トラフ地震は、M8〜9の巨大地震で、30年以内に70％の確率で発生するといわれており、これが現実のものになったら、犠牲者は32万人以上にも上ると予測されている。

地震大国の日本

震度の階級別、揺れの状況

震度	揺れの様子
0	地震計は感知するが、人は揺れを感じない。
1	屋内にいる人が揺れを感じる人がいる。
2	屋内にいる人の多くが揺れを感じる。
3	屋内にいるほとんどの人が揺れを感じ、重ねた食器が音を立てる。
4	ほとんどの人は恐怖を感じる。睡眠中の人が目を覚ます。吊り下げた物が大きく揺れる。安定性の悪い置物が倒れる。
5弱	家具が音を立て、固定していない家具がずれることがある。書籍や食器が棚から落ちることがある。
5強	物につかまらないと歩行が難しくなる。書籍や食器の多くが落下する。固定していない家具が倒れることがある。
6弱	立っていることが困難になる。ドアが開かなくなる。窓ガラスが破損する。耐震性の低い木造建造物が倒れることがある。
6強	這わないと移動できない。固定していない家具のほとんどが倒れる。耐震性の低い木造建造物の多くが倒れる。地滑りや山崩れが発生することがある。
7	耐震性の低い鉄筋コンクリートの建物が傾き、倒れることがある。大規模な地割れや地滑り、山崩れが発生する。

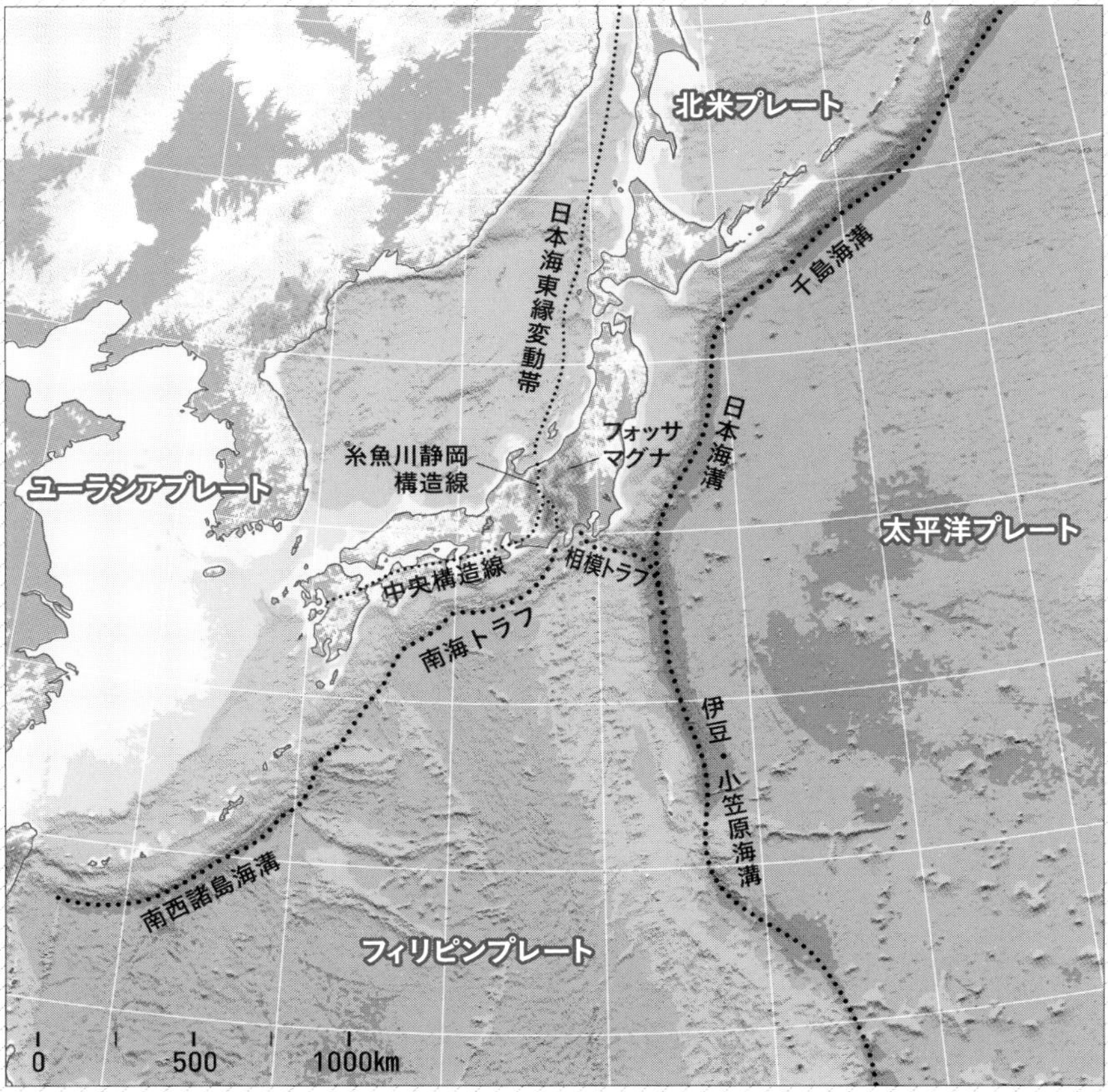

（国土地理院ホームページより）

津波の脅威――その恐るべき速さと高さ

地震の震源地の水深が深ければ深いほど、津波の速度は速くなっていく。

地震の本当の怖さは、地震による二次災害にある。沿岸地域では、津波が最大の脅威になる。熊本地震は甚大な被害をもたらしたが、死者数が49人にとどまったのは、内陸型の地震で津波被害がなかったからだ。それに対し、2011（平成23）年の東日本大震災は、日本海溝付近で発生した海溝型地震であったため、大規模な津波が発生した。多くの人が津波に呑みこまれ、死者行方不明者が約1万8500人にも上ったのである。福島第一原子力発電所が津波に襲われ、10万人以上が避難するという想定外の大災害になった。

津波の伝播速度は、地震の震源が深いほど速く、浅いほど遅くなる。1960（昭和35）年に南米チリの近海で発生したチリ地震では、地震の発生から15分後にはチリの沿岸部が津波に襲われた。その津波は15時間後にハワイに到達し、22・5時間後には太平洋を横断して三陸海岸を襲来した。地球の裏側で発生した津波が、1日足らずで日本に到達したのである。信じられないような速さである。水深わずか10mの海岸でも津波は時速35・6㎞もあるので、津波を見てから避難していては間に合わない。

津波は海面だけが波打っている普通の波とはわけが違う。海底から海面まで、すべての海水が一つの巨大な水の塊となって押し寄せてくるので、想像以上にスピードがあり、頑強な建築物でも押し倒してしまうだけのエネルギーを持っている。また、リアス式海岸のようにV字型になったところでは、波が反射してエネルギーがそこに集中するので、津波は想像以上の高さになる。湾口ではそれほど高くない津波でも、湾奥ではその何倍もの高さになり、津波が山の斜面を駆け上って行くこともある。

2011（平成23）年3月に発生した東日本大震災では、リアス式海岸の岩手県大船渡市綾里湾で、これまでの最高記録となる遡上高が40・1mの津波が観測されている。岩手県宮古市の田老地区に「田老万里の長城」と呼ばれる長さが2433m、高さ10mの防潮堤があるが、今回の津波ではこの防潮堤をやすやすと乗り越えた。

津波の発生と伝播のメカニズム

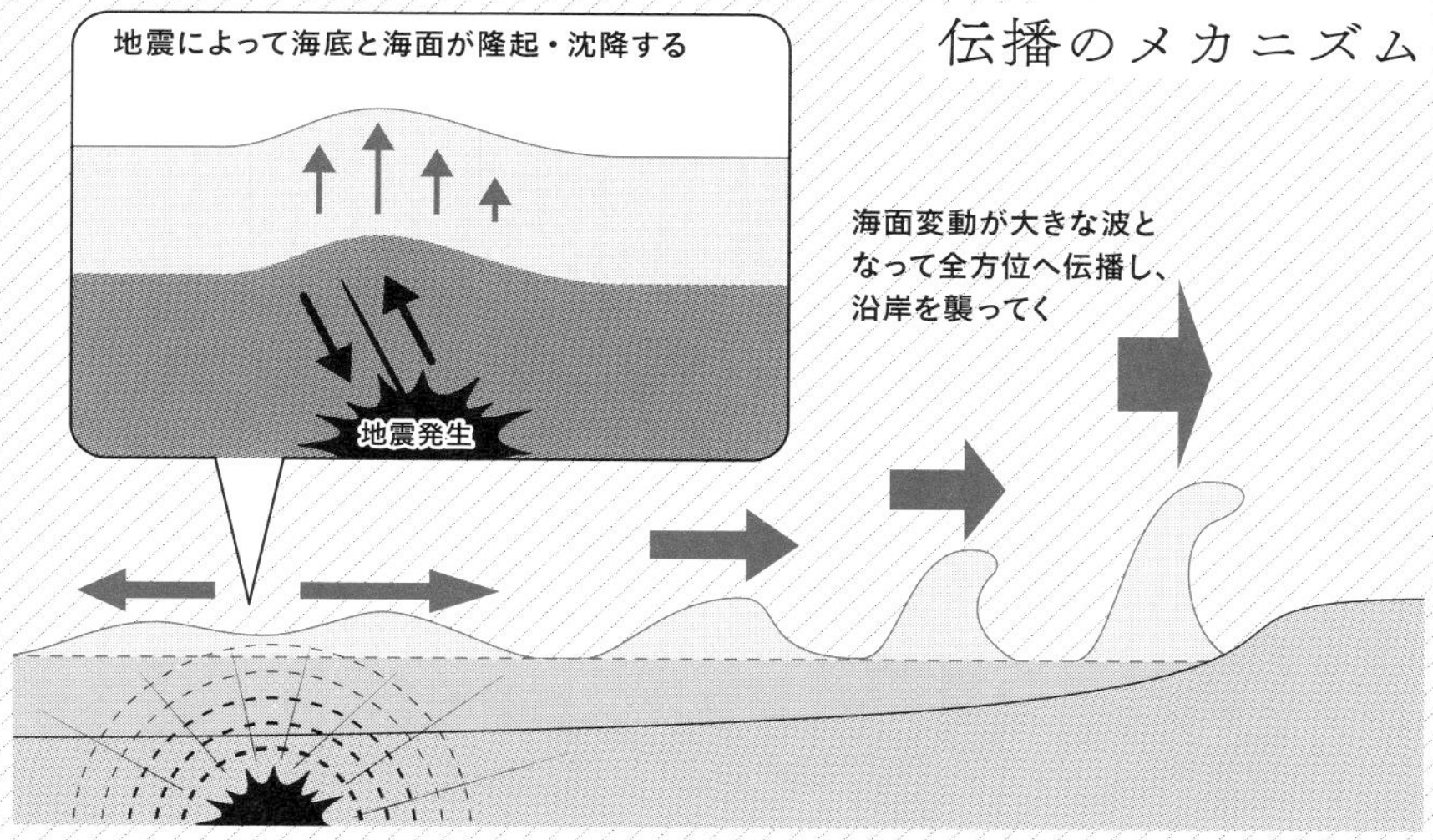
地震によって海底と海面が隆起・沈降する
地震発生
海面変動が大きな波となって全方位へ伝播し、沿岸を襲ってく

津波の伝わる速さと高さ

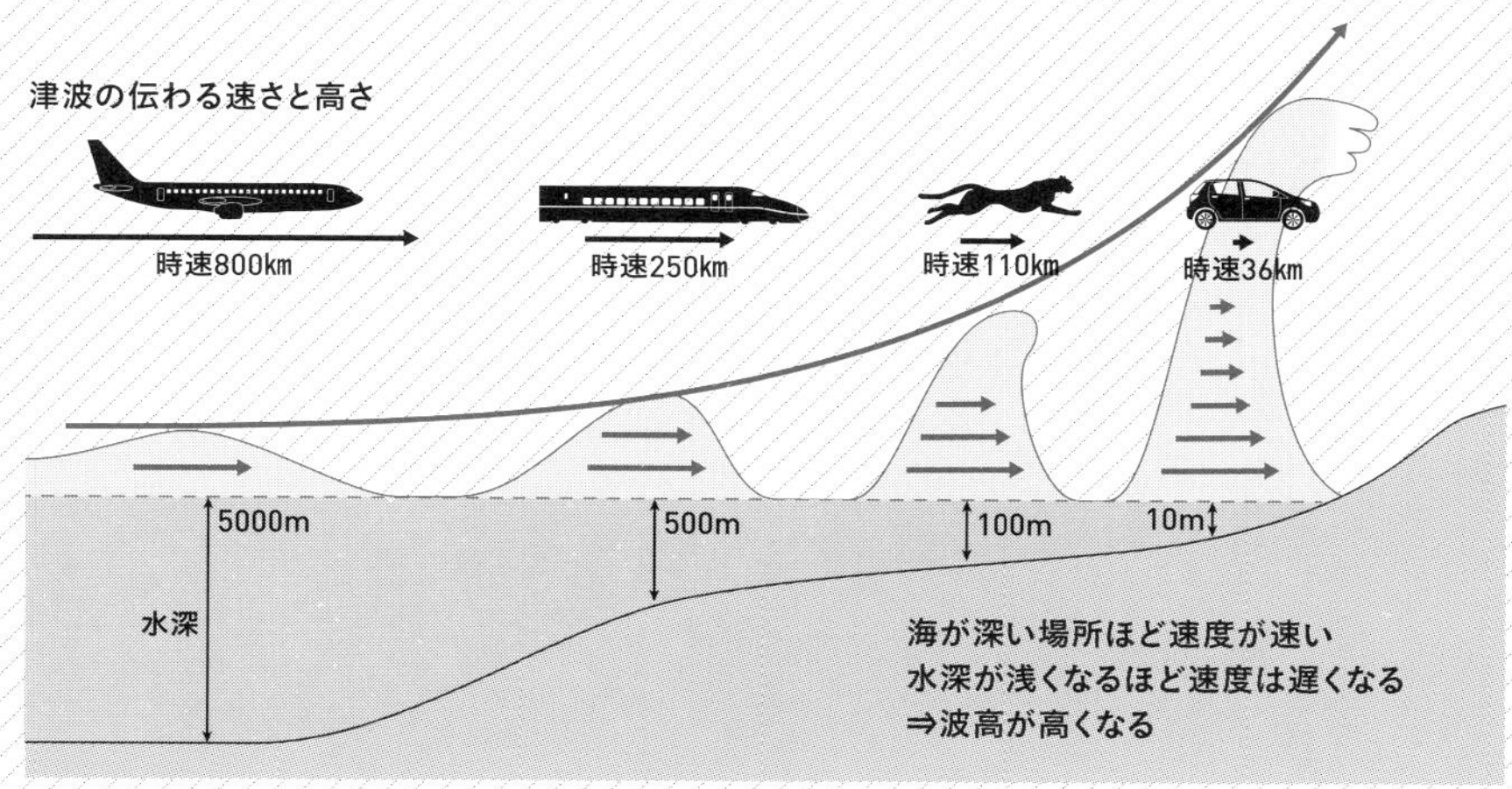
時速800km
時速250km
時速110km
時速36km
5000m
500m
100m
10m
水深
海が深い場所ほど速度が速い
水深が浅くなるほど速度は遅くなる
⇒波高が高くなる

津波の伝播速度

水深（m）	津波の時速（km/h）
10000	1126.8
5000	796.9
4000	712.8
3000	617.3
2000	504.0
1000	356.4
500	252.0
400	225.4
300	195.2
200	159.4
100	112.7
50	79.7
40	71.3
30	61.7
20	50.4
10	35.6

津波は水の塊が海岸に押し寄せてくるので、破壊力が大きい。

（気象庁のホームページより）

自然公園の総面積は「九州＋四国」より広い

自然公園には国立公園、国定公園、都道府県立自然公園の3種類がある。

日本は自然災害の多い国だが、自然が豊かな国でもある。だが、この恵まれた自然を保全していくためには、何らかの規制を設けなければ、無計画な開発で貴重な自然が破壊されかねない。そこで、わが国では特に優れた自然の景勝地を保護し、その利用の増進を図るため、1931（昭和6）年に国立公園法（1957年10月、自然公園法に改正）が施行され、1934年に瀬戸内海、雲仙、霧島の3ヵ所が、日本で最初の国立公園に指定された。

1950（昭和25）年には、国立公園に準じる国定公園の制度が設けられて、琵琶湖、佐渡弥彦、耶馬日田英彦山の3ヵ所が国定公園に指定され、さらに国定公園に準じる都道府県立自然公園も生まれた。このように、自然公園法で指定された自然公園には、国立公園、国定公園、都道府県立自然公園の3種類がある。

国立公園は全国で34ヵ所、国定公園は57ヵ所、都道府県立自然公園は311ヵ所。数では都道府県立自然公園が圧倒的に多いが、面積は国立公園が2万1949㎢で最も広く、次いで都道府県立自然公園の1万9487㎢、国定公園1万4452㎢の順になっている。国立、国定、都道府県立3種類の自然公園の総面積は5万5888㎢と、九州（3万6750㎢）と四国（1万8301㎢）を合わせた面積よりも広いのだ（2020年3月現在）。

1987（昭和62）年、タンチョウの繁殖地として知られる釧路湿原が、28番目の国立公園として誕生した当時は、これが日本で最後の国立公園だろうといわれていた。だが、2015（平成27）年には沖縄本島の北部およびその周辺の海域が「やんばる国立公園」として誕生し、2017（平成29）年には奄美群島が34番目の国立公園に指定された。

どちらの国立公園にも豊かな亜熱帯照葉樹林があり、固有の生物も多数生息している。自然環境や野生生物を保護するという観点からも、国立公園に指定すべき地域だったといえる。日本には優れた自然の風景地ばかりではなく、独特の生態系を持つ学術的にも貴重な地域がまだ多く残されており、今後も国立公園が生まれる可能性はある。

日本の国立公園

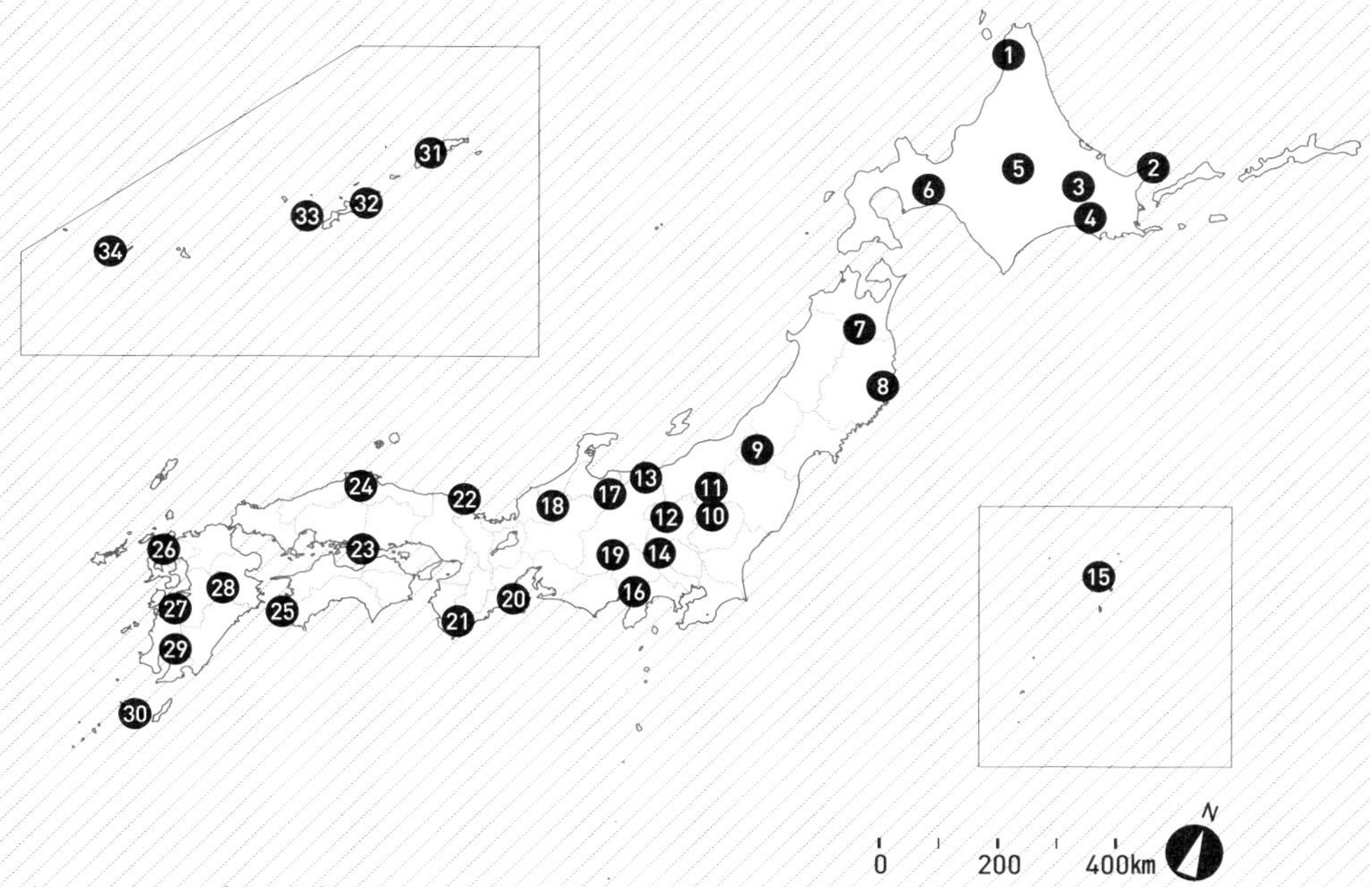

国立公園 34 ヵ所（指定順）

国立公園名	指定年度	範囲	地図番号
瀬戸内海	1934.3.16	岡山、広島、山口、福岡、大分、愛媛、香川、徳島、和歌山、大阪、兵庫	23
雲仙天草	1934.3.16	長崎、熊本、鹿児島	27
霧島錦江湾	1934.3.16	宮崎、鹿児島	29
阿寒	1934.12.4	北海道	3
大雪山	1934.12.4	北海道	5
日光	1934.12.4	栃木、群馬、福島	10
中部山岳	1934.12.4	新潟、富山、長野、岐阜	17
阿蘇くじゅう	1934.12.4	熊本、大分	28
十和田八幡平	1936.2.1	青森、岩手、秋田	7
富士箱根伊豆	1936.2.1	東京、神奈川、山梨、静岡	16
吉野熊野	1936.2.1	三重、奈良、和歌山	21
大山隠岐	1936.2.1	鳥取、島根、岡山	24
伊勢志摩	1946.11.20	三重	20
支笏洞爺	1949.5.16	北海道	6
上信越高原	1949.9.7	群馬、新潟、長野	12
磐梯朝日	1950.9.5	山形、福島、新潟	9
秩父多摩甲斐	1950.12.4	埼玉、東京、山梨、長野	14
西海	1955.3.16	長崎	26
三陸復興	1955.5.2	青森、岩手、宮城	8
白山	1962.11.12	富山、石川、福井、岐阜	18
山陰海岸	1963.7.15	京都、兵庫、鳥取	22
知床	1964.6.1	北海道	2
南アルプス	1964.6.1	山梨、長野、静岡	19
西表石垣	1972.5.15	沖縄	34
小笠原	1972.10.16	東京	15
足摺宇和海	1972.11.10	愛媛、高知	25
利尻礼文サロベツ	1974.9.20	北海道	1
釧路湿原	1987.7.31	北海道	4
尾瀬	2007.8.30	栃木、群馬、福島、新潟	11
屋久島	2012.3.16	鹿児島	30
慶良間諸島	2014.3.5	沖縄	33
妙高戸隠連山	2015.3.27	新潟、長野	13
やんばる	2016.9.15	沖縄	32
奄美群島	2017.3.7	鹿児島	31

（2020年 3 月現在）環境省

自然公園の面積比率が日本一高い都道府県は？

自然公園の面積比率は自然豊かな地方より、大都市周辺地域の方が高い傾向にある。

自然公園は47都道府県すべてに分布している。必ずしも自然が豊かな地域に自然公園が多いわけではない。自然公園は日本の総面積の約15%を占めているが、最もよく自然が豊かな北海道は10%と低く、岩手県はわずか5%に過ぎない。広島県はそれよりも低い4%だ。島根県は6%、山口、愛媛、高知の3県は7%というように、比較的自然に恵まれていると思われる県で、自然公園の面積比率が低い。

それに対し、最も自然は少ないだろうと思われがちな東京都は、自然公園の面積比率が36%という全国有数の高さである。東京に隣接している埼玉県も33%と高く、神奈川県も23%で全国平均を大きく上回っている。このように、大都市およびその周辺地域で自然公園の面積比率が高いのは、開発の対象になりやすい大都市の近郊の自然を保全するという狙いもある。日本で最も自然公園比率が高いのは、日本一大きい湖の琵琶湖がある滋賀県で37%。このほか東京、埼玉、富山、三重、沖縄の6都県で30%を超えている。

国立公園は全国に34ヵ所あるが、茨城、千葉、愛知、滋賀、大阪、佐賀の6府県は国立公園の空白県になっている。いずれも大都市を有する自治体、およびその隣接県である。国定公園が一つもないのは栃木、埼玉、香川の3県で、国立公園も国定公園もないという自治体はさすがに一つもない。都道府県立自然公園は311ヵ所と、国立公園の10倍近い数がある。1県平均6・6ヵ所で、高知県には18、岐阜県には15、新潟県には13の都道府県立自然公園がある。

これだけ都道府県立自然公園は全国に多くあるのに、一つもない県がある。群馬県である。都市化が進んでいる埼玉県には10ヵ所あるのに、なぜか群馬県には都道府県自然公園が一つもない。それは、群馬県には自然公園法が施行される前から、自然公園的な性格を持った県立公園や県有公園が整備されていたからだという。群馬県には県立赤城公園や県立榛名公園など、景勝に優れた多くの県立公園がある。県立自然公園といってもおかしくないが、県立赤城公園は県有公園、県立榛名公園は都市公園の扱いだ。

自然公園の面積比率が高いのはどこだ？

自然公園の件数と面積比率

都道府県	国立公園数	固定公園数	都道府県立自然公園数	自然公園面積比率（%）
北海道	6	5	12	10
青森	2	2	7	12
岩手	2	2	7	5
宮城	1	2	8	24
秋田	1	3	8	11
山形	1	3	6	17
福島	3	1	11	13
茨城	0	1	9	15
栃木	2	0	8	21
群馬	3	1	0	14
埼玉	1	0	10	33
千葉	0	2	8	6
東京	3	1	6	36
神奈川	1	1	4	23
新潟	5	2	13	25
富山	2	1	6	30
石川	1	2	5	13
福井	1	2	1	15
山梨	3	1	2	27
長野	5	4	5	20
岐阜	2	2	15	18
静岡	2	1	4	11
愛知	0	4	7	17
三重	2	2	5	36
滋賀	0	2	3	37
京都	1	4	3	21
大阪	0	2	2	11
兵庫	2	1	11	20
奈良	1	4	3	17
和歌山	2	2	12	13
鳥取	2	2	3	14
島根	1	2	11	6
岡山	2	1	7	11
広島	1	2	6	4
山口	1	3	4	7
徳島	1	2	6	9
香川	1	0	1	11
愛媛	2	1	7	7
高知	1	3	18	7
福岡	1	3	5	18
佐賀	0	1	6	11
長崎	2	2	6	18
熊本	2	2	7	21
大分	2	3	5	28
宮崎	1	4	6	12
鹿児島	4	2	8	13
沖縄	3	2	4	36
全国	34	56	311	15

（2020年３月末現在）環境省

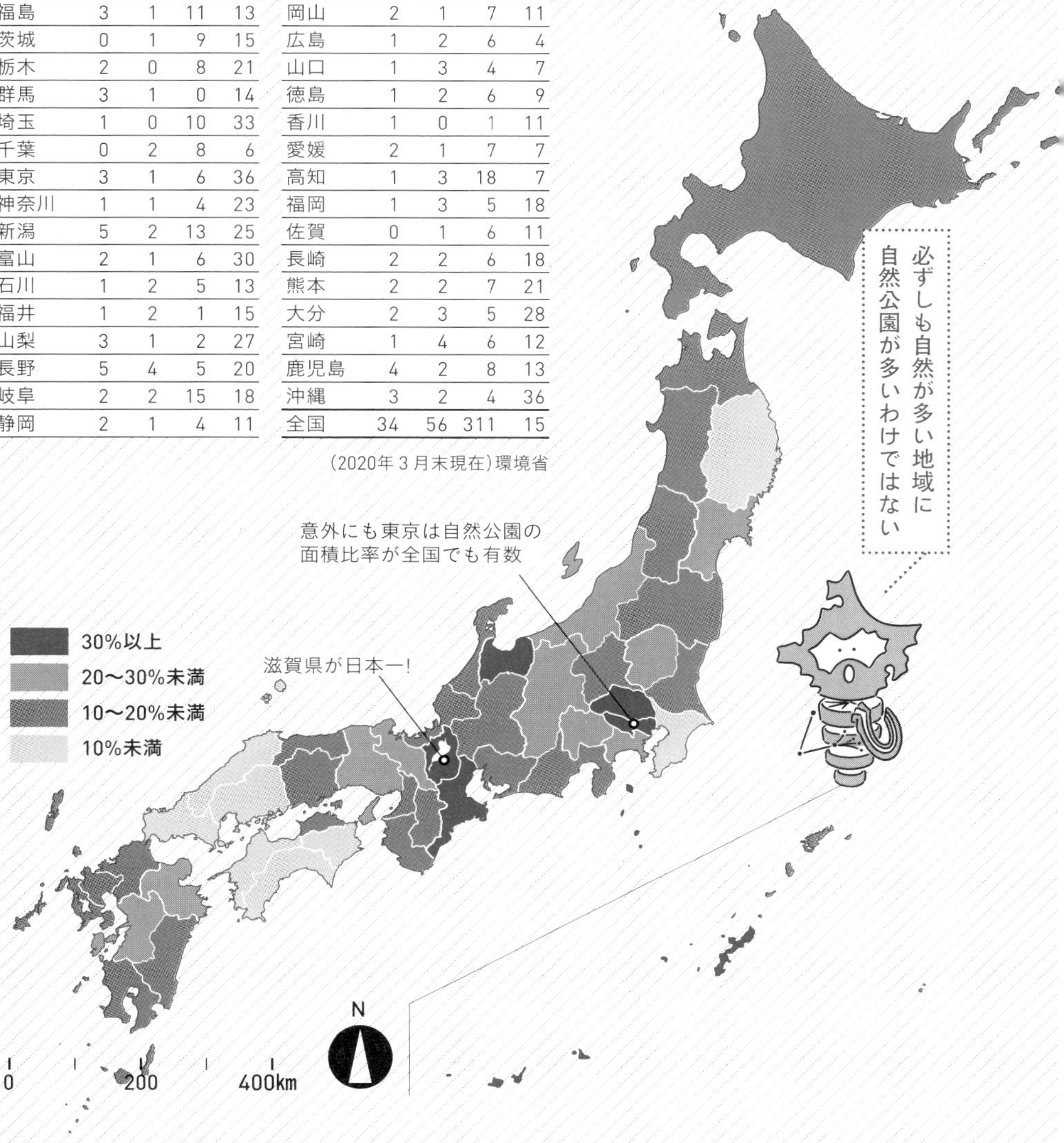

必ずしも自然が多い地域に自然公園が多いわけではない
意外にも東京は自然公園の面積比率が全国でも有数
滋賀県が日本一!
30%以上
20〜30%未満
10〜20%未満
10%未満
N
0
200
400km

6 | 1

低下しつつある日本の食料自給率

米や鶏卵、野菜などの自給率は高いが、大麦、小麦、大豆などの自給率は低い。

かつて、日本は農業国だった。だが、第二次世界大戦を境に、日本の産業構造は大きく変化した。昭和30年代に入って日本の工業化が急速に進み、第一次産業（農業、林業、漁業）比率は急速に減少していった。第1回国勢調査が実施された1920（大正9）年には、農林漁業に従事する人口が全体の50％を超えていた。その後、次第に下がり続け、2010（平成22）年の国勢調査では、第一次産業比率がわずか4％にまで低下している。

日本の農業は零細な農家が多く、高齢化で深刻な後継者不足に陥っている。その中にあって、北海道は面積が広大なので大規模な農地化が進み、農作物の生産量は群を抜いている。馬鈴薯やダイコン、ニンジン、タマネギ、そば、小麦、牛乳など、北海道には日本一の収穫量を誇っている品目が多く、食料供給地として重要な役割を担っている。

日本の食料消費量のうち、国内で生産している割合を食料自給率というが、食料の重量を供給熱量（カロリー）に換算した「カロリーベース総合食料自給率」で表わすことが多い。食料自給率は、日本が高度成長期に入って以来急速に低下してきた。第二次世界大戦までは、日本人が消費する食料は、ほぼ100％国内で生産してきたが、日本の経済発展にともない、食料自給率は低下していき、1989（平成元）年にはついに50％を割った。その後もジリジリと下がり続け、2010（平成22）年以降は40～37％で推移している。

都道府県別にみると、食料自給率が最も高いのは北海道で、206％と2倍以上を確保している。食料自給率が100％を超えているのは、北海道と青森、岩手、秋田、山形、新潟の6道県だけである。最も低いのは東京都と大阪府でわずか1％。神奈川県も2％の自給率しかない。東京の食料自給率は、北海道の200分の1しかないのである。大都市圏は農業産出額が多くても、人口も多いため食料自給率は低くなる。コメや鶏卵、キノコ類、野菜などの自給率は高いが、大麦、小麦、豆類などは、ほとんど外国に依存している。

食料自給率の全国ナンバー1シェアは北海道

都道府県別の食料自給率（カロリーベース）

都道府県	食料自給率(%)	都道府県	食料自給率(%)
北海道	206	滋賀	49
青森	117	京都	12
岩手	101	大阪	1
宮城	70	兵庫	16
秋田	188	奈良	14
山形	137	和歌山	28
福島	75	鳥取	63
茨城	72	島根	67
栃木	68	岡山	37
群馬	33	広島	23
埼玉	10	山口	32
千葉	26	徳島	42
東京	1	香川	34
神奈川	2	愛媛	36
新潟	103	高知	48
富山	76	福岡	20
石川	47	佐賀	93
福井	66	長崎	47
山梨	19	熊本	58
長野	54	大分	47
岐阜	25	宮崎	65
静岡	16	鹿児島	82
愛知	12	沖縄	33
三重	40	全国	38

（農林水産省、2017年概算値）

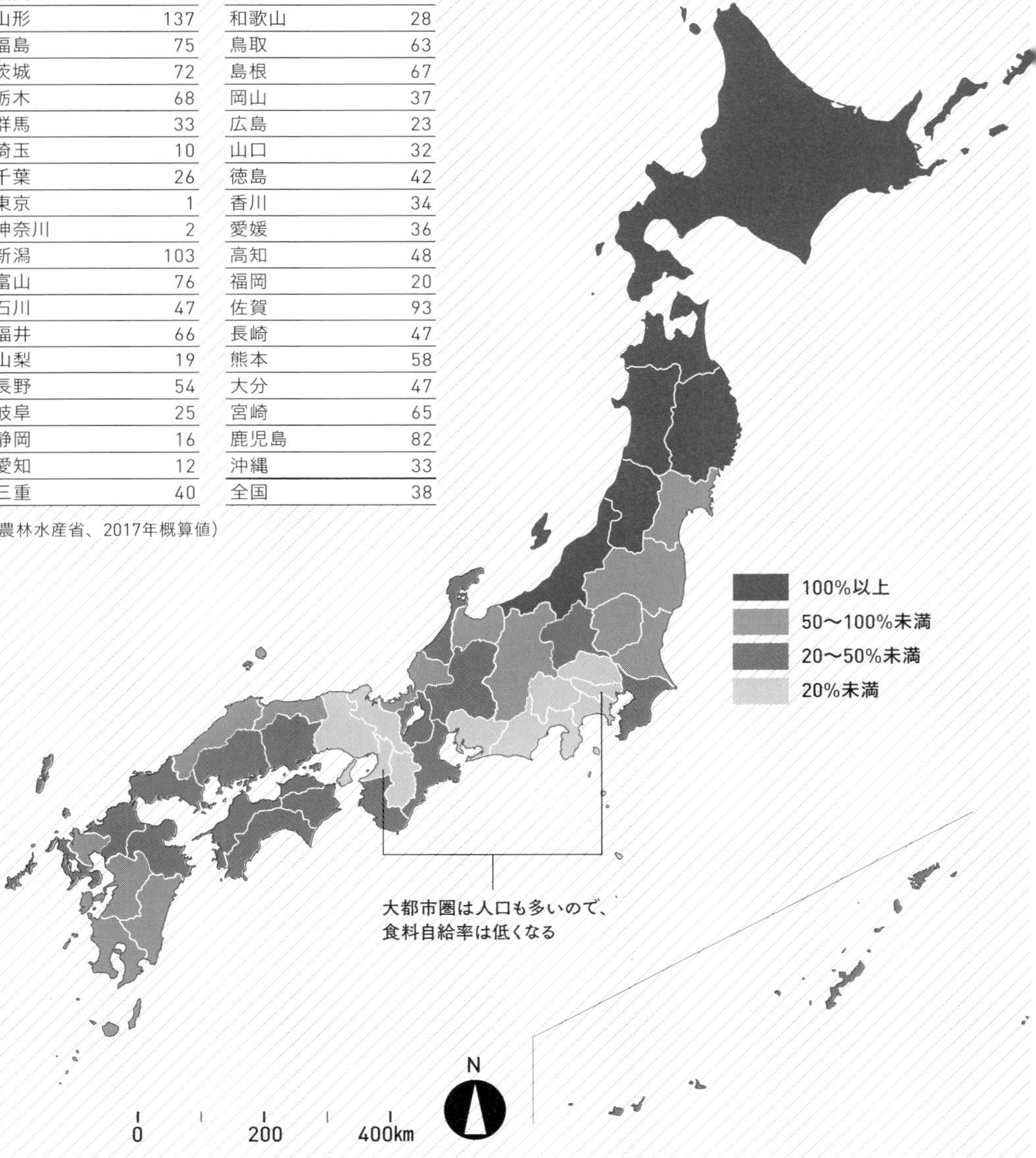

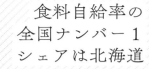

もはや日本は「漁業大国」ではない

日本の漁業は、獲る漁業から栽培漁業や養殖漁業への転換を目指している。

日本は周囲を海に囲まれた島国である。海岸線が複雑で、良港にも恵まれていたことから、古くから漁業が発達し、魚介類は日本の食生活に欠かせないものになっている。長いあいだ、日本は漁獲量世界一を誇り、「漁業大国」の名を世界にとどろかせてきた。遠くの海にまで漁業に出かけ、自由に漁をすることができたからである。しかし、1970年代になると海洋沿岸国が、自国の漁業権益を守るため、漁業専管水域を主張するようになった。沿岸漁業に依存する諸国が、日本のように遠洋漁業が発達した国の侵入を防ぐための対抗措置だといえる。1982（昭和57）年に採択された国連海洋法条約で、200海里の漁業専管水域が設定されたことにより、日本はこれまでのように自由に漁をすることができなくなったのである。

そのため、日本の漁獲量は1984年の1282万トンをピークに次第に減り続けた。逆に、漁業専管水域で自国の海域が保護される形になった中国やロシアなどの大国は、漁獲量を年々延ばしていった。1989年になって、日本は漁獲量世界一の座を中国に奪われてしまい、2016年の漁獲量は440万トンにまで落ち込んだ。中国の漁獲量（1780万トン）の4分の1、世界で第8位にまで転落し、日本の地位は大きく後退することになったのである。過去30年間で世界の漁業生産量は約2倍に増加しているというのに、日本は逆に半減してしまったのだ。中国やインドネシア、ベトナムなど新興国の成長が著しく、日本はもう「漁業大国」だとはいえなくなった。

日本国内に目を移せば、北洋漁業が盛んであった頃の釧路港の漁獲量は、最盛期の1987年には133・4万トンを記録したが、現在はその10分の1にも満たない。都道府県別の漁獲量を見ると、漁場に恵まれた北海道が日本一多いが、宮城や三重、愛媛、鹿児島など、養殖業の盛んな県も漁業生産量は比較的多い。これからは獲る漁業から栽培漁業、養殖漁業に力を注いでいかなければ、魚介類を多く摂取する日本人の食生活、食文化を守っていくことはできないだろう。

都道府県別漁業生産量

都道府県	漁業生産量(t)
北海道	87万1506
青森	23万3163
岩手	12万0761
宮城	24万8470
秋田	7249
山形	5698
福島	4万9335
茨城	24万7484
栃木	1081
群馬	347
埼玉	3
千葉	12万3250
東京	4万8980
神奈川	3万5994
新潟	3万1545
富山	3万9911
石川	6万0270
福井	1万5382
山梨	959
長野	1810
岐阜	1668
静岡	18万6778
愛知	9万7215
三重	19万7217
滋賀	609
京都	1万0785
大阪	1万8777
兵庫	12万5594
奈良	19
和歌山	2万5750
鳥取	7万3863
島根	11万4095
岡山	2万6916
広島	11万6501
山口	2万9073
徳島	2万2698
香川	4万3098
愛媛	15万1917
高知	8万3459
福岡	7万3063
佐賀	8万6571
長崎	30万5964
熊本	7万7449
大分	5万9194
宮崎	11万8106
鹿児島	13万3906
沖縄	3万2705
全国	435万9260

(2016年漁業養殖業生産統計)
＊帝国書院ホームページより

おもな漁港の漁獲高ランキング

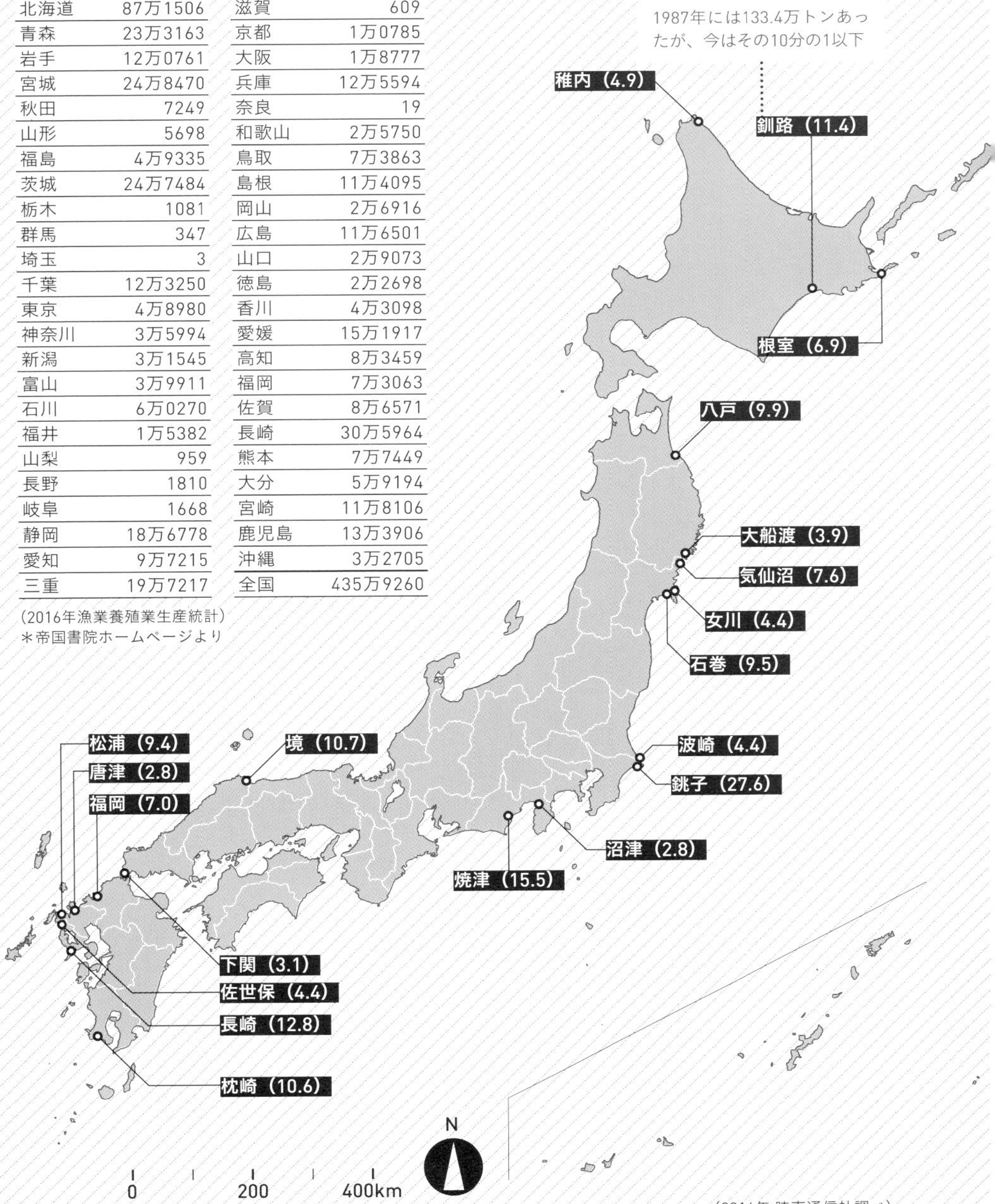

(2016年 時事通信社調べ)

日本の工業は愛知県が45年連続日本一

日本の工業地帯は高度成長期以降、「太平洋ベルト」と呼ばれる地域に集中している。

日本が高度成長を遂げる前までは、京浜、中京、阪神、北九州の4ヵ所の工業地帯を「4大工業地帯」と呼んでいた。

戦前までは、阪神工業地帯が日本最大の工業地帯だったが、戦後、重化学工業が発達した京浜工業地帯にその座を奪われた。北九州工業地帯は今でこそ振るわないが、1901（明治34）年に官営の八幡製鉄所が建設され、背後に炭鉱地帯を控えていたので鉄鋼業を中心に一大工業地帯を形成していた。だが、1960年代のエネルギー革命で石炭産業が衰退し、北九州工業地帯の地位は著しく低下してしまった。

現在は北九州工業地帯を外して、京浜、中京、阪神の3ヵ所を「三大工業地帯」と呼ぶことが多い。近年は中京工業地帯の成長が目覚ましく、阪神、京浜を大きく引き離して独走状態の様相を呈している。中京工業地帯は愛知県を核に、三重県と岐阜県の一部にまたがった地域で、かつては陶磁器と毛織物が主産業だった。現在は自動車産業を中心に、航空機や石油化学工業などが発達している。

工業の指標になっているのが製造品出荷額だ。日本の工業地帯は、東京湾岸から東海、阪神、瀬戸内海沿岸を経て北九州にいたる「太平洋ベルト」と呼ばれる地域に集中している。なかでも愛知県は1976（昭和51）年から現在まで、45年連続で製造品出荷額日本一を記録している。愛知県の製造品出荷額44・6兆円は、2位の神奈川県（16・2兆円）に2・7倍以上で日本全体の約15％を占めている。北海道、四国、九州の全地域を合わせた製造品出荷額の1・2倍以上という多さなのである。

人口の過疎と過密が大きな社会問題になっているが、工業格差はそれ以上に深刻である。日本一人口が多い東京都は、最も少ない鳥取県の約25倍だが、愛知県の製造品出荷額は、沖縄県の100倍以上だ。工業の格差を是正しない限り、事業所が少ない地域の人々は、仕事を求めて工業が発達している地域へ働きに行かざるを得ない。地方と大都市圏との人口格差は広がっていくばかりだ。

愛知県が神奈川県を2.7倍引き離して首位

製造品出荷額（従業員４人以上の事業所）

順位	都道府県	製造品出荷額(億円)
1	愛知	44兆6416
2	神奈川	16兆2328
3	静岡	15兆9669
4	大阪	15兆6962
5	兵庫	14兆9870
6	埼玉	12兆5964
7	千葉	11兆3871
8	茨城	11兆1092
9	三重	9兆8762
10	広島	9兆8729
11	福岡	9兆1928
12	栃木	8兆9061
13	群馬	8兆5856
14	東京	7兆7486
15	滋賀	7兆2002
16	岡山	7兆0026
17	北海道	6兆0042
18	長野	5兆7678
19	山口	5兆5964
20	京都	5兆4050
21	岐阜	5兆3434
22	福島	4兆8068
23	新潟	4兆6709
24	宮城	4兆0802
25	愛媛	3兆8029
26	大分	3兆6825
27	富山	3兆6457
28	石川	2兆8305
29	熊本	2兆6678
30	山形	2兆6604
31	和歌山	2兆6059
32	香川	2兆4522
33	岩手	2兆3145
34	山梨	2兆2428
35	福井	2兆0363
36	鹿児島	1兆9389
37	青森	1兆8041
38	奈良	1兆8028
39	佐賀	1兆7609
40	徳島	1兆6983
41	長崎	1兆6587
42	宮崎	1兆6082
43	秋田	1兆1998
44	島根	1兆0934
45	鳥取	7209
46	高知	5675
47	沖縄	4455
	全国	299兆9173

（経済産業省
工業統計速報 2017年）

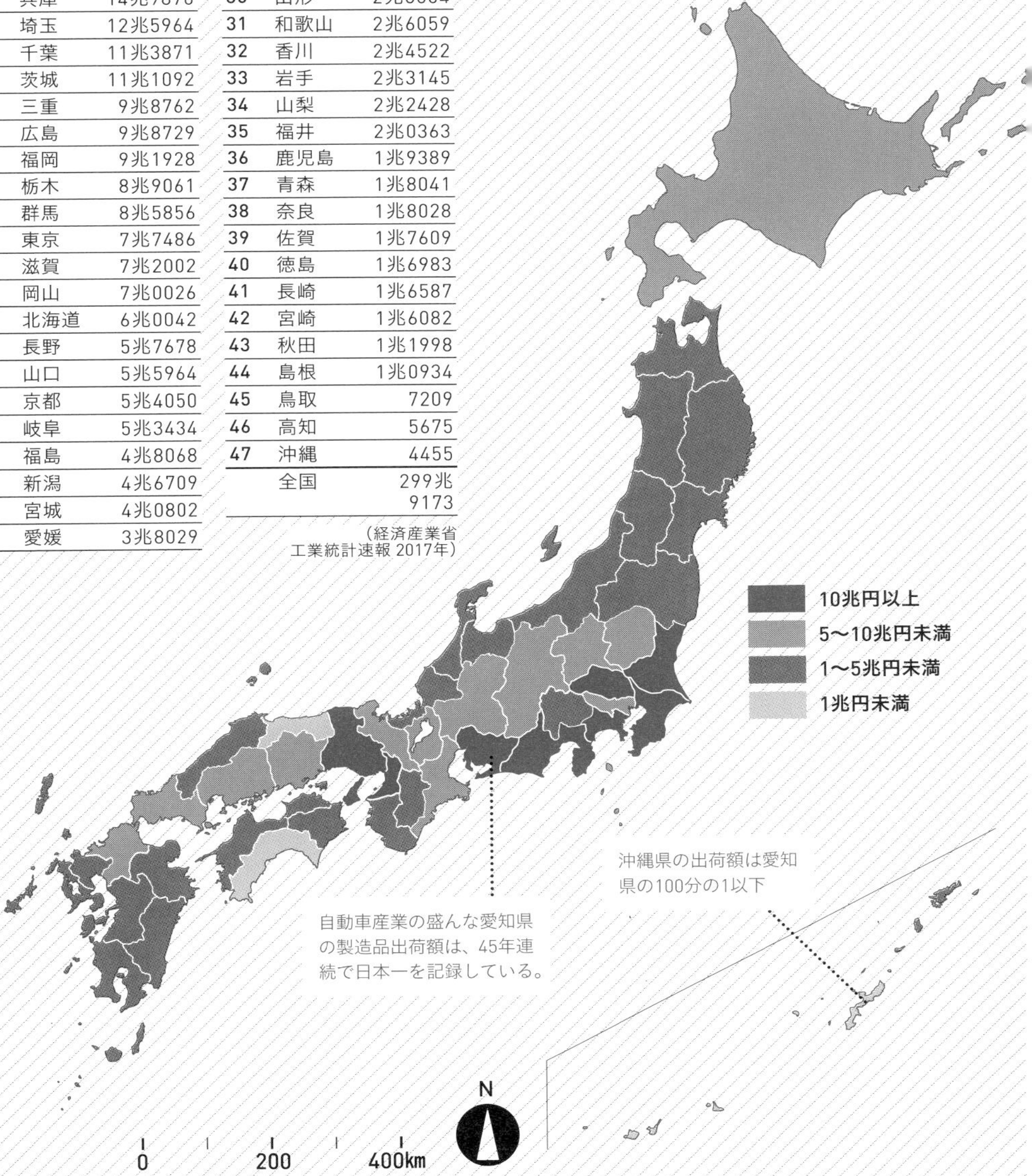

10兆円以上
5〜10兆円未満
1〜5兆円未満
1兆円未満
自動車産業の盛んな愛知県の製造品出荷額は、45年連続で日本一を記録している。
沖縄県の出荷額は愛知県の100分の1以下
N
0
200
400km

6｜4

都道府県の経済力は商品販売額でわかる

都道府県別の商品販売額で、その地域の経済活動の動向を知ることができる。

製造品出荷額が工業の指標なら、商業の指標となっているのが商品販売額である。都道府県の商品販売額から、経済力や経済活動の動向、経済圏の広さなどを知ることができる。経済産業省の商業統計速報（2014年）によると、全国にある卸売業および小売業の事業所数は104・6万ヵ所あり、年間の商品販売額は492・8兆円に上る。一事業所あたり4・7億円の販売額である。

その内訳は、全国にある事業所数の25・3％にあたる26・5万ヵ所が卸売業で、78・1万ヵ所（74・6％）が小売業。小売業は卸売業の約3倍の事業所がありながら、商品販売額は卸売業の3分の1余りに過ぎない。卸売業には大規模な事業所も多いが、小売業にはコンビニや飲食店、ドラッグストア、など、小規模な事業所が多いからである。

商品販売額は人口に比例しているとは限らない。広範囲な経済勢力圏を有する自治体の拠点都市には求心力がある。拠点都市にはその周辺から通勤や通学、買い物などで多くの人々が流入してくる。そういう人たちが、居住地ではない勤務地などで買い物をするので、周辺から多くの人々が集まり、経済活動が活発な拠点都市では、商品販売額が必然的に多くなる。

また、経済力のある拠点都市には卸売業が多く集まる傾向にある。卸売業は、他県にもまたがる広い商圏を有している。商品販売額の4分の3が卸売業で占められていることを考えると、求心力のある大都市を有する都道府県ほど、商品販売額が多くなるのもうなずけよう。

東京への一極集中が著しいが、経済活動の指標にもなっている商品販売額にそれが如実に表れている。東京都の商品販売額は約176兆円で、全国の35・7％を占めている。東京都の人口は全国の10％余りだから、いかに東京都の勢力圏が広範囲に広がっているか、経済活動の東京への一極集中が顕著であるか、商品販売額の比重の高さからもわかる。これらのデータからもわかるように、人口と商品販売額が比例していないことは明らかで、商品販売額は周辺地域に強い影響力を及ぼしているかの目安になっている。

東京と地方の格差は広がるばかり

都道府県別事業所数と商品販売額

都道府県	事業所数（万件）	商品販売額（兆円）
北海道	4.28	16.61
青森	1.30	3.08
岩手	1.29	3.23
宮城	2.00	10.09
秋田	1.11	2.16
山形	1.24	2.40
福島	1.77	4.38
茨城	2.36	6.08
栃木	1.78	4.57
群馬	1.77	5.22
埼玉	4.23	14.32
千葉	3.61	10.76
東京	10.69	175.97
神奈川	4.86	18.37
新潟	2.48	6.03
富山	1.12	2.82
石川	1.19	3.73
福井	0.86	1.84
山梨	0.82	1.65
長野	2.01	5.10
岐阜	1.99	4.24
静岡	3.58	10.02
愛知	5.79	36.33
三重	1.67	3.53
滋賀	1.02	2.36
京都	2.23	5.91
大阪	7.05	47.74
兵庫	4.16	12.85
奈良	0.94	1.84
和歌山	1.06	1.80
鳥取	0.57	1.18
島根	0.83	1.36
岡山	1.67	4.67
広島	2.64	11.01
山口	1.38	2.94
徳島	0.74	1.37
香川	0.97	3.27
愛媛	1.34	3.25
高知	0.82	1.40
福岡	4.37	18.41
佐賀	0.85	1.47
長崎	1.44	2.83
熊本	1.65	3.82
大分	1.14	2.14
宮崎	1.11	2.52
鹿児島	1.70	3.76
沖縄	1.14	2.37
全国	104.60	492.80

（経済産業省 商業統計速報 2014年）

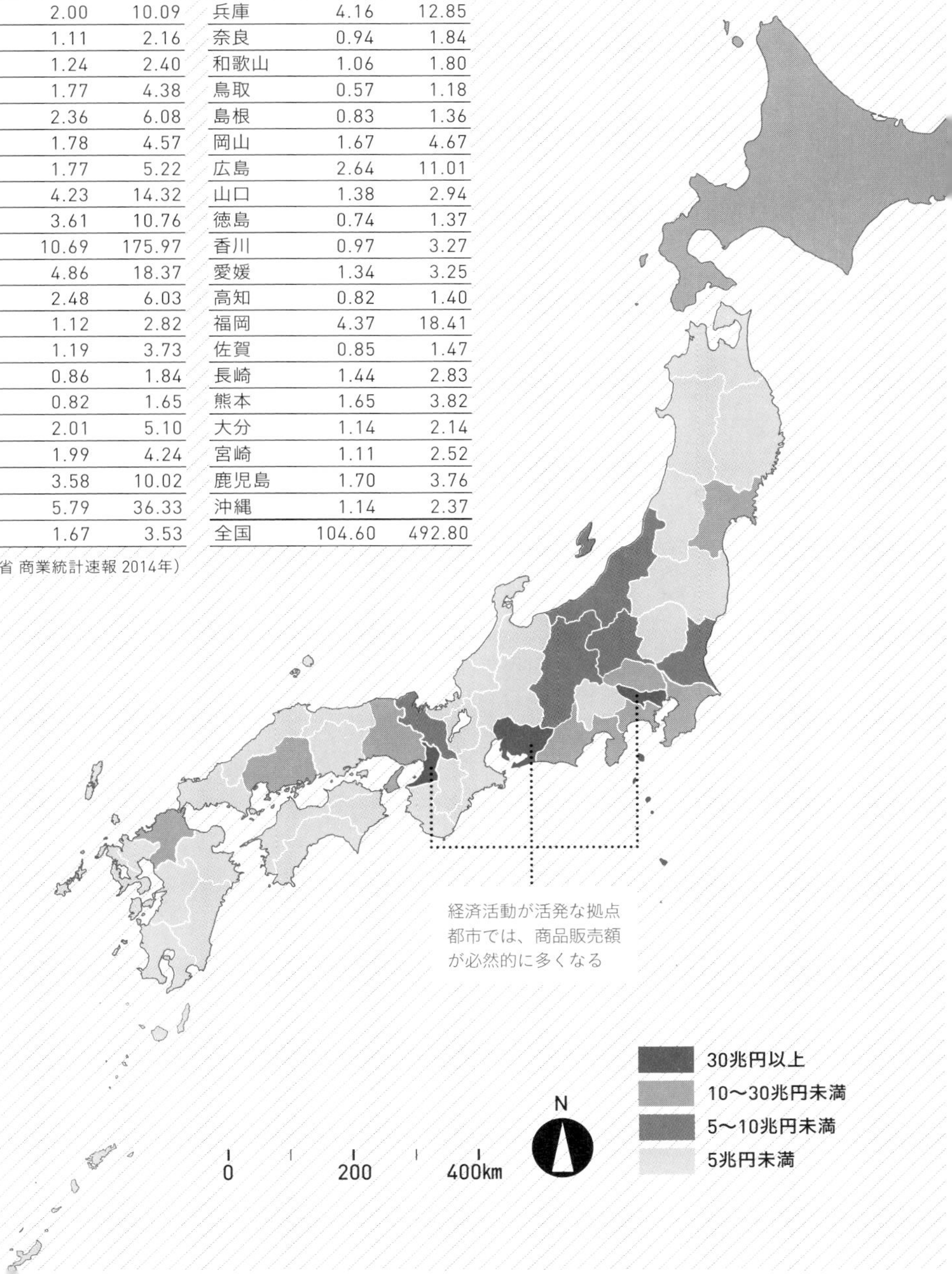

毎年790万の人が居住地を変えている

県境をまたいで移動する人より、同一県内を移動する人の方が多い。

経済活動が活発な地域ほど、人口の移動が激しい。一般的には地方より大都市の方が居住地を変える人が多い。県外への転出者や県外からの転入者、それに同一県内で住居を移動する人もいる。県外への転出と県外からの転入を合わせると、全国で約507万人にも達する。同一府県内での移動は282・4万人あり、合計すると789・5万人にもなる。これだけの人が、毎年どこかへ引っ越していることになり、それに使われる費用とエネルギーは大変なものである。

住居を移すのには、さまざまな理由が考えられる。就職や大学への入学で地方から都会へ出ていく人もいるだろうし、家庭の事情で都会から故郷へ戻ってくる人もいる。結婚や離婚、転職で居住地を移す人もいるし、マイホームを購入して居住地が変わる人もいる。最近は、定年後に新天地を求めて都会から地方へ移り住む人も増えている。

日本の人口は、2008年をピークに減少に転じた。だが、地方ではすでに1970年代から人口の減少が始まっている。それにもかかわらず、東京は人口増加を続けており、ますます巨大化しつつある。東京への一極集中と地方の過疎化は深刻な問題だが、東京は地方から転入してくる人ばかりではなく、東京から転出する人も多いのだ。ただ、転入者が転出者を上回っているため、人口の増加が続いているのである。地方における転入者数は、ほとんどが都会からのUターン組である。東京都から他府県への転出者は38・1万人にも上り（2018年）、東京都が日本一多い。もちろん転入者も日本一多く、46・1万人が県外から転入してくる。差し引き約8万人の増加である。

転出者より転入者が上回っているのは、東京都のほか埼玉、千葉、神奈川、愛知、滋賀、大阪、福岡の8都府県だけで、残りの39道府県では転出者が転入者を上回っている。つまり、39道府県で減った人口を、8都府県が吸収しているわけである。しかも首都圏の4都県で、増加分の90％以上を占めている。しかし、少子高齢化で人口が増え続けている東京も、やがて人口減少に直面するときがくるだろう。

人口の移動者数

転入者が転出者より多いのは、東京、埼玉、千葉、神奈川、愛知、滋賀、大阪、福岡の8都府県

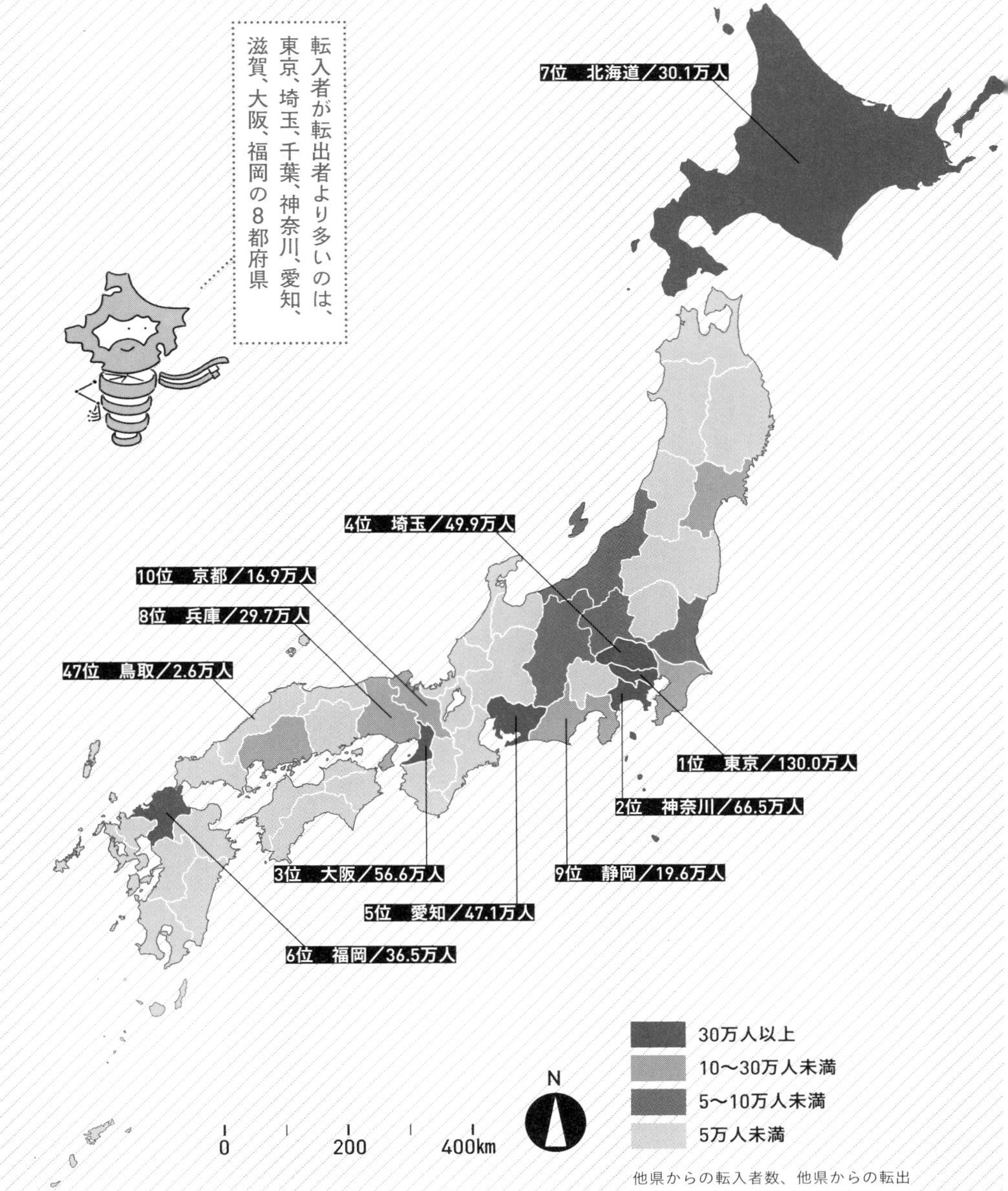

他県からの転入者数、他県からの転出者数および同一県内の移動者数の合計
（総務省統計局 住民基本台帳 2018年）

持ち家率と離婚率は反比例？

持ち家率が高い地域は離婚率が低く、持ち家率が低い地域は離婚率が高い。

持ち家率は年齢とともに高くなっていく。30歳未満世帯の持ち家率は10％そこそこだが、働き盛りの30代後半から40代になると50％を越え、70代は80％以上の人が家を持っている。地方より大都市の方が持ち家率は低い。最近は若年層の持ち家志向が低下しつつある。景気の低迷で賃金が伸び悩んでいることも原因の一つだろう。

持ち家率が最も低いのは東京都である。東京に次いで持ち家率が低いのは、意外にも沖縄県だ。沖縄県は失業率が高く、県民所得が日本一低い。楽天的で土地に固執しないという県民性も、持ち家率の低さに影響しているといえそうだ。福岡県や北海道、宮城県の持ち家率が低いのは、福岡市や札幌市、仙台市が「支店経済都市」で、3都市とも大阪市や名古屋市などの大都市に比べると地元の企業が少ない。企業の支社や支店が多いので転勤族が多い。それが持ち家率を低くしているのだろう。持ち家率が高いのは本州の日本海側の県で、南近畿と北関東もそれに次いで高い地域である。

持ち家率は密接な関係にある。持ち家世帯だと、離婚するにも財産分与など厄介な問題が生じる恐れがあるし、世間体も気になる。そのため、離婚したくてもある程度は我慢するという人が多い。だが、賃貸に住んでいる人は身が軽い。気に入らなければさっさと離婚してしまう人が少なくないのだ。近年は熟年世代の離婚が増えている。持ち家率が高い自治体は、離婚率が低い傾向にある。持ち家世帯より賃貸世帯の方が、離婚しやすい環境にあるからなのだろう。

持ち家率が低い沖縄県は、離婚率が全国で最も高い。なぜ沖縄県の離婚率がこれほど高いのかというと、沖縄は欧米文化の影響を強く受けている。それに、楽天的で世間体を気にしないという風土が、離婚率を高めている。北海道の離婚率が高いのも、持ち家率が低いことと、世間体を気にしないおおらかな県民性、という面で沖縄県と共通している。これらを見る限り、持ち家率と離婚率はおおむね反比例している。

持ち家率と離婚率

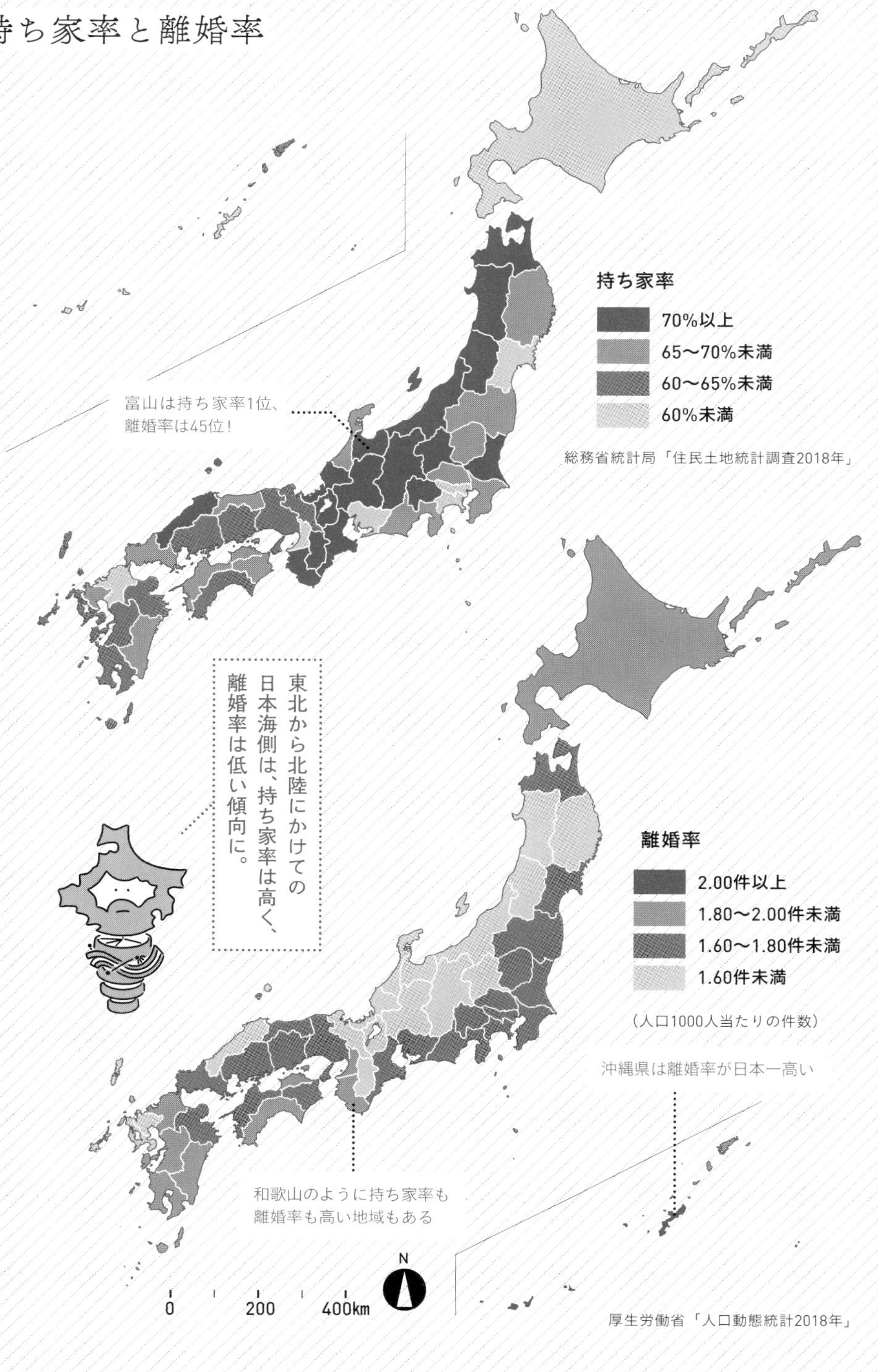
持ち家率
70%以上
65〜70%未満
60〜65%未満
60%未満
総務省統計局「住民土地統計調査2018年」
富山は持ち家率1位、
離婚率は45位！
東北から北陸にかけての
日本海側は、持ち家率は高く、
離婚率は低い傾向に。
離婚率
2.00件以上
1.80〜2.00件未満
1.60〜1.80件未満
1.60件未満
（人口1000人当たりの件数）
沖縄県は離婚率が日本一高い
和歌山のように持ち家率も
離婚率も高い地域もある
N
0
200
400km
厚生労働省「人口動態統計2018年」

人間も空飛ぶ鳥も日本の文化財

新しく創設された文化財の「文化的景観」には、自然景観と人文景観がある。

文化財とは、人間の文化的な活動によって生み出されたもので、特に歴史的、文化的価値の高いものをいう。1950（昭和25）年に制定された文化財保護法では、文化財を有形文化財、無形文化財、民俗文化財、記念物、伝統的建造物群、文化的景観の6種類に分類している。有形文化財は建造物や絵画、彫刻、工芸品、古文書など有形なものをいい、文部科学大臣が特に重要なものだと判断したものを重要文化財に指定し、その中でもとくに価値が高いものが国宝である。

演劇や音楽、工芸技術など古くから伝わる無形のものが無形文化財で、特に重要と認められたものが重要無形文化財に指定される。重用無形文化財の保持者を「人間国宝」と呼ぶように、人間も立派な文化財なのである。記念物も文化財の一つで、景勝地や遺跡、庭園、動植物および、その繁殖地なども記念物に含まれる。記念物には史跡や名勝、天然記念物などがあり、特に価値が高いものは特別史跡、特別名勝、特別天然記念物に指定される。つまり、特別天然記念物に指定のコウノトリやタンチョウなど空を飛ぶ鳥も、イリオモテヤマネコや、アマミノクロウサギなど森の中に棲む野生動物も文化財なのである。

文化財保護法で定められている6種類の文化財の一つに、「文化的景観」がある。2004（平成16）年に創設された最も新しい文化財で、景観も文化財として認知されることになった。人間の目に映る風景や景色を景観というが、景観には自然景観と人文景観がある。自然景観は人間の手が加えられていない自然のままの景観をいい、人文景観は人間の文化的な営みによって形成された景観をいう。

文化的景観の中で、学術的にみても特に重要なものが「重用文化的景観」に選定される。その第1号が2006年に選定された「近江八幡の水郷」である。重用文化的景観は毎年増加しつつあり、現在は山村風景や農村風景、河川流域の景観など全国で64ヵ所を数える。2007年に世界遺産に登録された石見銀山の正式な名称は「石見銀山遺跡とその文化的景観」である。

国の重要文化的景観一覧

1	アイヌの伝統と近代開拓による沙流川流域の文化的景観（北海道・平取町）
2	一関本寺の農村景観（岩手県・一関市）
3	遠野 荒川高原牧場 土淵山口集落（岩手県・遠野市）
4	最上川の流通・往来及び左沢町場の景観（山形県・大江町）
5	最上川上流域における長井の町場景観（山形県・長井市）
6	利根川・渡良瀬川合流域の水場景観（群馬県・板倉町）
7	葛飾柴又の文化的景観（東京都・葛飾区）
8	佐渡西三川の砂金山由来の農山村景観（新潟県・佐渡市）
9	佐渡相川の鉱山及び鉱山町の文化的景観（新潟県・佐渡市）
10	金沢の文化的景観城下町の伝統と文化（石川県・金沢市）
11	大沢・上大沢の間垣集落景観（石川県・輪島市）
12	姨捨の棚田（長野県・千曲市）
13	小菅の里及び小菅山の文化的景観（長野県・飯山市）
14	長良川中流域における岐阜の文化的景観（岐阜県・岐阜市）
15	近江八幡の水郷（滋賀県・近江八幡市）
16	高島市海津・西浜・知内の水辺景観（滋賀県・高島市）
17	高島市針江・霜降の水辺景観（滋賀県・高島市）
18	東草野の山村景観（滋賀県・米原市）
19	菅浦の湖岸集落景観（滋賀県・長浜市）
20	大溝の水辺景観（滋賀県・高島市）
21	伊庭内湖の農村景観（滋賀県・東近江市）
22	宇治の文化的景観（京都府・宇治市）
23	宮津天橋立の文化的景観（京都府・宮津市）
24	京都岡崎の文化的景観（京都府・京都市）
25	日根荘大木の農村景観（大阪府・泉佐野市）
26	生野鉱山及び鉱山町の文化的景観（兵庫県・朝来市）
27	奥飛鳥の文化的景観（奈良県・明日香村）
28	蘭島及び三田・清水の農山村景観（和歌山県・有田川町）
29	智頭の林業景観（鳥取県・智頭町）
30	奥出雲たたら製鉄及び棚田の文化的景観（島根県・奥出雲町）
31	樫原の棚田及び農村景観(旧名称:樫原の棚田)（徳島県・上勝町）
32	遊子水荷浦の段畑（愛媛県・宇和島市）
33	奥内の棚田及び農山村景観（愛媛県・松野町）
34	宇和海狩浜の段畑と農漁村景観（愛媛県・西予市）
35	四万十川流域の文化的景観源流域の山村（高知県・津野町）
36	四万十川流域の文化的景観上流域の山村と棚田（高知県・梼原町）
37	四万十川流域の文化的景観上流域の農山村と流通・往来（高知県・中土佐町）
38	四万十川流域の文化的景観中流域の農山村と流通・往来（高知県・四万十町）
39	四万十川流域の文化的景観下流域の生業と流通・往来（高知県・四万十市）
40	久礼の港と漁師町の景観（高知県・中土佐町）
41	求菩提の農村景観（福岡県・豊前市）
42	蕨野の棚田（佐賀県・唐津市）
43	平戸島の文化的景観（長崎県・平戸市）
44	小値賀諸島の文化的景観（長崎県・小値賀町）
45	佐世保市黒島の文化的景観(長崎県・佐世保市)
46	五島市久賀島の文化的景観（長崎県・五島市）
47	新上五島町北魚目の文化的景観（長崎県・新上五島町）
48	長崎市外海の石積集落景観（長崎県・長崎市）
49	新上五島町崎浦の五島石集落景観（長崎県・新上五島町）
50	通潤用水と白糸台地の棚田景観（熊本県・山都町）
51	天草市﨑津・今富の文化的景観（旧名称：天草市﨑津の漁村景観）（熊本県・天草市）
52	三角浦の文化的景観（熊本県・宇城市）
53	阿蘇の文化的景観阿蘇北外輪山中央部の草原景観（熊本県・阿蘇市）
54	阿蘇の文化的景観南小国町西部の草原及び森林景観（熊本県・南小国町）
55	阿蘇の文化的景観涌蓋山麓の草原景観（熊本県・小国町）
56	阿蘇の文化的景観産山村の農村景観（熊本県・南阿蘇村）
57	阿蘇の文化的景観根子岳南麓の草原景観（熊本県・高森町）
58	阿蘇の文化的景観阿蘇山南西部の草原及び森林景観（大分県・日田市）
59	阿蘇の文化的景観阿蘇外輪山西部の草原景観(熊本県・西原村)
60	小鹿田焼の里（大分県・日田市）
61	田染荘小崎の農村景観（大分県・豊後高田市）
62	別府の湯けむり・温泉地景観（大分県・別府市）
63	酒谷の坂元棚田及び農山村景観（宮崎県・日南市）
64	北大東島の燐鉱山由来の文化的景観（沖縄県・北大東村）
65	今帰仁村今泊のフクギ屋敷林と集落景観（沖縄県・今帰仁村）

（文化庁ホームページより）

全国で6番目の国宝に指定された天守閣

創建当時の天守閣が現存しているのは、国宝が5城と重要文化財が7城ある。

城は敵の侵入や攻撃を防御するために築かれた砦をルーツとするが、やがて戦闘拠点の役割も担うようになり、中世になると支配者の住居も兼ねた城郭へと発展していった。日本の城は山城、平山城、平城の3種類に大別される。山城は中世から戦国時代にかけて最も発達した城で、自然の地形を生かして山の頂に築かれた。しかし、天然の要害として優れているものの、利便性が悪く、領民にまで目が行き届かない。権力をより強固なものにするために、やがて政治的な機能が備わった城郭が求められるようになり、平山城や平城が主流になっていった。平山城は平野の中にある小高い山や丘陵地に築かれたもので、江戸城をはじめ彦根城、大坂城、姫路城、熊本城など大規模な城郭の多くが平山城である。

平地に築かれた城を平城というが、敵に攻撃されやすいという弱点があるため、平山城に比べ頑強な濠や土塁を築く必要があった。反面、戦になったとき、より多くの兵力を布陣できるという利点もあるため、数多くの平城が築かれた。名古屋城や二条城、広島城などがこれにあたるが、江戸城や大坂城も平城に分類することがある。

江戸初期に発令された「一国一城令」や、明治の「廃城令」、第二次世界大戦などで多くの城郭を失ったが、「国宝」に指定された城郭が、松本城（長野）、犬山城（愛知）、彦根城（滋賀）、二条城（京都）、姫路城（兵庫）の5城ある。このうち二条城を除く4城は天守閣が現存している。

2015（平成27）年には、山陰の松江城（島根）も国宝に指定され、国宝指定の城郭は6城になった。松江城が国宝指定の決め手になったのが、江戸初期に築城されたことを裏付ける「慶長拾六年正月吉祥日」と記した祈祷札が発見されたことだ。創建当時の天守閣が現存しているのは、国宝5城のほか、弘前城（青森）、丸岡城（福井）、備中松山城（岡山）、丸亀城（香川）、松山城（愛媛）、宇和島城（愛媛）、高知城（高知）の7城である。このほか、天守閣は現存していないが、櫓門や塀などが重要文化財に指定されている城が18城ある。

国宝および重要文化財に指定されている城郭

◇天守閣が国宝に指定されている城郭

・松本城（長野県松本市）、犬山城（愛知県犬山市）、彦根城（滋賀県彦根市）、姫路城（兵庫県姫路市）、松江城（島根県松江市）

◇二の丸御殿が国宝に指定されている城郭

・二条城（京都市）

◇天守閣が重要文化財に指定されている城郭

・弘前城（青森県弘前市）、丸岡城（福井県坂井市）、備中松山城（岡山県高梁市）、丸亀城（香川県丸亀市）、松山城（愛媛県松山市）、宇和島城（愛媛県宇和島市）、高知城（高知市）

◇櫓門などが重要文化財に指定されている城郭

・松前城（北海道松前町）、新発田城（新潟県新発田市）、江戸城（東京都千代田区）、小諸城（長野県小諸市）、金沢城（石川県金沢市）、掛川城（静岡県掛川市）、名古屋城（名古屋市）、膳所城（滋賀県大津市）、大阪城（大阪市）、明石城（兵庫県明石市）、和歌山城（和歌山市）、岡山城（岡山市）、福山城（広島県福山市）、高松城（香川県高松市）、大洲城（愛媛県大洲市）、福岡城（福岡市）、佐賀城（佐賀市）、熊本城（熊本市）

◇世界遺産に登録されている城郭

・二条城（京都市）、姫路城（兵庫県姫路市）

■＝国宝および重要文化財指定の天守閣を有する城

世界遺産の登録は観光振興が目的ではない

世界遺産はまだ増加していく可能性があり、7件が暫定リストに上がっている。

世界遺産の制度は、無計画な開発によって失われていく歴史的な価値がある自然や遺跡、建築物などを人類共有の財産として、世界各国が協力し合って保存、保護に努めていこうという主旨のもとに、1972（昭和47）年、国連のユネスコ総会で採択された。世界遺産には「文化遺産」と「自然遺産」、「複合遺産」の3種類があり、顕著で普遍的価値を持つ自然、景観、遺跡、建造物などがその対象となる。日本はこの条約が発足してから20年後の1992（平成4）年、世界で125番目、先進国では最も遅い加盟となった。

世界遺産条約は決して観光の振興が目的ではない。だが、最近は世界遺産の制度が、観光地化を促進させるための道具として利用されているきらいがある。世界遺産に登録されると知名度が一気に高まり、観光客がどっと押し寄せるため、最近では各地で世界遺産への登録を目指す運動が盛んに行われている。自治体にとって、世界遺産は地域振興の大きな起爆剤に成り得るが、世界遺産の主旨を履きちがえると、貴重な自然が保護されるどころか、破壊されることにもなりかねない。白神山地や屋久島、知床、小笠原諸島、富士山などは、そういう不安を抱えている。

わが国の世界遺産は1993（平成5）年に登録された文化遺産の「法隆寺地域の仏教建造物」と「姫路城」、自然遺産として「白神山地」と「屋久島」の4件を皮切りに、毎年のように登録されていき、現在では文化遺産が19件、自然遺産が4件の合計23件になった。全国26都道府県に分布し、ないのは四国だけである。

東北の平泉のように、再度挑戦して登録が決定したケースもあれば、鎌倉のように全市を挙げて運動を展開し、世界遺産への登録を目指したものの、ユネスコの諮問機関イコモス（国際記念物遺跡会議）から不登録を勧告されたケースもある。また、日本のシンボルの富士山のように、ゴミの不法投棄問題などで自然遺産での登録が絶望的になったため、文化遺産に切り替え、「富士山―信仰の対象と芸術の源泉」として世界遺産に登録されたという例もある。

日本の世界遺産

（2020年7月 現在）

世界遺産［都道府県］	
文化遺産	
1	法隆寺地域の仏教建造物［奈良］
2	姫路城［兵庫県］
3	古都京都の文化財［京都］
4	白川郷・五箇山の合掌造り集落［岐阜・富山］
5	原爆ドーム［広島］
6	厳島神社［広島］
7	古都奈良の文化財［奈良］
8	日光の社寺［栃木］
9	琉球王国のグスク及び関連遺産群［沖縄］
10	紀伊山地の霊場と参詣道［和歌山・奈良・三重］
11	石見銀山遺跡とその文化的景観［島根］
12	平泉　仏国土（浄土）を表す 建築・庭園および考古学的遺跡群［岩手］
13	富士山ー信仰の対象と芸術の源泉［静岡・山梨］
14	富岡製糸場と絹産業遺産群［群馬］
15	明治日本の産業革命遺産 製鉄・鉄鋼・石炭産業［山口・鹿児島・静岡・岩手・佐賀・長崎・福岡・熊本］
16	ル・コルビュジエの建築作品―近代建築運動への顕著な貢献［東京］
17	「神宿る島」宗像・沖ノ島と関連遺産群［福岡］
18	長崎と天草地方の潜伏キリシタン関連遺産［長崎・熊本］
19	百舌鳥・古市古墳群ー古代日本の墳墓群［大阪］
自然遺産	
1	屋久島［鹿児島］
2	白神山地［青森・秋田］
3	知床［北海道］
4	小笠原諸島［東京］

古墳の90％は円墳、前方後円墳はわずか3％

古墳には大小さまざまなものがあるが、規模の大きい古墳は近畿地方に多い。

遺跡とは古跡や旧跡、住居跡など人類が活動した痕跡をいい、その一つに古墳がある。古墳とは、国家が統一されつつあった3世紀から7世紀にかけて発達した支配者階級の墓で、この時代を古墳時代と呼んでいる。古墳は沖縄を除く日本の全域に分布している。

また、古墳には円墳、方墳、前方後円墳、前方後方墳、帆立貝式古墳、双円墳、双方墳、双方中円墳、双方中方墳、八角墳、六角墳など、さまざまな形状のものがある。その中でも、古墳のシンボル的な存在になっているのが前方後円墳だろう。全国にはおよそ16万基の古墳があるといわれているが、規模の大きな古墳のほとんどが前方後円墳である。しかし、その数は意外に少なく5000基余り、全体の3％ほどに過ぎない。古墳の約90％は円墳なのである。日本で最大の円墳は、埼玉県行田市の埼玉《さきたま》古墳群にある角塚古墳で、墳丘の直径が105mもある。

規模の大きな古墳は、奈良県と大阪府を中心にした畿内に最も多い。そのほか出雲（島根）、筑紫（福岡）、吉備（岡山）、日向（宮崎）、上野（群馬）などが、規模の大きい古墳が多い地域として知られている。だが、古墳の数では、奈良県でも大阪府でもなく、兵庫県が最も多く、1万9千近くの古墳がある。このほか、鳥取、京都、千葉、岡山、広島、福岡の各県に1万基以上の古墳がある。

日本最大の古墳は大阪府堺市にある仁徳天皇陵（大仙陵古墳）で、墳丘の全長がなんと525mもある。エジプトのピラミッド、秦の始皇帝墓陵とともに「世界三大墳墓」の一つだ。2000年代に入って、その仁徳天皇陵を含む「百《も》舌《ず》鳥・古市古墳群」を世界遺産に登録しようという運動が活発化していたが、2019年7月の世界遺産委員会で、正式に世界遺産に登録されたのである。百舌鳥・古市古墳群は堺市、羽曳野市、藤井寺市の3市にまたがる巨大な古墳群で、この中には仁徳天皇陵のほか、日本で2番目に大きい応仁天皇陵（墳丘長425m）や、3位の履中天皇陵（同365m）など49基の古墳がある。古墳が世界遺産に登録されたのは、「百舌鳥・古市古墳群」が最初である。

古墳の分布図
(北日本には古墳が少ない)

全国には発見されていない古墳がまだ多くあるとみられており、今後の発掘調査によって、古墳の数はさらに増える可能性がある。一方では、破壊されて消滅してしまった古墳も少なくない。北海道には古墳は存在しないとされていたが、7世紀から10世紀にかけて「蝦夷塚」と呼ばれる末期古墳が造られていたという。札幌市に隣接する江別市にある「江別古墳群」は、日本最北端の古墳だといわれ、1998(平成10)年に国の史跡に指定された。

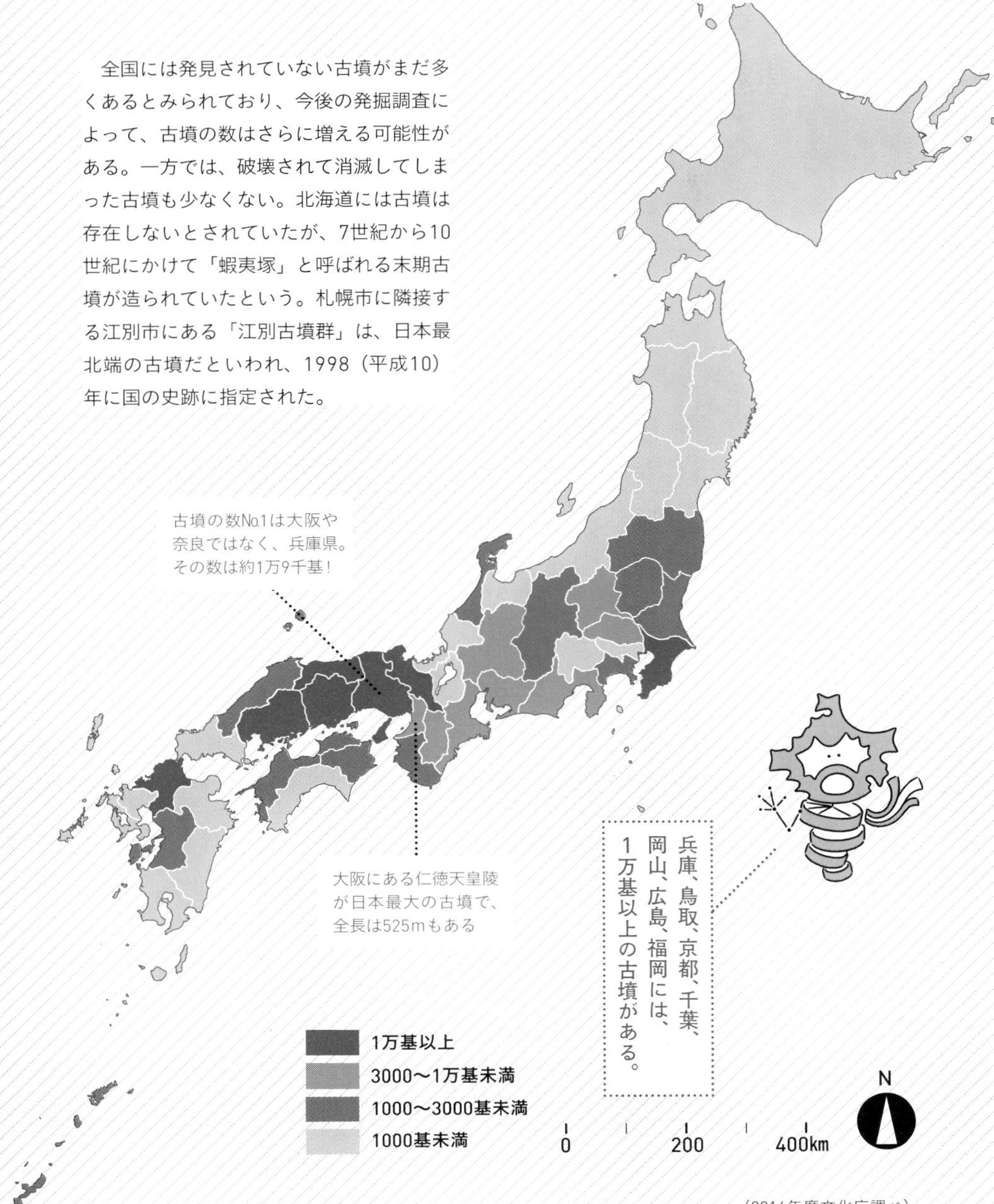

古墳の数No.1は大阪や奈良ではなく、兵庫県。その数は約1万9千基!
大阪にある仁徳天皇陵が日本最大の古墳で、全長は525mもある
兵庫、鳥取、京都、千葉、岡山、広島、福岡には、1万基以上の古墳がある。
1万基以上
3000〜1万基未満
1000〜3000基未満
1000基未満
0
200
400km
N

(2016年度文化庁調べ)

日本遺産で地域の活性化を図る

文化庁では地域の活性化を図るため、今後も日本遺産を増やしていく予定だという。

世界遺産に対抗して創設したわけでもないが、わが国には「日本遺産」がある。世界遺産は発足してから半世紀近い歴史があるが、日本遺産の歴史はまだ新しい。日本遺産は各地域の歴史や文化、伝統をストーリーとして文化庁が認定するものである。

世界遺産が自然や文化財などを保存・保護することが主な目的であるのに対し、日本遺産は有形・無形の文化財を活用してその魅力を国内外に発信し、地域の活性化を図るのが目的である。

２０１５（平成27）年の第１回公募で83件の申請があったが、文化庁では日本遺産審査委員会で審査し、その中から「近世日本の教育遺産群─学ぶ心・礼節の本源─（茨城、栃木、岡山、大分の4県）」、「灯り舞う半島 能登～熱狂のキリコ祭り～（石川）」、「丹波篠山デカンショ節─民謡に乗せて歌い継ぐ故郷の記憶（兵庫）」など、18件を日本遺産として認定した。

日本遺産には、一つの市町村内でストーリーが展開されて完結する「地域型」と、複数の市町村、府県にまたがってストーリーが展開される「ネットワーク型」がある。たとえば、「祈る皇女斎宮のみやこ 斎宮」（三重県明和町）や、「津和野今昔～百景図を歩く～」（島根県津和野町）は地域型だし、「『四国遍路』～回遊型巡礼路と独自の巡礼文化～」は徳島、高知、愛媛、香川の四国4県にまたがるネットワーク型である。

日本遺産は２０１５年に認定された18件を皮切りに、翌16年には19件、17年には17件、18年には13件が認定されている。２０１９年には16件が新たに日本遺産に認定された。それまで1件も日本遺産がなかった岩手、鹿児島、沖縄の3件で日本遺産が誕生し、２０２０年には東京でも「高尾山」が認定されたことにより日本遺産の空白県はなくなった。

日本遺産はあくまでもストーリーとして語られるもので、単に地域の歴史や文化財を解説するだけのものではないことが求められている。

日本遺産の都道府県別の数

（2020年現在）

文化庁は日本遺産として認定する候補となり得る地域を毎年募集しており、その中から一定の基準を満たしている地域を日本遺産に認定している。2020年には21件が新たに認定され、これで認定件数は合計104件にも上っている。日本遺産に認定されたことで知名度が向上し、観光客が増えた地域もあるが、そうでない地域も多い。そのため、2017年には「日本遺産フォローアップ委員会」が設置され、伸び悩んでいる地域の改善にも取り組んでいる。

北海道で最初の日本遺産は、「江差の5月は江戸にもない」といわれるほどニシン漁で繁栄した、民謡の江差追分でも有名な、江差町だった。

日本遺産の知名度はまだ低いが、次第に認知度も高まっていくだろう。

伝統工芸品は斜陽産業か

伝統工芸品の生産額は、従事者の高齢化と後継者不足などで年々減少傾向にある。

文化財などとともに、日本の貴重な財産に伝統工芸品がある。織物や焼物、金工品、木工品、竹工品、石工品、文具、和紙、仏壇・仏具、工芸用品など、日常生活で使う伝統工芸品は全国に1200点近くあり、ほとんどが手作業で作られている。だが、日本が高度成長期に入ると、機械化による大量生産が行われるようになり、手作業による製品づくりが苦境に立たされた。そこで国は、地域産業の振興を図り、地域の健全な発展を後押しする必要があるとして、1974（昭和49）年、「伝統的工芸品産業の振興に関する法律」を制定。選定基準を設け、一定の要件を備えている品目に対して経済産業大臣が伝統工芸品に指定し、国がバックアップしていくことになった。

この法律が制定された翌年末までに、経済産業大臣指定の伝統工芸品として南部鉄器や飛騨春慶、輪島塗、信楽焼、本場大島紬など35品目が登録された。伝統工芸品指定の品目は年を追うごとに増えていき、現在では伝統工芸品が47都道府県のすべてにある。

都道府県別でみると、村山大島紬や東京染小紋、江戸指物などの伝統工芸品がある東京都が18点で最も多く、京都府（17点）、新潟県（16点）、沖縄県（16点）がこれに続く。東京都にこれだけ多くの伝統工芸品があるというのも意外な感じもするが、先人たちが残してきた伝統的な文化や技術などを守っていこうとする風土が、東京にはしっかりと根付いているからなのだろう。

伝統工芸品の品目数は増加しつつあるが、現状は厳しい。1974（昭和49）年に伝統工芸品に関する法律が制定された当初は、生産額は着実に増加を続け、地場産業に携わっている人たちに希望を抱かせた。しかし、生産額は1984（昭和59）年をピークに減少に転じた。バブルが崩壊してから伝統工芸品の生産額は急激に減少しはじめ、現在ではピーク時の3分の1以下にまで落ち込んでいる。伝統工芸品に使用する材料の不足、従事者の高齢化、後継者不足も深刻である。何らかの対策を講じなければ、伝統工芸品は名前だけのものになってしまう危険性がある。

経済産業大臣指定の伝統工芸品の数

さまざまな問題に直面している伝統工芸品の現状はかなり厳しい

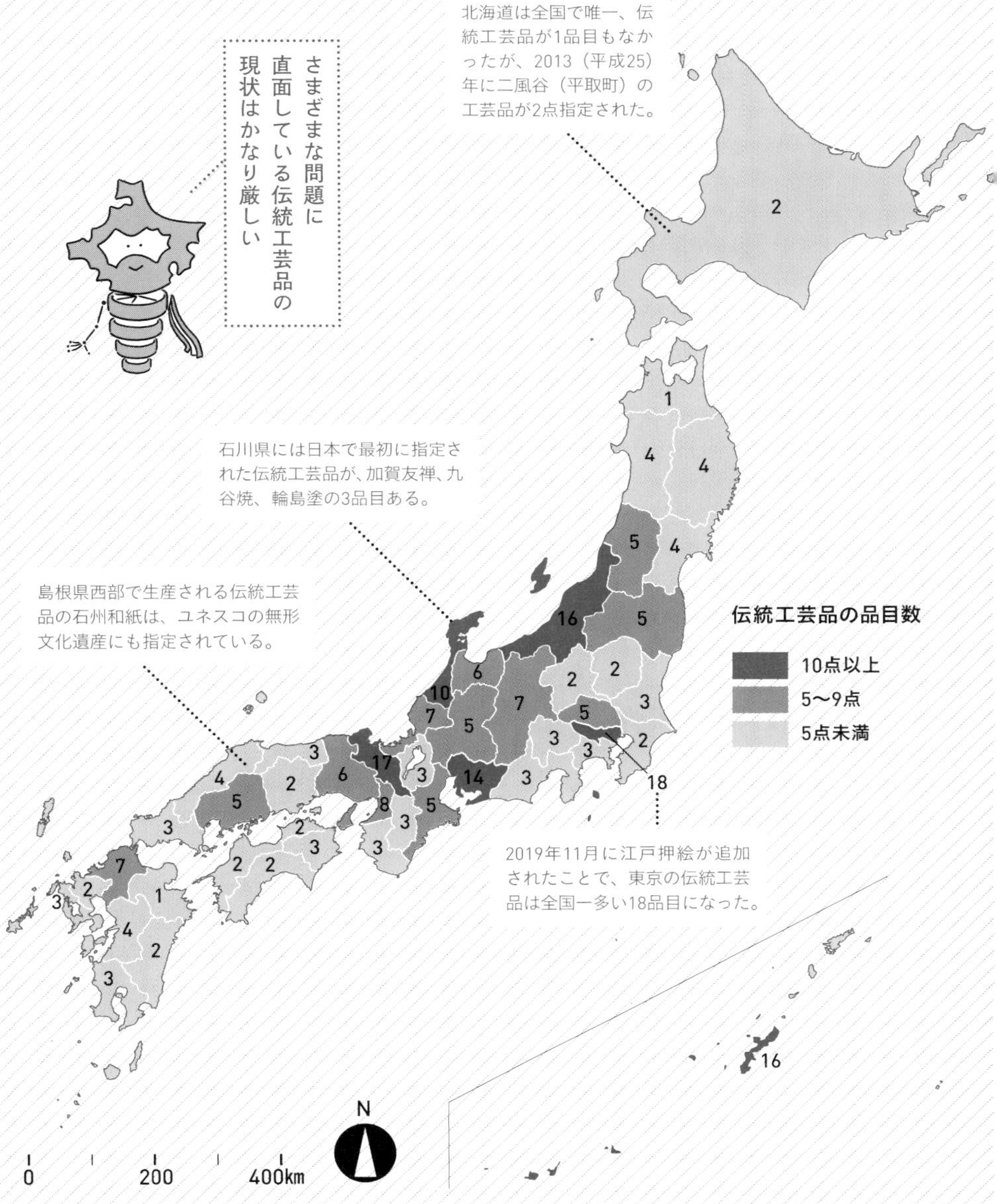

北海道は全国で唯一、伝統工芸品が1品目もなかったが、2013（平成25）年に二風谷（平取町）の工芸品が2点指定された。
石川県には日本で最初に指定された伝統工芸品が、加賀友禅、九谷焼、輪島塗の3品目ある。
島根県西部で生産される伝統工芸品の石州和紙は、ユネスコの無形文化遺産にも指定されている。
伝統工芸品の品目数
10点以上
5〜9点
5点未満
2019年11月に江戸押絵が追加されたことで、東京の伝統工芸品は全国一多い18品目になった。
N
0
200
400km

（経済産業省 2019.11月現在）

霊場巡り、「三十三」と「八十八」の由来は？

札所を時計回りに巡礼することを「順打ち」、逆から回ることを「逆打ち」という。

霊場巡りで代表的なのが三十三観音と、八十八箇所の霊場巡りである。では、「三十三」と「八十八」は何を意味しているのか。33という数字は、観音菩薩が33の姿に化身して、衆生《しゅじょう》を苦しみから救ってくれるという観音信仰に由来する。観世音を安置した33ヵ所の霊場を巡れば、現世で犯した罪が許され、極楽往生できると信じられているのだ。三十三ヵ所の札所巡りで最も古いのが、和歌山、大阪、奈良、京都、滋賀、兵庫、岐阜の7府県に点在する「西国三十三所観音霊場」で、関東7都県を巡る「坂東三十三箇所観音霊場」と、埼玉県の「秩父三十四箇所観音霊場」を合わせて「百観音」といっている。

四国八十八箇所の88は、男の厄年の42と女の厄年の33、子供の厄年の13を合わせた数に由来するという説が一般的で、俗界32と色界28、無色界28を加えた数に由来するという説や、人間が持っている88の煩悩に由来する説もある。

霊場に参拝することを「打つ」というが、八十八箇所の札所を1番から時計回りに順序よく巡礼することを「順打ち」、逆から巡ることを「逆打ち」という。逆打ちにまつわる衛門三郎という伝説上の人物がいた。伊予国の豪商であった衛門三郎は、屋敷の門前で恵みを乞うみすぼらしい身なりの僧を、迷惑がって追い返した。翌日も門前に僧が現れ、その翌日も現れた。三郎はその都度、その僧を追い返した。8日目、三郎はついに堪忍袋の緒が切れて、僧が持っていた鉢をたたき落として8つに割ってしまった。僧はそれから姿を見せなくなった。

だが、三郎の8人の子供は毎年1人ずつ亡くなっていき、8年目にはすべての子を亡くした。三郎はみすぼらしい姿の僧が弘法大師であったことを後から知り、自分が犯した罪の深さを悟った。弘法大師に許しを請うため四国遍路の旅に出たが、何回巡っても大師に巡り合うことができない。それでも諦め切れない三郎は、八十八箇所を逆から回り始めた。遍路の途中で三郎は病に倒れ絶命するかと思われたが、最期になってやっと願いが叶い、大師に巡り合って罪を許してもらうことができたというものだ。